Mathias Jung

Dr. Jung's
kleine Seelenapotheke

Jedes Übel soll an der Stelle geheilt werden, wo es zum Vorschein kommt, und man bekümmert sich nicht um jenen Punkt, wo es eigentlich seinen Ursprung nimmt, woher es wirkt.

Goethe
Die Wahlverwandtschaften

Mathias Jung

Dr. Jung's
kleine Seelenapotheke

Gedanken, Fundstücke,
Einsichten & Zweisichten

ISBN 978-3-89189-197-1
3. Auflage, 2018
Umschlaggestaltung: Martin Gutjahr-Jung
Gesamtherstellung: Kösel, Krugzell

INHALT

INHALT

Wegweiser

Glaube, Liebe, Hoffnung

Schöpferische Endlichkeit, Finale und Vorhang

VORWORT

Heilung durch Wissen

*Der Schlüssel zur Erkenntnis vom Wesen des bewussten Seelen-
lebens liegt in der Region des Unbewusstseins.*

Carl Gustav Carus (1789–1869)
Arzt und Psychologe, *Psyche*

Bei körperlichen Krankheiten wissen wir, Gesundheit ist ein
Informationsproblem. Ein Beispiel mag genügen: Wenn ich
unter chronischem Übergewicht leide, versuche ich es erst einmal mit Diäten. Derer gibt es ebenso viele wie unsinnige: die
Atkins-Diät, die Brigitte-Diät, die Glyx-Diät, die Hollywood-
Diät, die Kohlsuppen-Diät, die Carl-Lagerfeld-Diät, die Mon-
tignac-Diät, die Rotwein-Diät, die Sonnen-Diät, die Turbo-Fett-
killer-Diät, die Vollweib-Diät und so weiter und so weiter. Ich
selbst habe es als 35-jähriger Mann nach vielen anderen diäte-
tischen Bemühungen am Ende verzweifelt mit einer Zwei-Wo-
chen-Diät von harten Eiern versucht. Es war höllisch. Die Eier
kamen mir förmlich wieder aus den Ohren heraus. Noch heute

habe ich gegen freilaufende Hühner Aggressionen. Ich wusste nicht, warum ich immer um einige Kilo übergewichtig war. Ich war unwissend. Dann entdeckte ich durch einige Zufälle die vitalstoffreiche Vollwertkost, wie sie der Chefarzt und scherzhaft „Vollwertpapst" genannte Dr. Max Otto Bruker mit seinen zehntausenden Patienten über ein halbes Jahrhundert praktizierte. Das war der Beginn meiner Heilung, aber noch nicht die vollständige.

Warum? Ich litt, wie sich herausstellte, bis dahin nicht nur unter meiner Fehlernährung, das heißt am jahrzehntelangen Verzehr von Auszugsmehlen, Fabrikzucker, industriellen Fetten und mangelnder Frischkost, nein, ich hatte auch eine psychische Essstörung. Eine *Esssucht*. Ich schämte mich. Ich war ein so genannter Mondscheinesser. Wenig später begann ich eine dreijährige Gruppentherapie, einer der besten seelischen Entschlüsse meines Lebens. Ich offenbarte meine Ess- und Süßigkeitssucht, mein Zu-viel-Trinken, meine Einsamkeit, meine Angst vor Menschen, meine Minderwertigkeitskomplexe, meine nicht verarbeitete schwierige Kindheit und Jugend in einem Jesuiteninternat.

Ich begriff mich endlich selbst. Sucht ist Ohnmacht, Wissen ist Macht. Nun konnte ich die berühmten fünf Schritte der Therapie gehen: *erinnern, beweinen, bewüten, begreifen, beenden*. Ich absolvierte die größte Liebesgeschichte meines Lebens – die mit mir selbst. Ich entdeckte mein bedürftiges, aber auch mein strahlendes *inneres Kind*. Von da an ging es bergauf.

Aus dieser eigenen Lebenserfahrung und Krisenbewältigung erkannte ich auch die Bedeutung des psychologischen Wissens. Nun ist es nicht einfach, sich in der Fülle der Ratgeber zu orientieren. Jedes psychologische Buch konzentriert sich überdies eher isoliert auf *ein* Problem. Tatsächlich haben unsere Lebenskonflikte vom Alkoholproblem bis zum Zärtlichkeitsdefizit unzählig viele Facetten. Die Sozial- und Gesundheitswissenschaftlerin Annelie Keil beschreibt dieses Drama der Ich-Werdung in ihrem Buch *Auf brüchigem Boden Land gewinnen. Biographische Antworten auf Krankheit und Krisen* (2011) klassisch so:

„Des Menschen Lebensreise ist ein fortwährender Prozess der Wandlung im Wechsel von Chaos und Ordnung. Zwischen Anpassung und Widerstand ist sie vor allem ein Weg durch die Fremde ohne Landkarte und Navigator, über Berg und Tal, mit Gipfelstürmen und Abstürzen, auf Autobahnen mit rasendem Tempo und Umwegen im Schneckentempo, auf Trampelpfaden, Seitenwegen und durch Einbahnstraßen und Sackgassen. Bewegung, Aufbruch, Einbruch, Zusammenbruch, Wartezeiten und pausenloses Unterwegssein verlangt dieser Weg. Niemand kann sich dieser Aufgabe entziehen, und jeder Mensch ist herausgefordert, schon im Augenblick seiner Zeugung mit der Arbeit an jener Aufgabe zu beginnen, aus der unsichtbaren Ordnung, die in ihm steckt, eine einzigartige biographische Welt zu gestalten, die unter seinem Namen zu seinem Lebenswerk heranwächst."

Meine kleine Seelenapotheke soll also, nach psychologischen Komplexen geordnet, dieses Bedürfnis nach Übersicht und seelischer Navigation erleichtern. So kann zum Beispiel meine kindliche Ungeborgenheit, also die Wunde des Ungeliebtseins, mit meiner erwachsenen Bindungsangst und Gefühlskargheit zusammenhängen. Aus der Festung des Kindes entsteht, wie die Psychologen sagen, der Kerker des Erwachsenen.

Aus meinen fünfzig bisher erschienenen psychologischen und philosophischen Büchern oder Märchendeutungen habe ich markante Zitate zu den wichtigsten Seelenkomplexen wie *Ich-Werdung, Geschlechterfrage, Alltag der Liebe, Scheidung,*

Schattenpersönlichkeit, Krise, Märchen, Traum, Therapie, Mut, Moral, Zeit, Alter, Tod, Lebensrückblick, Therapie, Dankbarkeit usw. zusammengezogen. Aus den zahlreichen Notaten ergibt sich, so glaube ich, ein dichtes Mosaik der menschlichen Seelenlandschaft, ihrer Gefährdungen, aber auch ihrer Schönheit und verblüffenden Entwicklungsfähigkeit. Die Neurologen sprechen vom Wunder der Neuroplastizität des Gehirns. Für das körperliche wie für das seelische Leid gilt oftmals Goethes Wort aus dem *Faust I (Paralipomena)*: „Veränderung ist schon alles. Krankheit (ist) das Mittel, ein Choc, damit die Natur nicht unterliege."

Noch einmal: Seelisches Wissen gibt uns die Macht über uns selbst zurück. Mein anthologisches Buch verstehe ich als Anregung zur vertieften Lektüre und als Kompass in das dunkle Unbewusste des Seelenkontinents. Man kann es auch lexikalisch lesen, das heißt, einzelne Themenkomplexe herausgreifen. Es soll zur lustvollen Lektüre weiterer Fachliteratur verführen. Vielleicht, liebe Leserin, lieber Leser, erfährst du in diesem Seelenhandbuch auch Aha-Erlebnisse und Weckrufe. Vielleicht lernst du wieder etwas stärker, Verantwortung für dein *inneres Kind* zu übernehmen, dein verborgenes Leid aufzuspüren, deine Stärken wertzuschätzen und den Dreißigjährigen Krieg mit dir zu beenden. Vielleicht verlierst du auch deine Angst vor professioneller Hilfe durch Therapie, Klinik oder Selbsthilfegruppe. „Alles Wissen", konstatierte Albert Schweitzer in seinen *Straßburger Predigten* (1900–1919), „ist zuletzt Wissen vom Leben und alles Erkennen Staunen über das Rätsel des Lebens."

Wir sind uns selbst das größte Rätsel. Es zu lösen ist schmerzhaft, spannend und befreiend.

WIE ICH WURDE,
DER ICH BIN

Kinder

Groß ist das Entzücken von Geschwistern, Eltern, Schwiegereltern, Freunden, Kollegen und Nachbarn, wenn ein Paar in seine generative Lebensphase eintritt: Es zeigt stolz die Geburt seines Kindes an. Bereits in der aufregend erlebten Schwangerschaft, besonders aber nach der Entbindung erlebt das Paar eine köstliche Tiefung seiner Partnerschaft. Jetzt wird es ernst. Bisher konnte man im Zweifelsfalle auseinandergehen und die Odyssee des Lebens wieder alleine antreten. Jetzt ist man sich, wie immer die Ehe in guten und in bösen Tagen sich bewähren oder scheitern mag, durch die Elternschaft bis an das Ende aller Tage verbunden. (7)

Mit existenzieller Wucht ist das Kind in das gemeinsame Leben eingetreten. Es erfordert für die nächsten zwanzig Jahre rückhaltlose Unterstützung! Dieses Kind, das die Eltern, wenn es zum ersten Mal auf dem Bauch der Mutter liegt, zu Tränen des Glücks und der Überwältigung anrührt, verfügt über eine unvergleichliche Magie. Aus dem Paar ist über Nacht eine Familie geworden, ein sozialer Organismus von Bedeutung und Würde. Diese wundersame Metamorphose erweitert die Liebesarbeit um eine gewaltige neue Dimension. Der Mann hat die Frau zur Mutter, die Frau den Mann zum Vater gemacht. Damit haben sich beide der anspruchsvollen Aufgabe gestellt, nicht nur Mütterlichkeit und Väterlichkeit zu entwickeln, sondern auch Standfestigkeit und Unbeirrbarkeit. Das Paar betritt eine neue Beziehungsebene. Die Pflichten und der anstrengende Tages- und Nachtkreislauf des Kinderalltags beginnen unwiderruflich und auf lange Zeit. Paare werden in dieser Kinderphase ihres Lebens ernster, verbindlicher, erwachsener, reifer. Ihr Leben gerät in ein ruhigeres Fahrwasser. Der Sinn ihres Lebens enthüllt sich in der Verantwortung für das Kind. (7)

Eltern erziehen ihr Kind und werden selbst von ihm zu krisenfesten Vätern und Müttern erzogen. Natürlich machen sie auch vieles falsch, weil ihnen selbst noch die Eierschalen der Unreife hinter den Ohren kleben und weil sie selbst Opfer ihrer Väter-, Mütter- und Geschwisterverstrickungen aus der Herkunftsfamilie sind. Aber all diese Störungen sind unausweichlich. Chemisch reine Eltern wären ein Horror. Jedes Kind würde unter ihrer Makellosigkeit vor Minderwertigkeitskomplexen erstarren. (7)

Nichts formt einen Menschen mehr als das Leben mit Kindern. Im positiven Fall entwickeln Frau und Mann durch diesen psychologischen Stoffwechsel Eigenschaften wie Achtsamkeit, Dankbarkeit, Güte, Humor und Toleranz. Und vielleicht erleben sie auch die Heilung der eigenen frühkindlichen Verletzungen. (7)

Bei einer einseitigen Mutter-Kind- oder Vater-Kind-Beziehung verschwindet die Partnerschaft der Eltern selbst aus dem Blickfeld. Das Gleiche geschieht, wenn sie sich mit der Geburt der Kinder nur noch als „Vati" und „Mutti" verstehen oder sogar anreden. Eine Gefahr dieses Lebensübergangs von der reinen Zweierbeziehung zum Paar mit Kindern ist es, dass die Differenz von Eltern-Paar und Liebes-Paar verwischt wird. Das Paar ist eben nicht nur Mama und Papa, sondern es ist auch noch Mann und Frau, voll heißem Begehren und mit eigenständigen geistigen Räumen, jenseits des Kinderzimmers. Paare wollen und müssen sich auf die Kinder konzentrieren, aber sie dürfen sich ihr Leben nicht ausschließlich von ihnen diktieren lassen. Jedes Paar braucht *Rauminseln* und *Zeitinseln* für sich. Auf ihnen haben die Kinder nichts, aber auch gar nichts zu suchen. (7)

In vielen jungen Ehen dürfen Kinder alles tun, was sie wollen, grundsätzlich jedes Gespräch der Eltern verunmöglichen und zu jedem denkbaren Zeitpunkt in die Rückzugsräume von Vater und Mutter hineinplatzen. Ich habe Paarsitzungen erlebt, in denen Eltern ein kleines Kind mitbrachten, das mit seiner Quengelei, seinem Schreien und seinem ununterbrochenen Interesse-auf-sich-Ziehen die Sitzung platzen ließ. (7)

Wichtig scheint mir immer, dass das Paar sich einen Abend in der Woche zum gemeinsamen Ausgehen oder für eine schöne Liebesnacht frei hält und eine Kinderbetreuung organisiert. Wünschenswert ist es darüber hinaus, dass Frau und Mann, jeder für sich, noch über einen Abend zur freien Gestaltung verfügen. Meist bewirkt eine solche einfache Regelung einen wahren Hormonschub! Vati und Mutti verwandeln sich wieder, sagen wir, in kleine erotische Raubtiere ... (7)

Kinder sind für das Paar eine grandiose Liebeserweiterung und Lebensschule. Aber sie sind keine Partner. Das Paar kann an ihnen reifen oder es kann die eigene Partnerschaft aus den Augen verlieren. Eltern haben den Kindern ihre eigene Liebesbeziehung in klarer Distanz gegenüberzusetzen. (7)

Wer sein Kind, mit einem Fachausdruck zu sprechen, *kokoniert*, der erstickt und verweichlicht es in einem Kokon aus Liebe. Wer als Kind nie lernen musste, auch einmal zurückzustehen und jeden Wunsch sofort erfüllt bekommen hat, wird es im Leben schwerer haben. Solche Menschen sind oft unfähig, sich in Krisensituationen auch einmal selbst zu helfen. Sie reagieren hilflos, wenn das „Hotel Mama" keine Unterkunft mehr bietet. So ein Mensch hat zwar ein hohes Maß an krankhaftem Narzissmus, aber kein realistisches Selbstwertgefühl. Er definiert sich über den Wert, den seine Eltern ihm beimaßen. Doch das Leben da draußen ist nicht das Elternhaus, das ihn vergöttert. (37)

Kindheit ist Zerrissenheit zwischen Grandiosität und Minderwertigkeitskomplex. Sie bedeutet das Erkennen von Schönheit und Grausamkeit in der Welt. Sie enthält Angst, Lust, Prüfung, Schmerz und Wagnis als treibende Elemente der Ichwerdung. Sie beinhaltet das Abenteuer der Individuation: die Wandlung vom Kind zum Erwachsenen. Kindheit führt hinein in den ewigen Kampf zwischen Gut und Böse. Sie enthüllt das Gute und Böse im Innern eines jeden Menschen. Sie eröffnet das Himmelreich der Phantasie. Kindheit ist Mitgift *und* Hypothek. Der Held überschreitet die Demarkationslinie zum Erwachsensein mit seinem Aufbruch. (37)

Jeder Mensch bewegt sich in einem unsichtbaren Kräftefeld von Ängstigungen, Botschaften, Ideologien, Lebensphilosophien, Meinungen, Normen, Parolen und Weisungen. Aus ihnen formt sich in einem komplexen Prozess zwischen Es und Über-Ich sein Ich. Die unterschiedlichsten Einflüsse werden so durch andere Menschen in unserem Leben eingebracht ... Welches Kind müsste sich nicht in diesem Wirrwarr des Menschlichen, Allzumenschlichen zurechtfinden! Das Kind muss „Realismus lernen", sowohl die nötige Menschenkenntnis als auch eine gewisse Portion Misstrauen, ohne jedoch zynisch zu werden. Manchmal erwerben Menschen dieses *Realitätsprinzip* (Freud) ein Leben lang nicht. Dann stolpern sie von Enttäuschung zu Enttäuschung. Sie stagnieren seelisch. Denn jeder Mensch selbst ist auch ein Wesen voller Dunkelheiten und Widersprüche. Jeder Mensch ist wie der Mond mit einer hell beschienenen vorderen Seite und einer Rückseite, die er niemandem zeigt. (37)

Mütter

Erwachsene Töchter, die heute noch an der Mutter-Wunde leiden, sollten nicht den sozialen Faktor des Generationenwechsels außer Acht lassen. Das Verhältnis zwischen Müttern und Töchtern hat sich in den Jahrzehnten nach dem Krieg geradezu revolutionär verändert. Die Erziehung in den fünfziger und sechziger Jahren, besonders die der Frauen, basierte auf Anpassung, Bescheidung, Gehorsam. Die Sexualität war verpönt. Die Erziehung war eng, autoritär. Die Kinder mussten aufs Wort parieren. Ein partnerschaftlicher Erziehungsstil wie heute, mit heftigen Debatten und Familienkonferenzen, war undenkbar, der Begriff einer *antiautoritären Erziehung* ein Fremdwort bis an das Ende der sechziger Jahre, als die Studentenbewegung Luft in die miefigen restaurativen Verhältnisse brachte.

Ordnung, Disziplin, Sauberkeit, das waren die ausschließlichen Werte dieser Jahre. Die Mädchen wurden zu braven kleinen Hausfrauen erzogen. Sie sollten fleißig, hilfsbereit und sauber sein. Und sittsam, ja nicht zu kokett! Wir können heute die moralische Demarkationslinie zwischen der „heilen Welt" der konservativen Adenauer-Demokratie und dem Innovationsschub des Aufbruchs terminieren. Es war die Pille, die Anfang der sechziger Jahre erstmalig die moralischen Einstellungen blitzschnell veränderte. Als die Zeitschrift *Twen* 1962 eine Umfrage startete, sprach sich die Mehrzahl der Befragten noch rigoros für voreheliche Keuschheit aus, auch die Männer. 1963 waren nur noch knapp zwanzig Prozent dieser Meinung. (12)

Der englische Arzt und Psychotherapeut Winnicott hat einmal etwas ungemein Wichtiges zum Mythos der „perfekten Mutter" festgestellt. Er sagte: Eine Frau muss nicht eine sehr gute Mutter sein. Sie muss nicht einmal eine gute Mutter sein. Es genügt, eine *ausreichend gute Mutter* zu sein. Das ist es. Dasselbe, so möchte ich als männlicher Therapeut hinzufügen, muss natürlich auch für den Mann gelten. Es reicht, ein *ausreichend guter Vater* zu sein. Alles andere ist Idealbildung und kindlicher Größenwahn, der nicht ablassen will, die Eltern auf ewig als die Götter des infantilen Universums zu installieren. (12)

Mütter sterben nicht. Sie leben in den Töchtern weiter. Töchter kriegen nur dann Frieden, wenn sie den Konflikt mit der Mutter lösen. Vielleicht müssen sie, um erwachsen zu werden, über die Mutter hinauswachsen. Die Töchter müssen lernen, die Geschichte der Mutter zu erforschen, aber auch ihre eigene der Mutter zu erzählen. Das ist harte Tochterarbeit. Die Arbeit ist dann vollbracht, wenn die Tochter die Vergangenheit ruhen lassen kann und neue Regeln für die Beziehung aufgestellt hat. Jede erwachsene Tochter muss lernen, sich selbst zu bemuttern, indem sie die Verantwortung für das „kleine Mädchen" in sich übernimmt. Das Töchterchen war klein und hilflos, während die Eltern unermessliche Macht über es hatten. Jetzt dürfen sich Tochter und Mutter auf der Erwachsenenebene begegnen. Das bedeutet Individuation. Und jede Individuation ist eine Reise, die ein Leben lang andauert. (12)

Solange wir Männer uns vom Mutterkomplex nicht abgelöst und seelisch Neuland gewonnen haben, solange haben wir uns selbst nicht gefunden, sondern leben die Botschaften der Mutter, unsere Schuldgefühle und Kompensationsmechanismen … Mütterliche Klebrigkeit ist kein Kavaliersdelikt. Sie droht, die Entwicklung des Sohnes zum Mann stagnieren zu lassen. Denn es ist die gewaltigste seelische Leistung im Leben eines Jungen, dass er es wagt, die Ketten zu sprengen, die ihn an seine Mutter fesseln. Er muss, koste es, was es wolle, auch mit Aggression und unbequemer Energie, die Verschmelzung mit dem ersten Liebesobjekt seines Lebens lösen. Sonst wird er ein Muttersöhnchen und kein Mann. Er bleibt sonst im weiblichen Wertekosmos und erreicht auf der Kolumbusfahrt des Lebens nicht die Ufer der Männlichkeit mit den dahinter liegenden aufregenden maskulinen Landschaften. „Ich müsste mir eigentlich nur noch einen Büstenhalter umschnallen, dann wäre ich eine perfekte Frau", so klagte in meiner Sprechstunde einmal der weiblich dressierte, überaus feminine Sohn einer alleinerziehenden Mutter. (12)

Die emotionale Nabelschnur mit der Mutter bleibt für uns Männer oft nicht nur unzertrennt, sondern sie verheddert sich im Gegenteil zu einem Geflecht, das uns wie Marionetten an unsere Mütter bindet. Es spielt dabei keine Rolle, ob die Mutter um die Ecke wohnt oder in fünfhundert Kilometer Entfernung, ob sie noch lebt oder längst gestorben ist. (12)

Im Schneewittchen-Drama haben beide, Mutter wie Tochter, hart an sich zu arbeiten. Nur durch Entwicklung wird die Mutter ihre Neidpersönlichkeit überwinden. Der destruktive Neid hält sie so lange in den Krallen, wie sie fremdbestimmt, fixiert vom *Spieglein, Spieglein an der Wand*, lebt und ihr *originäres Selbst* unter dem *falschen Selbst* verbirgt … Uns interessieren hierbei natürlich besonders die Befreiungsschritte der Schneewittchen-Frau. Von der durchschlagenden Wirksamkeit von Frauengruppen haben wir schon gehört. Wenn du in dir, liebe Leserin, das Schneewittchen entdeckst, dann solltest du dir folgende kritische Fragen stellen und sie bearbeiten: Was hat mich an meiner Mutter bedrängt? Womit hat sie meine Entwicklung gebremst? Wie hat sie mir das Leben schwer gemacht? Was ist *ihr* verborgenes Geheimnis? Welche Geheimnisse hüte ich vor ihr? In welchen „Glassarg" habe ich mich verkrochen? Welche „Zwerge" haben mir zu helfen versucht? Wie weit habe ich mich von meiner Mutter gelöst? Wie hat sie darauf reagiert? Welche Krise hat mich ins Stolpern und zum Aufwachen gebracht? Wie nimmt meine Mutter jetzt meinen Lebensentwurf auf? Habe ich mich mit ihr direkt auseinandergesetzt? Kennt sie meine Wahrheit? Kenne ich ihre Wahrheit?

Habe ich ihr meine Trauer und meine Wut gezeigt? Habe ich ihr verziehen? Welche schöne Mitgift hat sie mir mitgegeben? Wofür werde ich ihr immer dankbar sein? Auf welchen „glühenden Pantoffeln" müsste meine Mutter tanzen, um endlich in Würde altern zu können und mich loszulassen? Habe ich auch Mitgefühl mit meiner Mutter? (28)

Das Gift der Vergangenheit wie Schneewittchen auszuspucken bedeutet, sich mit der Vergangenheit der Mutter auseinanderzusetzen. Von ihr wissen die Töchter meist wenig. Denn auch eine Mutter ist nicht nur Mutter. Bis zu dem Tag, als sie die Tochter gebar, hatte sie bereits ein langes, sie prägendes Leben hinter sich. Sie selbst ist ebenfalls die Tochter einer Mutter. Sie trägt gleichfalls Verletzungen und früh andressierte elterliche Bannbotschaften in sich. Diese Mutter ist jenseits ihres Mutterseins auch noch eine Frau, eine Berufstätige, eine Freundin von Freundinnen, eine Partnerin von Männern, eine Suchende, eine Stolpernde und sich wieder Aufrichtende. Auch sie hat, wie die Tochter, eine fließende Identität oder, anders formuliert, sie ist eine Zwiebel mit vielen Schalen. Die Tochter kennt meist nur die „Mutterschale" – und das ist wenig. (28)

Am Ende dieses großartigen Märchens übernimmt Schneewittchen die Verantwortung für sich. Was heißt Verantwortung anderes, als ihrem Leben *Antwort* zu geben! Jetzt könnte sie ihrer Mutter, real oder imaginär, gegenübertreten, sich gelassen und freundlich vor ihr verneigen und sagen: „Du bist meine Mutter. Ich bin deine Tochter. Du gehst deinen Weg. Ich gehe meinen Weg. Lass uns dabei nicht aus den Augen verlieren: Ich liebe dich, aber ich bin nicht du. Und damit bin ich glücklich."

Dann mag sie ihren süßen Prinzen herzen und küssen. Das wollen wir ihr gönnen. Aber sie sollte sich nicht zu sehr nach Frauenart auf ihn verlassen. Männer sind eine schwankende Währung. (28)

Maria (Name geändert), eine lebenstüchtige Friseurmeisterin, fünfzig Jahre alt, verheiratet, Mutter von zwei Kindern, berichtete mir in einer Sitzung: „Meine Kindheit war nicht einfach. Meine Mutter starb, als ich acht war, an Krebs. Ich habe sie so geliebt. Sie war das Liebste in meinem Leben. Das letzte Jahr mit ihr ist mir besonders in Erinnerung. Sie lag meistens im Bett. Sie hat mir noch bis wenige Tage vor ihrem Tod Märchen und Geschichten vorgelesen. Ich habe mich viel an sie gekuschelt, und sie küsste mich oft. Als ihr Tod nahte, erzählte sie mir vom Himmel, um mich zu trösten. Es sei sehr schön dort. Sie werde mich von einer Wolke aus im Auge behalten, mich beschützen und mir immer gute Gedanken einflößen. Dieses gute Bild und die Liebe meiner Mutter haben mich über die schlimmsten Jahre danach gerettet. Beides trägt mich, obwohl ich heute erwachsen und selbst Mutter bin, immer noch. Die Stiefmutter, die mein Vater ein Jahr später nach Hause brachte, hat mir die Hölle heiß gemacht. Sie war eifersüchtig auf die erste Frau. Außerdem sah ich meiner Mutter so ähnlich. Da mein Vater viel beruflich unterwegs war, konnte er mir wenig beistehen. Immer wenn es mir besonders dreckig ging, lief ich auf den Friedhof zum Grab meiner Mutter und schüttete ihr mein Herz aus. Dann kehrte ich irgendwie getröstet wieder zurück." (37)

Väter

Väter waren gegen uns Söhne oft unsichere Kantonisten. Sie brachten uns nicht zu Bett, sie schmusten nicht mit uns, sie erzählten uns nichts von sich, sie trockneten nicht unsere Kleine-Jungen-Tränen. Sie klärten uns in der Pubertät nicht auf. Der *erste Mann in unserem Leben* lebte uns häufig Maulfaulheit, Verschlossenheit, bräsigen Groll, Abhärtung und Härte vor. Und doch war unsere Sehnsucht nach diesem Mann unermesslich groß. So groß, dass wir die Abweisung durch den Vater mit der *Frauensucht* (Wilfried Wieck) zu kompensieren suchten und heute jede Nähe zu einem anderen Mann tabuisieren. Es ist eine Reaktionsbildung aus Enttäuschung. Kein Mann soll uns wieder so tief verletzen dürfen wie dieser erste, diese *emotionale* Null, diese *Gefühlsniete*. (1)

Ein Mann aber, der als Kind seinen Vater nicht körperlich und gefühlshaft erlebt, der kann auch nicht durch ihn zum lebendigen, ganzheitlichen Mann initiiert werden. Er verhärtet sich entweder selbst nach der gefühlsarmen Vater-Imago. Oder er schlüpft in die mentale Haut seiner Mutter. Dann kann die männliche Seele den *animus* (C. G. Jung) nur unvollständig in sich ausbilden. *Ich weiß eigentlich gar nicht, was ein Mann ist,* pflegen solche *Mutter-Söhne* – das ist nicht abschätzig gemeint – in der Beratung verwirrt zu sagen. (1)

Was kann ein Mann tun, um die Aussöhnung mit dem Väterlichen für sich zu gewinnen? Die eigenen Gefühle angesichts des Vaters wieder lebendig werden lassen, die schönen und die schweren. Direkt oder innerlich mit dem Vater Zwiesprache halten, eine Aussprache mit ihm suchen. Wenn der Vater nicht mehr lebt, ihm einen Brief schreiben, alles hineinpacken, das Schlimme und das Gute, die Wut, die Trauer, den Dank, das Unverständnis, das Verständnis, die Sehnsucht, die Qual, der Respekt, die Fragen. Das klärt. Das ist Abschied nehmen. Das lässt einen etwas von der Wahrheit des Vaters und seiner Männergeschichte ahnen. Das befähigt einen, die verhängnisvolle Männerkette der Vater-Sohn-Generationen zu unterbrechen, einen neuen Anfang im Zeichen der Liebe zu setzen. Erst hinter der Wut und der Trauer, und es ist ein langer Prozess, kommt die Chance zur Versöhnung. (1)

Schließlich gibt es die Versöhnung mit dem Väterlichen durch die eigene Vaterschaft. Ein Mann, der Vater wird, aktiviert nicht nur sein Potenzial, neues Leben zu schaffen, sondern er hat die Möglichkeit, auch fürsorglich-väterliche Anteile in sich zu entwickeln. Wer als *neuer Mann* sein Kind regelmäßig – nicht nur am Wochenende – füttert, wäscht, windelt, tröstet, aufmuntert, mit ihm spielt, mit ihm die Welt entdeckt, der tut das an seinem Kind, was er selbst für sich als Bub ersehnt hatte. (1)

Das Kind ist der Mutter ausgeliefert, wenn es keinen väterlichen Gegenpol gibt. Es muss selbstständig werden, sich von der Mutter ablösen. Wenn es zum Vater gehen kann, mit ihm Koalitionen und Komplizenschaften zu bilden vermag, erfährt es sich lustvoll als eigenständiges Individuum. (12)

Der Junge braucht eine Serie von Abnabelungen von der Mutter. Diese sind angstbesetzt und schmerzhaft. Der Sohn schwankt zwischen dem Wunsch nach Wiederherstellung der paradiesischen Einheit mit der Mutter und dem notwendigen

Willen zur Abgrenzung und Autonomie. Da kann eine Mutter ihm schwer helfen. Der Vater bietet den notwendigen Halt. Kann sich der Junge an den Vater anlehnen, braucht er keine Verlassenheitsängste zu haben. Er darf auch die Aggression gegen die Mutter (und gegen den Vater) lernen. Sie ist nicht existenzbedrohend. Es bleibt immer der andere Liebespol erhalten. Mir selbst ist, wie vielen Söhnen alleinerziehender Mütter, genau dies geschehen, dass ich keine Aggressionen lernen durfte als wichtige Instrumente der Abgrenzung und Ich-Werdung. Wie hätte ich denn gegen „Mutter Teresa", die meine aufopferungsvolle alleinstehende Mutter für mich darstellte, rebellieren dürfen. Sie war doch das Liebste, Einzigste, was ich hatte! Es fehlte die „Pufferfunktion" des Vaters, die Möglichkeit zweier voneinander getrennter Liebesobjekte, von Mutter *und* Vater. (12)

Der Vater ist der erste Mann im Leben eines Jungen. Er ist, im Idealfall, ein Vorbild. Er gibt dem Sohn eine Ahnung davon, wie schön es ist, ein Mann zu sein. Hat der Vater zudem eine zarte Seele mit gesunden weiblichen Anteilen, so vermittelt er dem Sohn Urvertrauen, Körperlichkeit, sanfte Geborgenheit. Er zeigt dem Sohn, dass Männer brüderlich miteinander umgehen können und nicht nur raufen, schreien und sich behaupten. Er zeigt ihm, dass es schön ist, einen Mann zu umarmen, sein Gesicht zu streicheln und zu küssen. Er besetzt das Männliche positiv. Außerdem lebt der Vater dem Sohn ganz konkret die Männlichkeit vor: die männliche Freude am Beruf, Fußball, Sport, Ringen, Schwimmen, Lust am Basteln, Fotografieren, Klettern, männliche Spiele, Rasieren, einen Schlips binden, um Frauen werben, soziales Verhalten unter Männern, männlichen Witz und Schabernack, vitale Sexualität, auch männliche Romantik, Umgang mit Liebeskummer und Sehnsucht, Gestaltung des Zimmers, Organisation des Urlaubs und unzählig vieles mehr. (12)

Bei fast allen „vaterlosen" Männern entdecke ich als Therapeut starke männliche Lebensdefizite. Meist sind die „Mütter-Söhne" (nicht „Müttersöhnchen"!) weiblich überidentifiziert. In der Pubertät ist der Vater noch einmal ein wichtiger Begleiter ins Leben; er ist meist der Hauptverdiener und vertritt die Welt „draußen". Hier findet der Sohn aus seiner unsicheren Identitätssuche und im Sturm pubertärer Konfusionen im Vater ein Vorbild, aber auch einen Wetzstein, an welchem er sich abarbeiten kann. Ein guter Vater hält dieses Wechselbad der Gefühle aus. Er stellt sich dem Kampf und hilft dem Sohn, die Weichen seines Lebens zu stellen. (12)

Es sieht so aus, als ob die Vater-Wunden der Söhne mit den steigenden Scheidungszahlen eher noch zunehmen werden. Das ist eine der ernstesten sozialpsychologischen Herausforderungen, vor denen wir stehen. (12)

Du kannst Dir einen Vater *adoptieren*. Das kann ein Onkel, ein Arbeitskollege, ein älterer Freund, ein *Doktor*vater oder wer auch immer sein. (1)

Wir holen uns im Leben unzählige Adoptivmütter und Adoptivväter. Das können Opa oder Oma sein, Lehrer, Nachbarn, manchmal sogar große Brüder oder große Schwestern. Ich selbst habe es genossen, in meinem philosophischen Doktorvater, Prof. Friedrich Schneider, in Bonn über Jahre hinweg einen „Adoptiv-Vater" gefunden zu haben. Er war nicht der einzige in meinem Leben. Der Philosoph liebte und förderte mich, soweit er nur konnte. Er selbst hatte zwar zwei Söhne, aber der

eine interessierte sich zu diesem Zeitpunkt nur für Kraftfahr-
zeugmechanik und Autotypen, der andere für Bankgeschäfte.
Friedrich Schneider genoss meine Verehrung, Diskussions-
freude und Wissensleidenschaft. Er lieh mir viele Bücher, führte mich in das Denken großer Philosophen ein und traktierte
mich bei den Doktorandengesprächen mit einer so allerliebst
süßen Nahe-Spätlese, dass ein Diabetiker wohl in Sekundenschnelle verstorben wäre. (12)

Wichtig ist, dass wir, anstatt zu hadern und in masochistischen
Selbstabwertungen zu schwelgen, lernen, uns selbst zu *bemuttern* und zu *bevatern*. Wenn wir das gelernt haben, können wir
den Eltern auf gleicher Ebene, das heißt in der Erwachsenen-
perspektive, gegenübertreten. Wir können darauf verzichten,
jene Verwöhnung und Zuwendung, die wir schon in der Kindheit vermissten, jetzt noch bekommen zu wollen. Das ist ohnehin absurd. Die Eltern sterben biologisch vor uns. Wir müssen
uns ablösen, ob wir wollen oder nicht. Wir sind selber für die
berühmten „Streicheleinheiten", die wir brauchen, verantwortlich. (12)

Geschwister

Nach meiner Frau stehen mir meine drei Geschwister am
nächsten im Leben. Auf sie kann ich mich verlassen, wenn es
mir dreckig geht. Es hat solche Situationen gegeben, als ich
etwa in einer beruflichen Sackgasse angelangt war oder als sich
meine erste Ehe nicht mehr leben ließ. Da waren meine Ge-

schwister Albert, Christoph und Maria Theresia jedes Mal schnell zur Stelle. Natürlich haben wir uns auch im Verlaufe eines nunmehr langen Lebens aneinander gerieben und gekracht. Denn wir sind alle vier – Bruder Michael starb mit neun Jahren – ehrgeizig, beruflich ambitioniert und eigenwillige Charaktere. Lange Jahre war ich etwas neidisch auf die damals beruflich erfolgreicheren älteren Brüder. Als Jüngster war ich ihnen in der Kindheit unterlegen. Geblieben sind jedoch die Erinnerung an ihre Fürsorge, vor allem in den kalten Zeiten des Jesuiteninternates. Meine um wenig ältere Schwester beschützte mich, und ich habe sie treu zurückgeliebt. (11)

Die frühe Kindheit ist ohne die Geschwisterliebe kaum vorstellbar. Die Ich-Bildung geschieht hervorragend über die Identifizierung von Geschwistern miteinander. Indem ich Eigenschaften einer älteren Schwester, eines älteren Bruders nachahme und mir aneigne, erweitere ich das Spektrum meiner Selbstkompetenz. Kind sein heißt ja, unaufhörlich neue Eigenschaften und Fähigkeiten zu erwerben. Das macht auch Angst. Fahrradfahren lernen, Schwimmen lernen, einen Baum besteigen, einem großen Hund trotzen, im Dunkeln durch den Keller gehen, sich alleine in der Stadt zurechtfinden, das alles sind Erlebnishürden, die genommen werden wollen. Geschwister machen sie mir vor. Oder ich profiliere mich als älteres Geschwister vor den jüngeren und gewinne aus dieser Vorbildfunktion schöpferische Kraft. (11)

Als Geschwister sind wir uns aber auch im Prozess der *Deidentifikation* unerlässlich. Brüder und Schwestern sind anders als ich. Sie haben einen anderen Charakter, eine andere Art zu sprechen, zu fantasieren, zu lachen. Sie haben verschiedene Hobbys und Fähigkeiten. Damit wird mir aber auch meine eigene Spezifik sichtbar, mein eigener Wert, meine Einmaligkeit. Ich bewundere und bestätige, ich selbst werde bewundert und bestätigt. Mit Geschwistern erobern wir die Welt. Wir üben Witz und Sprache, soziale Verantwortung und Empathie (Einfühlen) ein. Wir verständigen uns über das aufregende Neuland der Sexualität, die „Begegnung der dritten Art" mit dem anderen Geschlecht – ein pulstreibendes Unternehmen. (11)

Geschwister ziehen sich gleichzeitig, wie in einem osmotischen Prozess, gegenseitig auf der Lebensbahn weiter: Wenn das erste Geschwister selbst ein Kind bekommt, so nimmt es die Brüder und Schwestern in sein neues System hinein. Der ledige Bruder und die als Single lebende Schwester werden, ob sie wollen oder nicht, Onkel und Tante. Die bisherigen Eltern mutieren zu Großeltern, das geschwisterliche Subsystem in eine Art potenzielles Eltern-Subsystem. Denn die noch kinderlosen Geschwister begegnen uns selbst als Onkel und Tante unserer eigenen Kinder, also als Erwachsene. Hier stellt sich das Vater- und Muttersein des Geschwisters konkret vor die Frage, ob sie selbst die Elternrolle übernehmen und Kinder haben wollen. Sie werden zu Paten ernannt und übernehmen damit bereits selbst quasi elterliche Verantwortungen. Geschwister lernen sozusagen von erwachsenen Geschwistern hautnah, wie es ist, Kinder zu gebären, sie zu hegen, zur Taufe, Kommunion, Konfirmation oder Jugendweihe zu führen und mit ihnen Krisen durchzustehen. (11)

Streit unter Geschwistern ist immer auch *Kontakt* zwischen Geschwistern. Wie anstrengend und ätzend ein Streit auch sein mag, so enthält er als geheime Botschaft doch auch die Sehnsucht nach Beziehung. Streit ist gelegentlich eine Liebe ganz besonderer Art. Solange wir uns streiten, so lange nehmen wir uns wahr. Solange wir streiten, so lange nehmen wir uns ernst. Solange wir uns streiten, sind wir miteinander verbunden. (11)

Die Geschwisterschaft ist ein Drama, das wissen wir aus dem Alten Testament, aus der antiken Mythologie, der Literatur und der Geschichte prominenter Geschwister. Kain erschlägt Abel. Jakob betrügt Esau um seine Erstgeburt. Jakobs Kinder selbst werfen den hochmütig-genialen Bruder Joseph in den Brunnen, auf dass er verderbe. Die beiden Brüder der Königstochter Antigone bei Sophokles töten sich gegenseitig im Kampf um die Macht im Staate. Aschenputtel wird von den bösen Stiefschwestern unterdrückt. Dagegen lieben sich *Brüderchen und Schwesterchen* über den Tod hinaus und sind einander nie böse. Am Ende wird das Brüderchen lebendig, und es kehrt in Gestalt eines Rehs zum Schwesterchen zurück. Die beiden widerstehen kraft ihrer Geschwisterlichkeit dem Bösen. (11)

In den alltäglichen Geschwisterbeziehungen, mit denen wir es zu tun haben, stehen Gut und Böse oft unvermittelt nebeneinander. Man liebt sich, man schlägt sich. *Geschwister gehen bis zum Rhein, werfen einander aber nicht hinein*, sagt man im Rheinland. Das will heißen: Geschwister streiten sich bis zur Weißglut, wenn es ernst wird, schonen sie sich und halten zusammen. (11)

In der Familientherapie spricht man von zwei unterschiedlich angelegten Beziehungen im familiären Raum, der der *Vertikalität* und der der *Horizontalität*. Vertikal, das heißt von oben nach unten, ist die Beziehung zwischen Eltern und Kind. Es ist eine extrem polare Beziehung. Die Eltern sind anordnend, stark und wissend, das Kind ist Weisungen entgegennehmend, schwach und unwissend. Die Geschwisterbeziehung ist dagegen eine eher gleichberechtigte *horizontale* Beziehung. Sie ist tendenziell demokratisch, paritätisch und damit von hoher sozialer Qualität. Die Gruppentherapie zum Beispiel ist, wie ich immer wieder beglückt feststelle, eine Wiederbelebung grundsätzlicher Geschwistererfahrung des Einzelnen. (11)

Geschwister sind ein Teil meiner Lebenserfahrung. Geschwisterschaft ist, per definitionem, eine verschworene Gemeinschaft. Nicht ohne Grund nennen sich kämpferische Schwarze und Indianer gegenseitig *Brüder*. Nicht zufällig heißen sich feministische Frauen *Schwestern*. Geschwister bleiben Geschwister, wohin sie auch immer gehen, ob sie sich lieben oder hassen. Geschwister tragen ein gewisses Maß Verantwortung füreinander. (11)

Das erste Kind verzaubert die Eltern. Es schafft ihnen Glanz, Bestätigung, Überhöhung ihrer Liebe. Dieses Premierenerlebnis ist nicht wiederholbar. Das erste Kind zeichnet Mann und Frau gleichsam mit dem Orden der Vater- und Mutterschaft aus. Es darf sich als Solitär fühlen, als Unikat und nicht mehr zu hinterfragendes einzigartiges Glück seiner Eltern. Das erste Kind wird rund um die Uhr wahrgenommen, präsentiert, gehätschelt. Kurz, es ist eine Welturaufführung, die sich nie wiederholen wird. Was heißt es dagegen schon, als Fünfter geboren zu sein. Wie muss ich stolz sein, sage ich mir manchmal sarkastisch, dass meine Eltern mich „Kriegsware" noch mit einem schönen Vornamen beglückten, anstatt mich der Einfachheit halber durchzunummerieren. (11)

Umgekehrt gilt aber auch: Wenn eine Mutter plötzlich das Neugeborene favorisiert, so fühlt sich das ältere Kind, dem bislang alle Zuwendung galt, häufig betrogen; es entwickelt eine

Wut gegen das neue Geschwister, aber auch gegen die „unzu-
verlässige" Mutter. Allerdings darf es die Wut nicht offen äußern. Jeder Kinderarzt, jede Erzieherin weiß, wie oft ältere Geschwister auf diesen „Unglücksfall" indirekt mit Symptomen
wie Einnässen, Daumenlutschen, Schlafstörungen, Essproble-
men und Krankheiten reagieren. Mit diesem Störerverhalten
wollen „entthronte" Erstgeborene die Aufmerksamkeit wieder
auf sich lenken und Fürsorge erzwingen. (11)

Wenn Eltern nicht in der Lage sind, diese kindliche Eifersucht
und dieses angstvolle Unvermögen liebevoll aufzufangen,
behält ein Mensch diese Verletzungen als Erwachsener; er
verharrt in der infantilen Seinsweise, anstatt emotional mün-
dig zu werden. Immer befindet er sich in der Angst, den Partner zu verlieren. Die Psychoanalytiker sprechen von *Verlustangst.* (11)

Natürlich haben Erstgeborene, gleichgültig ob sie Junge oder
Mädchen sind, meist ein aggressiveres, dominanteres und
„männlicheres" Charakterprofil. Darin erinnern sie an die Al-
pha-Männchen bei Affen oder Hirschen. Den Jüngeren bleiben
oft nur die Modalitäten der Rebellion oder der Unterwerfung
übrig. Wenn die Familie eine Krisenfamilie ist, werden alle Geschwister von den Schicksalsschlägen erschüttert. Das Älteste
kriegt jedoch am meisten mit. (11)

Trotzdem entscheidet, meine ich, nicht die Reihenfolge der Geschwisterkonstellation, wie manche Forscher annehmen, über
den Schicksalsweg der Kinder, sondern die *Qualität der Elternbeziehung.* Sicher reagieren auch die Nachgeborenen mit destruktiven Gefühlen auf die Bevorzugung des ältesten Geschwisters, die „Affenliebe" der Eltern für ihn/sie. Aber so einfach ist

das alles nicht. Denn auch Alter, Aussehen, Begabung, Geschlecht und Intelligenz weisen jedem Kind eine unterschiedliche Position im Familienverband zu. (11)

Ältere Geschwister haben für jüngere neben vielem anderen auch die wichtige Funktion, ihnen durch ihr eigenes Hinausgehen in die Welt, durch ihre neuen Freundschaften und Interessen die Ablösung von den Eltern, auch konfliktträchtig, vorzuleben und sie sozusagen zu *erlauben*. (11)

Mit keinem vergleichen wir uns mehr als mit unseren Geschwistern, vor allem den gleichgeschlechtlichen. Sie sind sozusagen ein primärer Maßstab für unsere eigenen Leistungen, für unsere Position in der Welt, für unsere mehr oder weniger gelebte Männlichkeit oder Weiblichkeit. Nichts kann erdrückender sein, als wenn wir lebensgeschichtlich unter ihrem Standard bleiben. Peinlich kann es aber auch sein, wenn ein Geschwister das andere körperlich oder geistig drastisch hinter sich lässt. (11)

Geschwister hassen sich. Das geht bis zu Todeswünschen. Sie haben heimlich Fantasien, wie es wäre, wenn ein Geschwister verunglückte. Dass sie ein größeres Zimmer bekämen, dass es ihnen besser ginge, dass mehr Geld da wäre. Nur dort, wo wir so existenziell eng in familiäre Fesseln zusammengezwungen sind, können wir auch so hassen und den anderen in die Hölle wünschen. (11)

Jüngste Kinder müssen, wenn sie nicht einfach der Wonneproppen der Familie sind, mit Charme, Einfallsreichtum oder List einen Platz im geschwisterlichen *Struggle for life* finden. Sie müssen es aushalten, dass die älteren Geschwister ihnen überlegen sind. Das kratzt am Selbstbewusstsein. Sie bleiben immer *der Kleine* oder *die Kleine*. Wenn meine beiden Brüder, meine Schwester und ich *Geschwisterurlaub* machen, dann fühle ich mich immer noch, obwohl ich körperlich der Größte bin, als *der Kleine*. Dass ich mich zusätzlich, wenn ich mich nicht unter Kontrolle halte, auch noch als *der Dumme* fühle, das geht nicht auf das Konto meiner älteren Geschwister, sondern ist ein verrottetes corpus delicti aus der Asservatenkammer m e i n e r kindlichen Seele. Wenn ich ehrlich bin, muss ich einräumen, dass ich immer noch das Gefühl habe, meinen älteren Geschwistern beweisen zu müssen, dass ich kein „Dummchen" bin. Warum sage ich das? Weil wir die unsichtbare Dramaturgie unseres Geschwisterdramas anschauen und begreifen lernen müssen. Diese Dramaturgie hat uns geformt, bis in unsere Partnerwahl hinein. (11)

Man kann sich als Jüngstes kaum genug bei den älteren Geschwistern bedanken, was sie einem alles beigebracht haben. Da unsere Eltern geschieden waren und unsere Mutter als Ärztin den ganzen Tag in der Praxis arbeitete oder den damals vielen Visiten bei den Patienten nachkam, lernte ich vom Schleife-Binden, Uhr-Lesen, Radfahren und Schwimmen fast alles von meinen Geschwistern. Sie stimulierten meine Fantasie, führten mich in die Welt der Märchen und Bücher, der Kultur und der menschlichen Beziehungen ein. Ohne sie wäre ich ein Torso. (11)

In einer Mischung von Grausen und Freude erinnern wir Jüngsten uns meist an die herrlichen wilden Spiele, die die älteren Geschwister erfanden. Bei mir war es das *Dunkel-Verstecken*, wenn unsere Mutter gelegentlich am Abend das Haus für eine Ärztefortbildung verlassen hatte. Wir verschlossen alle Rollläden im Haus, zogen die Vorhänge zu, löschten jedes Licht. Alle versteckten sich, bis auf einen, der suchen musste. Gentleman, den Neufundländer, schlossen wir ein. Denn unser schwarzer Riese verfügte über die in diesem Fall kontraproduktive Fähigkeit, jedes Versteck aufzustöbern und dann schwanzwedelnd vor einem Kleiderschrank zu verharren, in dem sich eines der Geschwister versteckt hatte. (11)

Zwillinge sind ein extremes Beispiel für eine symbiotische, das heißt tendenziell verschmelzende Geschwisterbeziehung. Ihre Verbundenheit ist sprichwörtlich. (11)

Der Streit zwischen Zwillingen scheint fast so etwas wie eine Tempelschändung zu sein. Hier liegt eine heikle Ambivalenz vor. Es kommt der Punkt, an dem die Verschmelzung der Zwillinge keinen Vorteil mehr darstellt, sondern zum Hindernis bei der Entwicklung wird. Ich erinnere mich an zwei Zwillingsmädchen, die in ihrer Unzertrennbarkeit den gleichen Studienort wählten und eine gemeinsame Wohnung bezogen. Als die eine eine schwere persönliche Krise meistern musste, wechselte sie vorübergehend ihren Studienort. Das war für sie nicht leicht. Als sie sich wieder gefangen hatte, kehrte sie zur Zwillingsschwester zurück, aber sie bezog erstmals in der gleichen Stadt eine andere Wohnung. Beide empfanden dieses Agreement als einen unerlässlichen Schritt für ihre Ablösung und Individuation, ohne zugleich auf das Besondere ihrer einzigartigen Beziehung zu verzichten. (11)

Schwestern machen sich in der Regel mehr Gedanken um die Geschwisterbeziehung. Sie nehmen sie nicht einfach als gegeben hin, sondern unternehmen oft auch Schritte, um verkarstete Verhältnisse wieder aufzubrechen. Männer, so habe ich den Eindruck, nehmen das Geschwistergeschehen eher fatalistisch hin, wie den Dollarkurs oder das Ozonloch. Auf die Idee, dass sie selbst ein lebendiger Bestandteil der blühenden oder welkenden Geschwisterlichkeit sind und zu Architekten der Geschwisterbeziehung werden können, kommen wir Männer weniger. (11)

Schwestern reiben sich nicht zuletzt deswegen so aneinander, weil sie sich als Frauen ernst nehmen müssen und sich miteinander vergleichen. Der Lebensentwurf eines Bruders berührt sie naturgemäß nicht so existenziell wie der schwesterliche, weil er gleichsam auf einem anderen Planeten stattfindet. (Das Gleiche gilt umgekehrt für Brüder im Verhältnis zu ihren Schwestern). (11)

Brüder. Schon im Sandkasten verbindet sie gleichzeitig Zuneigung und Hass, Fürsorge und Rivalität. Zwischen Brüdern kommt es, wie nicht nur die Geschwisterforschung belegt, öfter zu handgreiflichen physischen Aggressionen als zwischen Schwestern. Manchmal sind sie mehr eine Notgemeinschaft. Besser ich habe einen Bruder zum Spielen als gar niemanden. Häufig haben sich Brüder als Erwachsene nichts mehr zu sagen. Oder, genauer gesagt, sie trauen sich nicht mehr aneinander heran. Sie haben es nicht gelernt, ihr Inneres zu öffnen, sich dem Bruder schwach zu zeigen oder gar um Hilfe zu bitten. (11)

Schattenkinder suchen oft außerhalb der Familie ein Sonnenplätzchen und finden es dann auch. Aber die Entwertung steckt, wie die Devaluierung einer Währung, in ihnen. Sie fühlen sich als ein Nichts. Da sie ihren Wert nicht spüren, können sie sich auch schlecht abgrenzen. Wenn es Mädchen sind, sind sie sexuellen Übergriffen gegenüber eher machtlos ... Schattenkinder stehen ein Stück außerhalb der familiären Kommunikation. Sie werden wenig angesprochen, man hört sie nicht. Irgendwann teilen sie sich auch, aus gutem Grund, nicht mehr mit. Das kann gefährlich werden. (11)

Wie steht es mit dem Kind, das ein Geschwister verliert? Was ändert sich möglicherweise in seinem Charakterbild? Wie arrangiert sich das Geschwistergefüge neu? Wie geht ein Kind mit seiner Trauer um? Darf es überhaupt leben? Oder, umgekehrt, darf es trotz der Trauer noch leben? Delegieren die Eltern an das überlebende Kind die Aufgabe, die sie dem toten Geschwister ursprünglich zugedacht hatten? (11)

Es gibt vier Verletzungen in der Geschwisterschaft. Die, welche *uns* von den Geschwistern als Kinder und im Erwachsenenalter zugefügt wurden und die, welche *wir* als Kinder und als Erwachsene den Geschwistern zufügten. Es fällt mir oft auf in der therapeutischen Praxis, dass Geschwister über ein wahres Elefantengedächtnis verfügen. Was man uns angetan hat, das vergessen wir den Geschwistern nie. Dass wir selbst ihnen wehgetan haben und oft noch aktuell wehtun, das verdrängen wir. (11)

Erbstreitigkeiten scheinen zu den häufigsten verletzenden Geschehnissen unter erwachsenen Geschwistern zu zählen. Das hat einerseits schlichte materielle Gründe, denn es geht oft um immense Werte, wie man sie nie mehr im Leben aus eigener Kraft erwirtschaften kann. Oft spielen aber auch verborgene Motive eine Rolle, die einer psychoanalytischen Klärung bedürfen. (11)

Wenn in der Kindheit die Betonung von Unterschieden zwischen uns Geschwistern eine unersetzliche entwicklungsförderliche Funktion besitzt, wird dann nicht im Prozess des Alterns, besonders nach dem Tod der Eltern, der gemeinsame Ursprung, die Akzeptanz der eigenen Endlichkeit und die *ars moriendi*, wörtlich die *Kunst des Sterbenmüssens*, eine verbindende Aufgabe? (11)

Gerade in der zweiten Lebenshälfte werden Freundschaften und Liebesbeziehungen, mit denen wir früher oft achtlos umgingen, kostbarer. Verluste schmerzen deutlich stärker. Wo der Tod in unserem Leben Lücken reißt, werden wir einsamer. Altern heißt, so scheint mir, unseren menschlichen Besitzstand sorgfältig zu hegen und zu pflegen. Altern heißt, wesentlicher werden, konzentrierter leben. Immer mehr erscheint mir da die positive Seite der Geschwisterbeziehung, die Geschwisterliebe, also einer der größten Aktivposten meines Lebens, als elementare Erfahrung der näheren Zusammengehörigkeit, als Gegenwelt gegen die Defizite der Kindheit und Jugend, als Erfahrung der Geborgenheit in der Gegenwart, als gemeinsame Meisterung der Zukunft und des eigenen Todes. (11)

Das ist ein aktiver Prozess. Sich im Strom des Lebens ein Heim zu geben und nicht tatenlos an seinen Ufern zu stehen, verlangt, dass ich mich jetzt, als Erwachsener, auf die Geschwister zubewege … Hier gilt es, mit Geschwistern zu sprechen oder einmal einen der mutigsten Briefe seines Lebens zu schreiben. Nicht länger anzuklagen oder zu missionieren, sondern sich selbst aus der Tiefe heraus auszudrücken und dem Geschwister zuzuhören. Dem Geschwister eine *Liebeserklärung* zu machen. Regelmäßig zu telefonieren. Althergebrachtes Zwangsverhalten abzustreifen. Die Fragen und die endlich geäußerte Wut eines Geschwisters auszuhalten. Das Zwiegespräch zu führen. Einmal allein mit dem Geschwister etwas zu unternehmen, vielleicht sogar einen Urlaub. Jetzt geht es endlich darum, eine *Geschwisterkultur* zu entwickeln und zu pflegen. (11)

Mit wem können wir sonst das unvergleichliche Aroma, die Geräusche-, Geschmacks-, Geruchs- und Hautempfindungen unserer Kindheit besser beschwören als mit unseren Geschwistern. Das alles hat uns geformt, genährt, getragen und zu den solitären Persönlichkeiten gemacht, die wir heute sind. Das alles ist das Sesam-öffne-dich unseres individuellen Kosmos. (11)

Charakter

Ich selbst sehe mich nicht von außen. „Der Affe", sagt ein afrikanischen Sprichwort, „sieht den eigenen Hintern nicht". Zwar kann ich wohl erkennen, welche Mitgift mir meine Charakterbildung beschert hat, aber die Hypothek werde ich so schnell nicht gewahr. (13)

Wenn ich mich selbst betrachte, so muss ich gestehen, dass zum Beispiel mein Schreibtisch ein notorischer Saustall ist. Ich bekomme das Chaos nicht in den Griff. So weit so schlecht. Schlimmer noch: Menschen, die ihren Schreibtisch tadellos aufgeräumt haben, beneide ich. Ich verstehe sie aber, wenn ich ehrlich bin, nicht. Für mich sind sie insgeheim *Bürokraten, Korinthenkacker und Sesselfurzer*. Im Grunde fehlt mir das tiefere Verständnis für ihre klare Struktur und Korrektheit. Meine Stärke ist eher das Intuitive, die Improvisation und das freischwebend Schöpferische. (13)

Dabei können wir uns diesen *blinden Fleck* nicht leisten. Schul-
und Arbeitszeugnisse kommen nicht ohne charakterliche Be-
urteilungen aus. Wir wissen: Nur wer sich verändert, bleibt
sich treu. Um mich aber entwickeln zu können, muss ich mir
erst über mich selbst klar werden. „Erkenne dich selbst" stand
auf dem Fries des Tempels von Delphi. (13)

Niemand wird durch seine Gene gezwungen, ein schlechter
Mensch zu werden. Ein Kind allerdings, das mit unzureichenden „Mitteln" und „Stoff" zur Welt kommt, also zum Beispiel
untergewichtig und längere Zeit konstitutionell schwach
bleibt, kann dies, wenn die Betreuung nicht kompensatorisch
eingreift, mit Entwicklungshemmungen und kognitiven Fehlleistungen bezahlen. Zwischen Erbmasse und Umgebung finden ununterbrochen Wechselwirkungen, Aktionen und Reak-
tionen, statt. (13)

Solange es eine zivilisierte Menschheit gibt, hat es Charakter-
lehren gegeben. In der Bibel gibt es etwa die Charaktertypen
des *Dummen*, des *Ehrlichen* oder des *Gottesfürchtigen*. Univer-
saltypen tauchen in den Dialogen Platons und in Aristoteles'
Nikomachischer Ethik auf. Aristoteles spricht von den Charaktertypen des *Tapferen, Mäßigen, Zügellosen, Großzügigen,
Hochgemuten, Sanftmütigen, Gefallsüchtigen, Unbeherrsch-
ten, Starrsinnigen, Glückseligen*. 319 v. Chr. liefert uns Theo-
phrast, ein Schüler des Aristoteles, in einem phänomenologi-
schen Meisterstück dreißig verschiedene Charaktertypen. (13)

Keine Charakterbildung ist pur und unvermischt. Jeder von
uns ist eine Mixtur aus verschiedenen Zutaten. In der Regel ist
jedoch einer der von Freud und Fritz Riemann beschriebenen
Grundmotive – das *Schizoide, Depressive, Zwanghafte* oder

Hysterische – dominant. Riemann versteht keine dieser Charakterbezeichnungen abwertend. (13)

Wie wird ein Mensch *schizoid*, gefühlsabspaltend? Kein Kind wird als schizoider Säugling geboren. Schizoide Menschen stammen fast immer aus einem emotionalen Mangelhaushalt. Ein Junge hat zum Beispiel von seinem Vater keine zugewandte Liebe erfahren. Er wurde nie geküsst, geschmust oder auf den Schoß genommen; niemals wurden liebevoll seine Tränen getrocknet oder sein Körper gestreichelt. Der Vater zeigte sich meist unnahbar und gefühlsstarr, weinte nie, streichelte und küsste die Mutter nicht. Er trimmte den Jungen mit harten, fast militärischen Parolen: „Ein Indianer weint nicht. Sei nicht so weibisch. Reiß dich zusammen. Gefühle zeigt man nicht. Keine Zeit für Sentimentalitäten. Zähne zusammenbeißen." Was macht so ein Kind? Es muss sich schützen, weil es mit seinen Ängsten, Freuden und Sehnsüchten immer wieder auf den väterlichen Granit stößt. Der Junge macht sich zu wie eine Auster. Vielleicht legt er auch einen Stachelpanzer an wie *Hans mein Igel* im gleichnamigen Grimmschen Märchen. Im arktischen Familienklima wird der Junge gefühlskalt. Der Vater ist ein emotionales Sparschwein, der Sohn wird es auch. (13)

Doch wie jeder der vier Charaktertypen verfügt der schizoide Mann, die schizoide Frau auch über beneidenswerte und vorzügliche Qualitäten. Schizoide Menschen sind von einer affektlos-kühlen Sachlichkeit. Sie besitzen eine starke Ich-Abgrenzung und einen stabilen Ich-Komplex. Sie haben Mut zu sich selbst. Sie sind selbstständig und unabhängig. Sie langweilen sich nicht allein. Sie klammern nicht. Sie haben einen kritisch-unbestechlichen Blick. Sie sind unsentimental, gescheitironisch, illusionslos und verlässlich.

Schizoide sind auf ihre Weise durchaus auch *konkludent-liebesfähig*. Was heißt das? Der Schizoide tut sich schwer, Kosenamen auszusprechen, einen Liebesbrief zu schreiben oder gar „Ich liebe dich!" zu sagen. Aber man kann seine Liebe aus seinem praktischen Tun *konkludieren*, also schließen. Er arbeitet für die Familie bis zum Herzinfarkt. Er repariert alles. Er legt Studienversicherungen für seine Kinder an. Er bringt das Auto der Frau zum TÜV. Er ist loyal in zementhafter Treue. Die Schizoide wiederum backt, bügelt, kocht, näht, putzt, leistet Überstunden, kontrolliert Schularbeiten und opfert sich auf ihre nüchterne, perfekte Art restlos für Mann und Kind auf. (13)

Das *depressive* Kind erlebt das Dasein als Schuld, und sich selbst als Zumutung für seine Eltern, als Last. Es könnte sich theoretisch auch in schizoider Manier abschließen, schmerzlos machen und in eine Art seelischen Winterschlaf versenken, aber es wählt unbewusst eine andere Option – das Leiden und die Helferkarriere. Es erkauft sich seine Existenzberechtigung durch eine Unzahl karitativer Inszenierungen. Es opfert sich für andere auf. Es wird eine Mischung aus Mutter Teresa und Albert Schweitzer. Es ist altruistisch, einfühlsam, immer hilfsbereit und pflegeleicht. Solche Kinder schätzt man. Man übersieht sie aber auch, weil sie stets bemüht sind, keine Schwierigkeiten zu machen und niemandem zur Last zu fallen. Sie verstecken ihr eigentliches Selbst. (13)

Erwachsen geworden überbetont der Depressive das Du gegenüber dem Ich, wie er es bereits als Kind gelernt hat. Der Schizoide würde dagegen das Ich gegenüber dem Du favorisieren. Wie kein anderer Charaktertyp ist der depressiv getönte Mensch sozusagen rettungslos auf den Partner angewiesen. Er tut alles, um geliebt zu werden. Ihn quält die Kluft zwischen Ich und Du. (13)

Im gleichen Maße, in dem Männer, auf Grund ihrer maskulinen Sozialisation, häufiger eine schizoide Charakterbildung zeigen, entwickeln mehr Frauen den depressiven Charaktertypus. Frauen werden von klein an auf Beziehungsfähigkeit, Hege und Pflege, auf späteres Muttersein und persönlichen Verzicht hin erzogen: Jungen toben herum und spielen mit Sachen, Mädchen machen sich nicht schmutzig und spielen mit Puppen. (13)

Ein depressiver Mensch entwickelt wenig Eigenständigkeit und Unabhängigkeit. Er kultiviert vielmehr seine eigene kindliche Hilflosigkeit. Oft macht er auch den Partner zum Kind und bringt ihn so in eine Abhängigkeit. Mit seinen ununterbrochenen Hilfeleistungen begegnet der Depressive seiner nagenden Verlustangst. Seine – unreife – Liebesformel könnte lauten: „Ich liebe dich, weil du mich brauchst." Das bedeutet im Umkehrschluss: „Ich selbst mit meinem Sosein bin für dich nicht attraktiv genug. Ich kann dich nur halten, wenn ich ständig materielle und emotionale Serviceleistungen erbringe." (13)

Depressiv getönte Frauen müssen oft die Freude an einem eigenen, individuell eingerichteten und abschließbaren Zimmer entdecken, wie ich es in meinem Buch *FreiRaum. Ein Zimmer für mich allein* beschrieben habe. Sie dürfen erstmalig erleben, wie schön es ist, statt mit dem Partner auch einmal mit fetzigen Frauen in einen Kurzurlaub zu fahren, einen Abend in der Woche mit der besten Freundin einen „Zug durch die Gemeinde" zu machen, kurz, sich die *Wonnen der Distanz* zu gönnen. (13)

Der Depressive klagt lieber, statt zu kämpfen. Er jammert, statt *konstruktiv aggressiv* zu sein. Seine Erwartungshaltung dem Leben gegenüber ist passiv. Er sitzt an der gedeckten Tafel des Lebens und langt nicht zu. Die Trauben sind ihm viel zu sauer. Er barmt, statt zu fordern. Er wartet, statt energisch auf das Objekt seiner Begierde zuzugehen. Genau das meint das Wort *Aggression*. Es stammt von dem lateinischen Wort *aggredior, ich gehe energisch auf etwas zu* – und genau davor graut es ihm! Statt ein Übel mit konstruktiver Aggression anzugehen, neigt der Depressive dazu, autoaggressiv zu agieren, also das Elend jammervoll gegen sich selbst zu wenden. Nach dem Motto: „Das geschieht meiner Mutter recht, dass ich mir die Finger abfriere; hätte sie mir Handschuhe gekauft." (13)

Die depressive Frau, der depressive Mann sind also, wie wir sehen, nicht nur Opfer böser Umstände. Sie weichen der unbequemen Aufgabe ihrer *Individuation* aus. Wer sich ständig an andere hängt, braucht selbst nicht mehr zu laufen. Wer sich nur auf den anderen bezieht, braucht keine Eigenzentrierung. Er versäumt darüber das Abenteuer und Wagnis des eigenen Lebens. Der Depressive richtet sich gewissermaßen am Startplatz des Lebens ein und stagniert, anstatt loszusprinten. Ich kann mich heute gut daran erinnern: In den Phasen meines Lebens, in denen mein depressiver Charakter dominant war, habe ich oft den Hintern nicht hochgebracht. Der Depressive darf und muss endlich die Lust an der Ichwerdung, an der eigenen Eckigkeit, am *sacro egoismo*, am *heiligen Egoismus*, wie die Italiener sagen, entdecken. (13)

In der Sexualität ist der Depressive hingebungsvoll, einfühlsam und von ozeanischem Fluten. Er ist, kurz gesagt, das Gegenteil des Schizoiden. Mit dem Depressiven hat man eine

Wärmflasche unter der Bettdecke. Er ist rücksichtsvoll. Sein Vorspiel erstreckt sich sozusagen von Dienstag bis Freitag. Aber, und das ist ein gewichtiger Einwand, Depressive, ob Frauen oder Männer, klagen häufig über mangelnden Sex. (13)

Depressive sind Menschenfreunde voller Zuwendung und Verantwortungsgefühl. Sie können teilen. Sie schaffen, wo immer sie auftauchen, ein warmes Klima. Betritt ein Depressiver das Zimmer, steigt sozusagen die Zimmertemperatur (während sie beim Schizoiden eher sinkt). Die Welt wäre eindeutig kälter ohne depressive Menschen. Sie haben hohe Ideale und können sich einer Idee mit vollem Herzen hingeben. Sie sind hinreißende Verwöhner und Meister der Zärtlichkeit. Sie sind beziehungsorientiert, nicht sachorientiert. (13)

Beim *zwanghaften* Menschen ist das Sicherungsbedürfnis überwertig geworden. Er hat die Neigung, alles beim Alten zu belassen und wendet sich gegen jede Neuerung. Er oder sie hat einen Hang zu Dogmatismus und Prinzipienreiterei, manchmal auch zum Fanatismus und ist häufig von Vorurteilen geprägt. Er beschränkt selbst seinen Horizont, stemmt sich unbelehrbar gegen Entwicklungen und neigt zur Intoleranz. Das Fremde und die Fremden machen ihm Angst, eben weil sie fremd sind und das Vertraute in Frage stellen. (13)

Das Kind wird durch den Ordnungsterror der Eltern bestraft, jegliche aggressiven, affektiven oder spontanen Impulse werden gehemmt, unterdrückt und ausgetrieben. Dabei ist ein gesundes Kind impulsiv, lebhaft, hochmotorisch und in einem guten Sinne anarchisch. Es stellt Ordnungen in Frage. Eltern ducken ein Kind so lange, bis es zum Duckmäuser wird. Sie schlagen so lange auf seine Fantasie ein, bis es fantasielos geworden ist. Sie boykottieren so grimmig seine Spontaneität, dass es uniform wird wie ein kleiner Soldat. (13)

Zwanghafte Frauen sind oft Putzteufel. Was schrubben sie mit so viel verzweifelter Energie weg? Könnte es jener „Schmutz" sein, den sie insgeheim bei der „unordentlichen" Sexualität und den damit verbundenen „unreinen" sekretorischen Absonderungen fürchten? (13)

In der Liebe ist der Zwanghafte bestimmend, dominant, rechthaberisch. Er will den Partner und die Kinder nach seinem Bilde formen. Es gibt nur eine Wahrheit, und das ist seine. Von romantischen Gefühlen hält er wenig. Die Beziehung ist ihm vielmehr ein verlässlicher, fast schon juristischer Kontrakt, der vor allem eines garantiert: Dauer. Das irrationale, transzendierende Element in der Liebe schreckt ihn ab. Wie sagte einmal eine anorgasmische, zwanghafte Frau in meiner Praxis: „Was die Leute immer so ein Gedöns um die Liebe machen! Eine Handvoll peinlicher Liebesbriefe und etwas Geschubbere im Bett, das ist doch alles, nicht wahr?" (13)

In der Sexualität ist der Zwanghafte für den Partner oft die Langeweile pur. Man kann es mit zwei Worten zusammenfassen: Sonntagmorgen, Missionarsstellung.

Natürlich hat der Zwanghafte mit seinem Insistieren auf seiner Sehnsucht nach Dauerhaftigkeiten nicht einfach nur unrecht. Eine Welt ohne Beständigkeit wäre chaotisch und selbstzerstörerisch, ohne Ordnung und ohne Verlässlichkeiten. Ein Kind kann schwere charakterliche Schäden erleiden wenn ständig seine Bezugspersonen wechseln. Die Wiederkehr des Gewohnten und Vertrauten ist für die Stabilisierung unseres Ichs unerlässlich. (13)

Das unbewusste Glaubensbekenntnis der zwanghaften Persönlichkeit könnte lauten: „Ich bin, weil ich alles plane." Wie unterschiedlich können Menschen sein! Der Schizoide existiert nur, weil er autonom ist; der Depressive, weil er hilft; der Zwanghafte, weil er jeden Zufall auszuschalten versucht. Umgekehrt lautet der Satz des Zwanghaften wohl: „Wenn ich nicht plane, bin ich nicht." Da bricht das Chaos um ihn aus. Er fällt in das blanke Nichts. (13)

Der Zwanghafte ist penibel genau. Er übertreibt die Ordnung, die ja an sich ein gutes Strukturprinzip ist, aus einer inneren Notlage heraus ins Extrem. Dabei ist er nicht selten unproduktiv, weil sein ständiges Aufräumen und Ordnen viel Zeit kostet. Er kontrolliert manchmal mehr, als er arbeitet. Grundsätzlich entscheidet der Zwanghafte nach Akten- und Gesetzeslage, selten nach moralischer Billigkeit und Gefühl. Wenn im Urlaub das Hotel nicht exakt den Angaben des Prospektes entspricht und der Fußweg zum Strand fünf Minuten länger als angegeben ist, prozessiert er. Für andere Lebensformen hat der Zwanghafte wenig Verständnis und schon gar keine Neugier. Er hat auch auf sich selbst wenig Neugier … Zwanghafte sind überzeugt, dass keiner sie im Betrieb ersetzen kann. Keiner macht es so korrekt und richtig wie sie. Die zwanghafte Frau sagt, „eine Putzfrau kommt mir nicht ins Haus. Keiner kann das Haus so ordentlich putzen wie ich." (13)

Der Zwanghafte könnte etwas von seinem Gegentypus, dem *Hysteriker*, lernen: Leichtigkeit, Lust und Lebensfreude. Umgekehrt dürften sich der Hysteriker, die Hysterikerin eine dicke Scheibe vom Zwanghaften abschneiden: Bodenhaftung, Beharrlichkeit, Besonnenheit. (13)

Die Grundangst des hysterisch inszenierenden Menschen ist die *Angst vor der Notwendigkeit*. Das ist die Kontraposition zum zwanghaften Charakter, den die Angst vor der Wandlung und der Unbeständigkeit des Seins umtreibt. Beide, der Zwanghafte wie der Hysteriker, liegen in ihrer einseitigen Wertigkeit falsch. Notwendigkeit und Freiheit, Zwang und schöpferisches Chaos, Verlässlichkeit und Improvisation gehören zusammen, sollten sich ergänzen und sind dialektisch aufeinander bezogen. (13)

Für den Hysteriker ist die Welt eine einzige Bühne. Er eilt von Auftritt zu Auftritt. Er biegt sich die Verhältnisse zurecht. Er baut pompöse Kulissen um sich auf und lebt oft in einer Pseudorealität. Er isst Kaviar, aber sein Konto ist chronisch überzogen. Er schmiedet geniale Berufspläne, aber sein Arbeitsplatz ist unsicher. Er beschäftigt seine ganze Umgebung mit grandiosen Projekten, aber sein Auto ist nicht abbezahlt. Mit seinem sanguinischen Temperament, seinen glänzenden oratorischen Fähigkeiten, Suggestionskraft und Verführung macht er das alles glaubhaft. Er oder sie ist ein hedonistischer (von altgriechisch *hēdonē, Freude*) Lebensphilosoph des sofortigen Genusses, des *carpe diem, pflücke den Tag*.

Das beinhaltet natürlich auch eine hohe Fähigkeit zum Lebensgenuss. Der Hysteriker ist wie die Grille in der Fabel – sie musiziert und freut sich am Sommer, während die Ameise brav schuftet und ein Winterlager anlegt. Was der Hysteriker nicht liebt, ist Pünktlichkeit und Zeitplanung. Überhaupt die Zeit, mit ihr steht er auf Kriegsfuß. Hysteriker wollen nicht alt werden, sie ignorieren die Sanduhr des Lebens. Der männliche Hysteriker ist ein *puer aeternus*, ein *ewiger Jüngling*. Die Hysterikerin geriert sich als ewiges Mädchen *(puella aeterna)* mit *Helena-Syndrom*: Noch wenn sie alt ist, sollen Männer um sie Trojanische Kriege führen. Nur: Die Truppen werden immer dünner. Schönheit ist für die Hysterikerin das Nonplusultra der Existenz. Davon profitieren die Schönheitschirurgen. (13)

Weil der Hysteriker eine Bühnenexistenz ist, ist er auch nicht dialogisch, sondern monologisch angelegt. Der Partner, die Partnerin, ist für ihn kein wirkliches Gegenüber, sondern ein Claqueur, eine Applaudantin. Menschen figurieren für ihn nur als Stichwortgeber, Resonanzboden und Publikum. Er ist sprühend, feuert verbale Raketen ab, präpariert sich mit Pointen. Er ist der geborene Unterhalter, eine Witzfabrik, ein Aktivist. Gewandtheit, Charme, Temperament machen ihn zum Salonlöwen und blendenden Entertainer. Er kommt, sieht und siegt. Er ist farbig und lebendig, fantasiereich, verspielt und zugewandt. Langeweile ist für ihn eine Todsünde. (13)

Der Hysteriker, die Hysterikerin ist eine Schauspielerexistenz. Er kann in der Liebe Menschen vom ersten Blick an begeistern, zum Taumel hinreißen. Aber er ist bindungsschwach. Er fliegt wie ein Schmetterling von Blüte zu Blüte. Er liebt den erotischen Neuanfang, nicht die Durststrecke in der Beziehung. Er ist der geborene männliche oder weibliche Don Juan. Er oder sie hinterlässt erotische Massengräber. (13)

Der Hysteriker zeigt, wie manche aufgemotzten Häuser, eine Blendfassade. Seine Angst ist viel zu groß, dass ihn Menschen, wenn er sich in seiner Bedürftigkeit und Nacktheit zeigte, ablehnen würden. (13)

Kann man seinen Charakter vollständig ändern? Wohl kaum. „Ein Esel", sagt das chinesische Sprichwort, „kann selbst im Tigerfell niemanden täuschen". Kann ich meinen Charakter überhaupt nicht ändern? Doch. Alles andere widerspräche jeder menschlichen Erfahrung. (13)

Die Gene schreiben nicht einfach das Drehbuch fürs Leben. Wie verändert sich nun der Charakter? Fast immer ist es ein konkreter Anlass, der uns den Anstoß zur Veränderung gibt. Wir erkennen: So geht es nicht weiter. (13)

Es ist die Krise, die mich mit den Unzumutbarkeiten meines Charakters konfrontiert. Ich bin für andere und für mich selbst in meiner Charaktererstarrung unzumutbar geworden. Mit Bockigkeit werde ich nicht weiterkommen. Mit Jammern zementiere ich nur mein Elend. Mit Bequemlichkeit und Faulheit bleibe ich in meinem Schicksalsloch sitzen. Mit Schweigen verschlimmere ich die Situation. Mit meiner ewigen Aggression löse ich meine Probleme nicht. Mit immer nur lieb sein, lasse ich mich weiter ausbeuten. Mit meinen Minderwertigkeitskomplexen komme ich nie aus meiner Zwergenexistenz. Mit meinen Rückzügen verbanne ich mich selbst ins Exil. Mit meiner Gefühlskargheit packe ich die Welt in eine Tiefkühltruhe. Mit meiner Helferei rund um die Uhr verliere ich mich selbst aus den Augen. Mit meiner Zwanghaftigkeit nehme ich mir Lebensfreude. Mit meinen hysterischen Inszenierungen mache ich mich vom Beifall der anderen abhängig.

„Not lehrt beten" sagt das Sprichwort. Aber sie bewirkt noch etwas viel Wichtigeres: Sie lässt mich Inventur und Kassensturz machen. Sie lässt mich kapitulieren. Sie lässt mich neu anfangen. (13)

Mich gegen die Entwicklung des Charakters zu stemmen, bedeutet, die schwere Seelenkrankheit der Psychosklerose zu riskieren. Nicht nur die Arterien können verkalken, sondern, schlimmer noch, der Charakter. Leben ist Erziehung. Wir durchlaufen sie grundsätzlich zwei Mal. Die erste Erziehung leisten unsere Eltern, Geschwister, Großeltern, Freunde und Lehrer. Die zweite Erziehung lassen wir uns selbst angedeihen: Die Selbsterziehung macht uns erst vollends reif und zu souveränen Subjekten. (13)

Fritz Riemann nennt es in seinem Standardwerk *Grundformen der Angst,* das auf der Charakterologie der vier genannten Phänotypen basiert, als Ideal, wenn wir positive schizoide, depressive, zwanghafte und hysterische Charakterzüge in ausgeglichener Harmonie in uns vereinigen könnten. Das werden wir nie erreichen, aber das könnte ein Leitbild sein. (13)

Charakter ist Mitgift und Hypothek zugleich. Was uns bleibt, ist, die drückenden Hypothekenzinsen der Vergangenheit zu tilgen und uns ein weitgehend (schulden-) freies Wesen für die charakterliche Zukunft zu erarbeiten. Lernen wir die Kunst, uns zu erkennen und uns zu entwickeln. (13)

Ich

Unser Ich ist labil. Nach den Beobachtungen der Psychologie und der Gehirnphysiologie ist es in einem Fließgleichgewicht. Es schlägt wie ein Elektrokardiogramm in Spitzen über und unter die Mittelachse aus. Im emotionalen Mikroklima eines Tages wechselt meine Stimmung und mein Identitätsgefühl mindestens ein Dutzend Mal. Ich stehe vielleicht übernächtigt und missmutig an einem dunklen Wintermorgen auf. Meine seelischen Funktionen sind herabgesetzt. Unter der Dusche beginne ich aufzuwachen. Beim behaglichen Frühstück fühle ich mich wohl. Dann senkt eine zänkische Bemerkung des Partners wieder meinen Stimmungspegel. Wenige Minuten später befinde ich mich voller Tatendrang im Auto, auf dem Weg zur Arbeit. Dann nervt mich ein Stau. Meine Leichtigkeit ist weg. Der Pförtner in der Firma begrüßt mich lächelnd. Ich blühe auf. Dann finde ich eine aggressive Notiz meines Chefs auf dem Schreibtisch: Talfahrt der Gefühle. Und so weiter, den ganzen Tag durch. (8)

Gibt es überhaupt ein einziges Ich? Die Gehirnforschung geht heute davon aus, dass wir an die Stelle des e i n e n Ichs eine Vielfalt von Ich-Zuständen setzen müssen: Das *Körper-Ich*, das kompassähnliche *Verortungs-Ich*, das *Erlebnis-Ich*, das *Kontroll-Ich,* das *selbstreflexive Ich*, das *moralische Ich* oder das für meine Identität lebenswichtige *autobiografische Ich*. Diese Vielfalt macht die hohe Flexibilität und die genuine Entwicklungsfähigkeit des Ichs aus. (9)

Es sind die Welt, das Milieu, die ökonomischen Bedingungen, Armut oder Reichtum, Nationalität, Landschaft, Sprache, Kultur, Religiosität, Lebensphilosophie und viele andere Lebensumstände mehr, die das weiche und formbare Ich prägen: Ich bin ein Kind meiner Zeit. Mich bewegt, was meine Zeit bewegt. Mich prägt, was meine Epoche prägt. (9)

Die Familie ist eine Oase oder eine Wüste, eine kreative Keimzelle oder eine strenge Prägeanstalt. Was ich im Wechselspiel mit meiner Familie erfahre, gestaltet mein Ich. Die Sippe wirkt, wie wir aus der systemischen Familientherapie wissen, oft als eine Art „Karma" über Generationen. Doch das familiäre Erbe ist kein unentrinnbares Schicksal. (9)

Das männliche Ich kann an einem zu großen Vater zerbrechen. August von Goethe, der schwache Sohn des starken „Olympiers", starb in Italien an den Folgen seiner Trunksucht. Friedrich von Schillers zweitältester Sohn Ernst maß sich ein unglückliches Leben lang mit dem väterlichen Phantom, der vermeintlichen Lichtgestalt ohne Fehl und Tadel. Indem er seinen Vater blindlings bewunderte, wurde er ein Teil von ihm und verleibte sich gleichsam dessen Ruhm ein. In der Psychologie nennt man so einen Menschen einen *Komplementärnarzissten*. Statt sich eine eigene, wenn auch nicht so grandiose Identität anzueignen, die Idealisierung des Vaters aufzugeben und sich abzugrenzen, bleibt der Sohn lebenslänglich anbetend zu Füßen des Vaters. Er ist väterlich gebunden und unfrei. (9)

In meiner Praxis bin ich andererseits immer wieder gerührt, wenn mir Männer berichten, wie ihr Vater ihr Ich gekräftigt und durchsonnt hat … Hier trifft das russische Sprichwort: „Eines Vaters Segen kann weder im Wasser ertränkt noch im Feuer verbrannt werden." (9)

Die Welt präsentiert sich dem Kind vor allem als ein bestimmtes Milieu mit unvergleichlichem Aroma. Ob es eine Begegnung mit der „guten Welt" war, ist dem Erwachsenen später fast von der Stirn zu lesen. Die „Überlebensstrategien" und grundsätzlichen Perspektiven, die wir als Kinder lernen und entwickeln, begleiten uns meist ein Leben lang. Irene (49), die als Personalchefin zusammen mit ihrem Mann eine mittelständische Firma mit vierzig Angestellten leitete, war zum Beispiel hochorganisiert und zupackend. Als ich sie darauf ansprach, lachte sie und erklärte: „Ich bin in der elterlichen Gastwirtschaft mit Biergarten aufgewachsen. Wenn die Schule aus war, habe ich in der Sommersaison in der Küche gearbeitet, Gläser gespült, Vesperteller gerichtet, die Gäste bedient. Da durfte man nicht zimperlich sein. Mir hat das Tempo der Arbeit immer Spaß gemacht, und wir haben gut verdient." (9)

Dass es Kindern nach einem schlechten Start trotzdem gelingen kann, ein starkes Ich zu gewinnen und nicht asozial zu werden, belegen Literatur und Leben seit Jahrtausenden. Parsifal, ein Kind aus der Wildnis, wird König des Heiligen Grals. Der Waisenjunge Harry Potter, von seiner Stieffamilie schikaniert, besiegt am Ende das Böse. Vaterlose Söhne wie die Politiker Willy Brandt, Gerhard Schröder, der frühere US-Präsident Bill Clinton, Arnold Schwarzenegger oder große Künstler, Musiker und Schauspieler wie Eric Clapton, Jack Nicholson und die Hollywood-Legende Greta Garbo gewannen einem steinigen Grund dennoch Karrieren und ein erfülltes Leben ab. (9)

Ist schon die umgebende Welt für das Kind eine Fundgrube bei der Herausbildung seines Ichs, so gerät es beim Eintritt in die Pubertät geradezu in eine Großbaustelle. Sie ist chaotisch, oftmals verschlammt, ein unfertiger Rohbau, aus dem das Haus der Zukunft entstehen soll. Das Kinderland ist abgebrannt. Es beginnt die Suche nach einem neuen Ich. Das geht nicht ohne rasante Konflikte ab. Erwachsenwerden ist anstrengend, störend – und lustvoll. Für die Eltern ist es oft eine mittlere Katastrophe, wenn sich das bisher so gefällige Kind mit seinen reizenden Grübchen über Nacht zum feindseligen Pubertierenden mit Reißzähnen verwandelt. Dabei hat der aggressive Wandlungsprozess meist viel mit den Eltern und ihren geheimen

Unstimmigkeiten zu tun. Pubertierende spiegeln gnadenlos offen und provokativ den Schatten ihrer Erzeuger. (9)

Unser Ich gestaltet sich im Drama der Pubertät physisch und psychisch revolutionär neu um. Das geht nicht harmonisch ab. Das ist der Unterschied zwischen Baum und Mensch. Der Baum wächst kontinuierlich, Jahresring um Jahresring. Der Mensch entwickelt sich kontinuierlich und diskontinuierlich zugleich. Erwachsen geworden, vergessen wir leicht, wie mühsam der Ausbruch unseres Ichs in eine neue Zeit war, welche Minderwertigkeitskomplexe, Ängste und Sehnsüchte uns beutelten und wie aufregend dieser Weg doch gleichzeitig verlief. Das Erwachsenwerden ist wie ein Haus am Umzugstag: ein einziges Chaos. (9)

Der leib-seelische Umbruch drängt unaufhaltsam an die Oberfläche. Das Kind-Ich bäumt sich unbewusst dagegen auf. Es wehrt sich gegen die Funktionalisierung seines Körpers im Dienst der Fortpflanzung. Die Attacke der Hormone empfindet es oft wie einen beschämenden Überfall ... Die eigene Körperlichkeit wird plötzlich unberechenbar und lästig. Kindliche Gesichtszüge werden weiblich-sinnlich, männlich-kantig. Das Weiblichkeitshormon Östrogen und das Männlichkeitshormon Testosteron leisten ganze Arbeit. Das macht Angst. (9)

Der erste nächtliche Samenerguss ist für den Jungen ähnlich dramatisch wie die erste Monatsblutung für das Mädchen, eine Welturaufführung. Das kindliche Paradies schließt sich, der junge Mann, die junge Frau verlieren die „Unschuld" naiver Unbefangenheit und Selbstbezogenheit, die Sexualität fasst sie rücksichtslos, unumkehrbar und für alle Zeiten ihres Lebens an. (9)

An all diesen Orten endet der lange Arm liebevoller, besorgter Autorität. Es entstehen elterliche „No-go-Areas", autonome Zonen, in denen Heranwachsende das eigene Fühlen und Verhalten erproben – und in denen sie sich der unmittelbaren Richtungweisung ihrer Eltern entziehen. Dazu gehört, als mit Abstand stärkste treibende Kraft, der mitreißende Strom erwachender Geschlechtlichkeit. Dagegen ist kein Kraut gewachsen. (9)

Die Entwicklung des Ichs läuft nicht auf einer geraden Strecke. Sie mäandert, das heißt, sie schlängelt sich durch die Lebenslandschaft wie ein wilder unbegradigter Bach. (9)

Es ist tragisch, wenn ein Ich durch eine falsche, oft noch von den Eltern erzwungene Berufswahl an seiner Entfaltung gehindert wurde und deformierte Züge zeigt. Häufig tragen solche Menschen eine Melancholie oder auch Groll in sich, sie wirken permanent missmutig oder traurig. Kein Wunder, wenn das Leben von der Gewissheit bestimmt wird, jeden Tag von morgens bis abends etwas tun zu müssen, was keine Freude bereitet, geschweige denn Erfüllung bringt. (9)

Ich bin fasziniert, wenn Menschen mir erzählen, wie sie die erste Berufswahl oft spät korrigierten und sich, meist mit Hangen und Bangen, für ein neues Arbeitsfeld entschieden. In meiner therapeutischen Ausbildung lernte ich in der Traumarbeit einen Lehranalytiker kennen, der uns Auszubildende mit seinen einundachtzig Jahren zu begeistern wusste. Er war ein studierter Chemiker und hatte diesen Beruf bis zum achtundfünfzigsten Lebensjahr ausgeübt. In den letzten Jahren seiner Tätigkeit absolvierte er berufsbegleitend eine fünfjährige Ausbildung zum Gestalttherapeuten. Jetzt übte der weise

und witzige Mann seinen neuen Beruf bereits seit dreiund-
zwanzig Jahren aus! (9)

Heimisch in der Welt wird man durch Arbeit. Wenn sie einem
auf Grund der sozialen Lage oder der individuellen Behinde-
rung und Krankheit versagt ist, muss man Ersatz suchen. Als
meine Tante Hella, die uns Kinder während des Zweiten Welt-
kriegs aufzog, schließlich mit über neunzig Jahren mehr oder
weniger zur Untätigkeit verdammt war, fragte ich sie: „Was
tust du den ganzen Tag?" Sie antwortete: „Ich habe eine Gebets-
liste mit dreißig Namen. Da steht Ihr Kinder alle darauf und
auch der Papst. Für Euch alle bete ich jeden Tag mehrere Stunden." Obwohl ich ein alter Freigeist bin, hat mich diese „Arbeit"
und das verschwenderisch liebesfähige Ich der bescheidenen
alten Lieblingstante angerührt. (9)

Unser Ich ist plastizierbar. Je mehr unsere Nervenzellen unter
den Reizen der Außenwelt und der geistigen Anstrengung gemeinsam feuern, bekommen sie einen Draht zueinander. Am
Ende steht über das millionenfache Spiel der Synapsen die
Standleitung der neuen Bewusstseinsfähigkeit und Persönlichkeit. Die Gehirnforscher nennen dieses Phänomen *Neuroplastizität*. Die Denk- und Sprechweise des Ichs ist tatsächlich
stark beruflich bedingt. Eine Mathematikerin formuliert und
argumentiert anders als eine Säuglingsschwester, ein Jurist anders als ein Sozialarbeiter. (9)

Die Liebe und die liebende Bejahung des Lebens bildet den An-
gelpunkt unseres Ichs. (9)

Das liebende Ich verlässt die Egozentrik. Es wird *allozentrisch*
von altgriechisch *allos, der andere*. Es ist das soziale Ich, die

Verantwortung für den anderen, die den Menschen zum Menschen macht. Die Dinge und die Welt gehören nicht mehr mir allein, sondern einem anderen und mir gemeinsam. Das Ich schuldet dem anderen Liebe und es bildet sich gleichsam durch sie. Der andere ist überall. Der Philosoph Seneca schrieb über dieses mit den Menschen verbundene Ich: „Wir sind geboren, um gemeinsam zu leben. Und unsere Gemeinschaft ähnelt einem Gewölbe, in dem die Steine einander am Fallen hindern." (9)

Der Weg zum Ich führt gleichsam über den Alpenpass der Liebe. Wer sich selbst nicht lieben kann, wird auch einen anderen Menschen letztlich nicht lieben können. Denn auf Grund seiner Selbstentfernung kann er an dessen Liebe nicht glauben. Das kranke Ich wird durch die Selbstliebe gesund. Dieses eröffnet die Fremdliebe. (9)

GLANZ UND ELEND
DER GESCHLECHTER

Frauen

Wenn sich eine Frau an das Schlepptau eines Mannes hängt, verliert sie dabei ihre eigene Energie – und sich selbst. Sie vermag aber auch den männlichen Partner nicht realistisch wahrzunehmen. Sie hebt ihn auf den Altar ihrer fantastischen Idealisierung, sie vergöttert ihn. Sie entkleidet ihn seiner Menschlichkeit, seiner Schwächen und Grenzen. Sie wird ihm langweilig. Sie produziert geradezu den seelischen Missbrauch durch ihn. Der Hunger nach Verschmelzung mit einem idealisierten Liebesobjekt weist auf eine liebesarme Kindheit hin. Aber kein Mann auf dieser Welt ist dafür da, das infantile Liebesdefizit einer Frau zu kompensieren – auch keine Frau könnte diese gigantische Kompensationsleistung umgekehrt einem Mann gegenüber erbringen. Das Liebesloch in meinem Inneren kann ich nur selbst füllen. (27)

Weiblichkeit ist ebenso wie Männlichkeit nur zum Teil ein biologisches Produkt der Geschlechterbestimmung. Sie ist in ihren wesentlichen Elementen ein Endprodukt komplizierter weiblicher Sozialisation. (27)

Zur Frau wird Frau also gemacht. Das kann hinreißend gelingen, kann aber auch, bei schlechtem elterlichen Humus, mit Entwicklungsschäden belastet sein. (27)

Die Ersterfahrungen mit dem Männlichen sind für ein Mädchen außerordentlich wichtig. Immer wieder mache ich in der Therapie die Beobachtung, dass Frauen, die in den ersten Lebensjahren keinen Vater hatten oder einen, der psychisch abwesend und mit seinem Beruf verheiratet war, starke Schwierigkeiten im Umgang mit Männern haben. Das Männliche ist ihnen ein Buch mit sieben Siegeln – fast etwas unheimlich und bedrohlich. Solche Frauen sind oft unbeholfen und müssen die Kommunikation mit Männern, die andere Mädchen in der Kindheit erfuhren, erst mühsam in der Therapie und nach vielen Enttäuschungen erlernen. Sie hatten aber auch keinen Vater, der ihnen in der Pubertät und in den Jahren danach half, die Welt mit männlichem Blick zu sehen und zu erobern, sie bei ihrem ersten Freund zu beraten und ihnen ein Modell reifer Männlichkeit anzubieten. (27)

Blaubartfrauen kapitulieren. IHM zuliebe tun sie alles. Sie haben dem Mann ja auch wenig eigene Persönlichkeit entgegenzusetzen. Sie sind leer wie ein Krug ohne Wasser. Sie verschwenden die Zeit, diesen kostbaren Rohstoff des Lebens. Sie sitzen brav zu Hause. Sie wechseln die Windeln. Sie bringen die größer gewordenen Kinder zu ihren Terminen, zur Klavierlehrerin und zur Gymnastik. Sie schmücken die häusliche Puppenstube. Sie kochen, bügeln, putzen. Sie päppeln ihren Mann auf. Ein Volkshochschulkurs Töpfern ist das Höchste der Gefühle. Umgekehrt steckt in vielen von uns Männern der Blaubart, der wie ein Kolonisator das Land der weiblichen Serviceleistungen beherrscht und die weibliche Opferbereitschaft bedenkenlos in Anspruch nimmt. Das ist das Suchtartige der weiblichen Bemutterung des Mannes und ihrer eigenen Selbstaufgabe. Frauen verschmelzen in dieser Preisgabe ihre eigenen Interessen bis zur Unkenntlichkeit mit dem Mann. Sie übernehmen seine Meinung, seine Werte und Lebensziele, ohne nach den eigenen zu fragen oder sie gar kämpferisch zu vertreten. (27)

Solche Frauen lesen nicht. Sie sind politisch desinteressiert. Sie haben eine schlechte Ausbildung. Sie leben geistig bedürfnislos vor sich hin. Sie sind jung, hübsch und faltenlos, aber auch langweilig und flach. Ihr Horizont reicht nicht über die flüchtige Lektüre von Modezeitschriften hinaus. Je kleiner sich eine solche Frau geistig macht, desto größer stellt sich naturgemäß der Mann dar. Wissen ist Macht. Im Lauf der Jahre, wenn Männer Karriere machen und ein scharfes berufliches Profil gewinnen, bleiben solche „Weibchen" immer mehr zurück. Sie degenerieren, man verzeihe mir das Wort, zu domestizierten Haushühnern. Wenn sich dann der Ehemann eine aufregende, weil gescheite Kollegin zur Freundin nimmt, ist die biedere Hausfrau fassungslos und begreift die Welt nicht mehr. (27)

Für den Preis eines gesicherten Lebens mit sozialem Ansehen zahlen Blaubartfrauen einen hohen Preis. Sie verkümmern im Schatten übermächtiger Männer, Patriarchen, nach deren Willen alles zu geschehen hat. Manchmal revoltieren sie aber auch. Sie erzwingen einen neuen Ehevertrag oder sie lassen sich scheiden. Sie begreifen dann, was das Wort „selbstlos" in seinem Wortsinn bedeutet: *Ich bin mein Selbst los.* Sie brechen dann auf in ein neues Leben, frei nach dem feministischen Spruch: *Erst war ich selbstlos, dann ging ich selbst los.* (27)

Dabei stecken Frauen in dieser Beziehungsdespotie voller Groll. Sie wagen keine offene Aggression, aber sie praktizieren umso mehr die *passive Aggression.* Sie nörgeln, sie hängen dem Mann den sexuellen Brotkorb höher, sie flüchten in Süchte wie die Esssucht, die Kaufsucht oder die Fernsehsucht. Manche greifen auch heimlich zur Flasche oder werden zu Kettenraucherinnen. Nicht selten lassen sie ihre Wut an den hilflosen Kindern aus oder tyrannisieren die Familie mit Putzsucht und Ordnungsfanatismus. (27)

Eine Blaubartfrau muss in der mörderischen Beziehungskrise vor allem aber herausfinden, was *sie* in der Ehe will und nicht mehr will. Sie muss eine neues, gleichberechtigtes Beziehungsmodell entwickeln, indem sie selbst eine aktive und respektvolle Rolle spielt. Erst in dem Maße, wie die „alte" Frau ihre Ich-Werdung, ihre Deformationen, aber auch ihre Stärke begreift, kann die „neue" Frau aus ihr geboren werden. (27)

Der größte Feind der Blaubartfrauen sind meist die Tränen. Statt wütend zu werden, werden sie traurig. So sehr ich die harten Männer in der Therapie ermutige, endlich ihre Tränen fließen zu lassen und mehr ihr Kindergesicht zu zeigen, so entschieden „verbiete" ich nicht wenigen Frauen das Weinen. Ich sage dann: „Ich will jetzt nicht deine Tränen sehen, sondern deine Wut. Du bist stärker, als du glaubst. Hör auf, das Häuflein Elend zu spielen. Diese alte Rolle bringt dir gar nichts. Spüre deine Kraft."

Diese Ohnmacht ist nicht angeboren, sondern erworben. Es gibt keine weibliche Ohnmacht an sich. Dabei verstehen umgekehrt wir Männer nur die klare Sprache des *Entweder – Oder,* die wir aus der harten maskulinen Arbeitswelt gewohnt sind. Frauen schonen Männer und damit ihre Beziehung oft buchstäblich zu Tode. Sie definieren sich als Opfer der Ehe und Männerwelt und unterschlagen dabei ihren eigenen Anteil an diesem Szenario. Zu einem Herrn gehört immer auch eine Sklavin, die sich versklaven lässt. In der Paartherapie nennt man diesen destruktiven Zusammenhang eine *Kollusion*, ein verborgenes negatives psychisches Zusammenspiel. (27)

Dabei empfehlen gerade Märchen ihren weiblichen Helden immer wieder Mut. Die tapfere Gretel schmeißt die böse Hexe in den Backofen, die beherzte Magd lehrt den Jungen, der auszog, das Fürchten zu lernen, die blanke Angst. Nicht umsonst sympathisieren wir im Märchen *Der Froschkönig* so stark mit der schönen Prinzessin, die die Faxen des erpresserischen Froschmannes so satt hat, dass sie ihn, lodernd vor Zorn, an die Wand wirft – und damit die verblüffte Verwandlung zum schönen Prinzen provoziert. (27)

Der Archetyp der *Wilden Frau* verträgt sich durchaus mit lustvollem Make-up und femininen Dessous. Wichtiger ist allein die Kenntnis und die Praxis weiblicher Selbstbestimmung. (27)

Das Blaubartmärchen ist ein klassisches Märchen für die Frau. Es geht um die Schärfung ihres Bewusstseins, die Wahrnehmung ihrer ungelebten weiblichen Seiten, der Verstümmelung durch Männer – aber auch durch ihre eigenen Halbherzigkeiten. Es berichtet vom Kampf gegen den männlichen und den eigenen Seelendieb. Es berichtet von Frauen, die Beute von Macho-Männern und ihrer eigenen Energielosigkeit wurden, und die nun, mitten im Leben, seelisch tot sind. Es berichtet von der Notwendigkeit, die vier kardinalen weiblichen Verbote zu vertreten: Du sollst nicht sehen. Du sollst nicht erkennen. Du sollst deine Stimme nicht erheben. Du sollst nicht handeln. (27)

Die Blaubartfrau hat, hinter all ihrer Unerfahrenheit und Illusion, die emotionale und intellektuelle Fähigkeit in sich, ihr starkes schöpferisches weibliches Potenzial zu entfalten. Sie ist fähig, die anerzogenen inneren Barrieren zu überwinden und sich nicht länger als Freiwild demütigen zu lassen oder sich gar selbst auf die Opferbank zu legen. (27)

Die Schönheitszwänge der Frauen spiegeln geschichtlich immer die Macht der Männer wider. Je weniger Frauen Macht hatten, desto mehr mussten sie ihre Schönheit als Waffe einsetzen, um „unter die Haube" zu kommen. Trieben sie es „zu weit", wurden sie von der Amtskirche als „sündige Verführerinnen" und „Hexen" verteufelt ...

Noch besitzen Frauen weniger als ein Prozent des Weltvermögens. Aber sie dürfen schön sein. Ärzte verpassen Frauen jenseits der vierzig wegen ihrer „unzureichenden Weiblichkeit" Hormone. Chirurgen machen aus ihnen Busenzombies. Sie zapfen den Frauen literweise Fett ab. Cellulite, Panniculose, Orangenhaut oder Matratzenhaut, kleine Brüste und dicke Oberschenkel sind die Schreckgespenster von Millionen Frauen. Da gibt es Facelifting, Lid- und Lippenkorrekturen, Rhinoplastik (Nase), Profilplastik (Kinn), Otoplastik (Ohren), Wangenrevision, Faltenunterspritzung, Bauchdeckenplastik, „Anti-Aging-Analyse", „Hormon-Profile" und die Einführung eines „Magenballons" für Dickleibige als Fresssperre ... In einer einzigen Ausgabe der Zeitschrift *Brigitte* habe ich siebenundfünfzig Anzeigen für „Schönheitsfarmen" entdeckt ... Die Barbie-Puppe bestimmt das Schönheitsideal vieler Frauen. Frauen dürfen nicht alt und nicht grauhaarig sein. Der Schönheitsterror kann natürlich nur funktionieren, weil Frauen mitmachen. (28)

Frauen sind ungleich stärker als Männer von gesellschaftlichen Schönheitsnormen abhängig. Sie haben ein negativeres Körperselbstbild als Männer. Sie ordnen sich dem „männlichen Blick" unter. Bei Mädchen ohne Schulabschluss oder mit einem einfachen Hauptschulabschluss gewinnen nach Beobachtungen der Soziologie die Ästhetisierungen des Körpers und seine Herrichtung zur Präsentation eine fast ausschließliche Bedeutung. Der Körper, nicht der Kopf wird zum Kapital. (28)

Sind Frauen nicht schnell bereit, ihre Mängelliste zu offerieren, auf den zu kleinen Busen und den zu dicken Po hinzuweisen? Vergleichen Frauen sich nicht ununterbrochen mit anderen, die vermeintlich *schöner* sind als sie? Pflegen sie nicht ihre Minderwertigkeitskomplexe wie eine schwäbische Hausfrau das Treppenhaus in der Kehrwoche? (28)

In vielen Frauen steckt ein Stück Schneewittchen-Frau. Lagen sie nicht alle schon einmal innerlich bewegungslos und voller Angst im „Glassarg"? Haben sie nicht die Liebe versäumt, alle ihre Angebote ausgeschlagen? Waren sie in den schweren Krisen ihres Lebens bewegungsunfähig wie Wachsfiguren? Sie haben sich gefürchtet, den – doch vorhandenen – nächsten Menschen die Hände entgegenzustrecken … Der Glassarg symbolisiert die weibliche Passivität. Schneewittchen-Frauen neigen dazu, die Erlösung von außen zu erwarten. Könnte es nicht der Prinz sein, der mit einem erlösenden Kuss die Vereinsamung wegliebt? Doch das ist eine infantile Geisteshaltung. (28)

Es ist weibliche Selbstüberhebung, den Mann nach Märchenart mit einem Kuss, das heißt mit weiblicher Suggestivkraft erlösen zu wollen. Erlösung ist immer Selbsterlösung. Ich habe Dutzende von Männergruppen geleitet. Dabei hat mir für die männliche Selbstbefreiung ein Wort aus der Suchttherapie geholfen: Hilfe durch Nichthilfe.

Wenn die Frau wirksam helfen will, dann sollte sie es besser wie die anfänglich so weinerliche und unselbstständige Prinzessin im *Froschkönig* machen. Als diese, von Wut über den depressiven, erpresserischen und schleimigen „Froschmann" gebeutelt, diesen an die Wand klatscht, da kommt er endlich als Prinz herunter. Das heißt, auch er entdeckt seine männliche Wut und den Selbstbehauptungswillen und lässt sich auf das Beziehungsduell zwischen Frau und Mann ein. (36)

Klarheit, das ist es. Wenn der Mann, dieses fleischgewordene Trägheitsprinzip, in Bewegung kommen soll, muss ihm die Frau die Wahrheit zumuten: Dass sie sich mit ihm sexuell langweilt. Dass sie durchaus nicht so zerbrechlich ist, sondern beruflich und privat selbst für sich zu sorgen vermag. Dass sie Lust hat, ihm ebenso sexuell gegenüberzutreten wie er ihr. Dass sie eigene Aktivitäten liebt und Interessen verfolgt, die nur ihr gehören, bei denen er nichts zu suchen hat. Dass sie seine „Gefühlsversteppung" unter keinen Umständen toleriert und sich eher einem anderen Mann zuwendet, als in seiner männlichen Gefühlswüste zu verdursten. (36)

Ich habe, um das als Mann hinzuzufügen, die bösartige Diffamierung selbstbewusster und kämpferischer Frauen als „Emanzen" satt. Ich wünsche jedem Mann eine emanzipierte Frau. Ohne starke Frauen werden sich Männer nicht freiwillig ändern. Waffengleichheit und Satisfaktionsfähigkeit sind zwischen Frauen und Männern angesagt. Wie oft erlebe ich Männer um die Fünfzig, die sich in eine flotte Berufskollegin verlieben, weil die brave Frau zuhause, die sie „Mutti"(!) nennen, langweilig geworden ist. Dabei haben sie selbst dazu beigetragen, die einst neugierige junge Frau zur Glucke zu domestizieren! Paararbeit ist sinnlos, wenn Männer nicht ihre Männerrolle, Frauen nicht ihre Frauenrolle überdenken. (2)

Wo Männer ihre männlichen Untugenden wie Härte, Unterwerfung und Machtausübung revidieren, und wo Frauen die Untugend ihrer falschen Friedfertigkeit gegenüber dem militanten männlichen Kosmos aufkündigen und „ungehorsam" werden, da dürfte es auch um die Zukunft unseres bedrohten schönen blauen Planeten besser stehen. Bürgerkrieg zu zweit oder Aufbruch zu neuen Ufern – das sind intime und globale Zusammenhänge. Wo wir im kleinen Lebenskreis streit-, liebes- und entwicklungsfähig werden, werden wir es auch im öffentlichen Bereich. Das Private ist politisch, das Politische immer auch privat. (2)

Warum neigen vor allem Frauen dazu, ihren reichen Innenraum, die *cella interna*, gering zu schätzen und die Schaffung eines Respekt gebietenden Außenraumes, der *cella externa*, zu vernachlässigen?

Das Geheimnis liegt in der Kindheit, genauer in der weiblichen Sozialisation. Verborgen in der Prozedur der Weiblichkeitserziehung lernt das kleine Mädchen früh, auf sein eigenes Wollen und seine selbstbewussten Strebungen zu verzichten. Schon im Spiel mit dem Puppenwagen und der Puppenstube stellt es sich auf die künftige weibliche Welt der Hege und Pflege ein. Es entwickelt eine hohe Fähigkeit zu Beziehungs-, Liebes- und Nähearbeit. Es ist sozusagen sein gesellschaftlicher

Auftrag, als Liebesexpertin für den späteren Ehemann und die Kinder zu fungieren. (38)

Ein konservatives religiöses Weltbild und eine patriarchalische Ideologie konservieren darüber hinaus autoritäre weibliche Weltbilder. Mädchen lernen wenig, sich zu wehren. Die Fähigkeit zur Aggression und zum Unangepasstsein wird ihnen mies gemacht ... Selbst die Sexualität der Frau ist nicht selten von Anpassungen und Unterwerfungen geprägt: Sie tut alles, damit es dem Mann gefällt und er nicht nach einer anderen Frau Ausschau hält. Manchmal schwindelt sie ihm sogar den Orgasmus vor, um nicht als *frigid* zu gelten. Das Wort von der *größeren Liebesfähigkeit der Frau* erweist sich als eine Falle – der Frau wird einseitig die Liebesarbeit aufgebürdet. (38)

Diese *erworbene Hilflosigkeit* erlebe ich in der Therapie mit Frauen häufig. Da *flüchtet* eine Frau in die Schwangerschaft, um dem Mobbing am Arbeitsplatz zu entgehen. Da bricht eine Frau wegen einer mittelschweren Grippe den gesamten Computerkurs in ihrem Umschulungsprogramm ab, weil sie in Wahrheit Angst vor dieser „Männerarbeit" hat. Da flüchtet eine junge Mutter vor den „schrecklichen Kindern" in die Kur, anstatt sich ihnen gegenüber durchzusetzen und ihnen Disziplin beizubringen. Da weint eine Frau bei jedem kleinen ehelichen Konflikt hemmungslos und erzwingt sich mit ihren tränenschweren Bambiaugen Schonung, wo es doch endlich um die Klärung von Grundsatzfragen der Haushaltsführung und Kinderbetreuung ginge. Da versteckt eine Frau ihren Ekel vor dem übergewichtigen, kettenrauchenden Ehemann hinter chronischen Blasenentzündungen, um sich der Sexualität und einer entscheidenden Auseinandersetzung zu entziehen. (38)

Die weibliche Nähefähigkeit ist also Glanz und Elend zugleich. Glanz, wenn weibliche Nähe auch das liebevolle Gerichtetsein auf die eigene Selbstverwirklichung enthält. Elend, wo sie sich als bedingungslose und damit wertlose Dauerbereitschaft für den männlichen Missbrauch anbietet. Es scheint mir kein Zufall, dass gerade Unerfahrene, zum Gehorsam dressierte Frauen mit einem labilen Ego prompt auf so genannte *Blaubart*-Männer hereinfallen, die, wie der trübe Held im Märchen, ihre verströmende Weiblichkeit vampirhaft aussaugen, niedermetzeln und sie in den dunklen Verliesen ihres gefühlskargen Männerlebens bunkern. (27)

Männer

Vor allem bei den informierten Männern der Mittelschichten, die ihrerseits gut ausgebildete und emanzipierte Freundinnen und Ehefrauen haben, spüre ich zunehmend einen Rollen- und Positionswechsel, Bereitschaft zur Reflexion der Geschlechterdemokratie, gewachsene Verantwortung für Kinder und Mut zu Gefühlen. (1)

Aber zu Süßholzraspeln ist in der Männerfrage kein Anlass. Immer noch steht die Mehrheit der Männer schwarz und schweigend im Abseits und zieht den Kopf ein vor der weiblichen Herausforderung und der Notwendigkeit, im dritten Jahrtausend endlich die Ebenbürtigkeit der Geschlechter *konkret* zu praktizieren. Nach wie vor drücken sich die meisten Männer vor der Hausarbeit, nehmen den Erziehungsurlaub für Kleinkinder nicht wahr, verweigern Kommunikation und Gefühle und leben riskant und selbstverletzend. (1)

Männlichkeit stand für Neugier, Kühnheit, Eroberungsmut, Leidenschaft und tiefe Hingabe an das Werk. Gedankentiefe, Begeisterungsfähigkeit, künstlerische Besessenheit, Lebensfreude, Verantwortung für die Schwachen, Einfallsreichtum und kaum zu bremsende Aktivität. Es ist diese freudvolle Männlichkeit, die auch heute noch Männer faszinierend und liebenswert macht, *wenn* sie diese Eigenschaften wagen. (1)

Viele Männer halten verzweifelt an ihrer alten patriarchalen Männerrolle fest. Sie sind konfliktscheu, sie mauern, sie verkriechen sich hinter dem Computer, dem Joggen, hinter Zigaretten, Alkohol und dem Fernsehapparat. Spüren sie nicht, dass sie damit mit nacktem Hintern auf einem sich in den Abgrund neigenden Nagelbrett sitzen? Denn Frauen lassen sich heute nicht mehr so viel gefallen wie früher. Sie sind inzwischen vorzüglich ausgebildet und überwiegend ökonomisch selbstständig. Zwei Drittel aller Scheidungen in der Bundesrepublik initiieren Frauen! Sie haben die Nase voll von ihren männlichen Eisklötzen zu Hause. (1)

Die tradierte Männlichkeitsrolle ist ein Korsett aus Aggressivität, Konkurrenz, Gefühlsverschlossenheit, Verkopftheit und Stress. Sie ist letztlich männliche Selbstvergewaltigung. (1)

Männer sind eine köstliche Erfindung der Natur – wenn sie zu sich, ihrer Ganzheitlichkeit und Integration ihrer *anima,* ihrer *weiblichen Seele* (C.G.Jung), gefunden haben. Männer haben auch allen Grund, der feministischen Bewegung der letzten

Jahrzehnte gegenüber dankbar zu sein. Diese mutigen Frauen, die die alte, demütige, gehorsame und deformierende weibliche Geschlechtsrolle abgelegt haben, sind auch heute noch eine unserer stärksten Stimulanzien. (1)

Eins möchte ich als selbstverständlich voraussetzen: Es gibt, so viel wir auch privat herummurksen, keine individuellen Lösungen in der Geschlechterfrage mehr. Die Gleichberechtigung und die materielle Gleichstellung der Frau müssen, ebenso wie die Möglichkeit männlichen Erziehungsurlaubs, gesetzlich durchgesetzt werden. Nur was Gesetzeskraft hat, was durchführbar und einklagbar ist, was im Steuerrecht und als curricular in Kindergärten, Schulen und Studienplänen fixiert ist, wird, einschließlich der Frauenquotierung, von Männern – vielleicht anfänglich mit Skepsis – geachtet. Wir können auch noch so viel die Emanzipation der Frau schönreden. Solange noch Millionen geschiedener Frauen mit Kindern, aber auch Rentnerinnen am Rande der sozialen Armut herumkrebsen, sind politische Änderungen notwendig! Weiter muss der männlichen Gewalt in der Familie der Kampf angesagt werden. Das ist alles hochpolitisch. (1)

Wie schön ist es, die von dem Männerforscher Walter Hollstein genannten zwölf wundersamen neuen Männerqualitäten zu erlernen: Leidensfähig werden. Weniger arbeiten. Jungenhaftigkeit entwickeln. Lebenslust zurückgewinnen. Tagträume zulassen. Trauer empfinden. Sinnlichkeit entfalten. Freiwillig Macht und Privilegien abgeben. Verantwortung für Kinder übernehmen. Beziehungsarbeit leisten. Die Geringschätzung des Alters überwinden. Emotionale Abhängigkeit von Frauen überwinden. (1)

Der Weg zur erfüllten Mannwerdung ist nicht im Schnellkurs „Wilde Männer" im Waldcamp zu leisten. Tiefgreifender Wandel ist fast immer Ergebnis langer seelischer Prozesse und Arbeit an sich und seinen Beziehungsstrukturen. Männer brauchen hierfür jene Geduld, die sie sonst nur in ihre berufliche Qualifikation und Karriere zu investieren bereit sind. Als ersten Schritt muss der Mann seine Gefühlsaustrocknung spüren und Sehnsucht nach seiner Ganzheit bekommen. (1)

Macht die Männerrolle krank? Alle Indizien sprechen dafür, dass das „starke Geschlecht" in Wahrheit das Schwächere ist. Männer sterben statistisch fünf Jahre früher als Frauen. Männer bringen sich drei Mal so häufig um wie Frauen. Vier bis fünf Mal häufiger sterben Männer an Bronchialkrebs und der verdrängten Angstkrankheit Asthma als Frauen. Doppelt so viele Männer sterben an Bluthochdruck und Leberzirrhose als Frauen. Laut Statistik der Weltgesundheitsorganisation (WHO) sterben jährlich in den Industrieländern 1,5 Millionen Männer, 500 000 Frauen an den Folgen ihres Tabakkonsums. Männer sind oft gusseisern. Sie fressen, saufen, kettenrauchen oder schaufeln ihr Leid und ihre Bedürftigkeit jahrzehntelang in sich hinein, bis die Seele den Zusammenbruch somatisiert. (1)

Männer behandeln ihren Körper bestenfalls wie ihr Auto: Er hat zu funktionieren. Falls er *nicht pariert*, kommt er zur Reparatur. Der Mann denkt nicht daran, was ihm die Seele vielleicht durch den Körper sagen will. Ganz grotesk zeigt sich das, wenn Männer zum Arzt rennen, weil der erigierte Penis, dieses *ehrwürdige Symbol an sich* (Nietzsche), schlapp macht. Dass diese *erektile Dysfunktion* möglicherweise auf einen allgemeinen Erschöpfungsgrad des Mannes, eine gestörte eheliche Beziehung oder verborgene Ängste hinweist, das wollen diese Männer nicht wissen. Das *Ding* muss, koste es was es wolle, repariert werden wie eine defekte Wasserleitung. (1)

Männer, das stelle ich immer wieder fest, flüchten nicht nur in Suchtverhalten, sondern gehen auch über ihre depressive Gestimmtheit einfach hinweg, sie „übersehen" sie. Ein Mann, so hat es den Anschein, darf nicht depressiv sein, sonst ist er in seinen eigenen Augen ein Versager. (1)

Massieren und Streicheln sind die idealen Mittel, in sich hineinzufühlen und die gefesselte männliche Empfindungsfähigkeit und Weichheit zu entbinden (1).

Wo immer in der Geschichte des Abendlandes, von Sparta bis zu den Skinheads von heute, „weibische" Männer verfolgt wurden, ist die Züchtung von männlichen Übermenschen und *blonden Bestien* nahe. Jeder Staat, jede Justiz, jede Kirche, jeder Privatmann, der Homosexuelle ausgrenzt und für vogelfrei erklärt, unterdrückt die humanen männlichen Seelenanteile und gibt eine Kriegeserklärung an uns ab. Das verbindet uns heterosexuelle Männer mit unseren Brüdern, den Schwulen. (1)

Wie viel reicher wäre das Leben, wenn wir Männer zu Frauen *und* zu Männern zärtlich sein könnten. Es sage keiner von uns Männern, homophile Impulse seien uns völlig fremd! Haben nicht die meisten von uns, spätestens in der Pubertät, sexuelle Spiele mit einem oder mehreren Jungen erlebt? (1)

Tatsächlich leben wir Männer unsere unzweifelhaft vorhandenen und gänzlich natürlichen homosexuellen Teilimpulse durchaus aus, wenn auch meist nur verdeckt. Die latente Homosexualität ist ein weit verbreitetes Symptom – die brünstigen Männerumarmungen bei einem Tor im Fußballspiel sprechen nicht nur für das geschulte Psychologenauge Bände. Hier wird sekundenschnell ein tiefer Hunger nach männlicher Berührung ausgelebt. Volker Pilgrim spricht in diesem Zusammenhang lächelnd von *Gremien-Schwulen*. Das sind die Männer, die sich in Männervereinen, Fußball- und Kegelclubs, bei Freimaurern, Burschenschaften, Männerchören hingebungsvoll engagieren, des Umarmens nicht müde werden, sich im Alkohol *verbrüdern* und den Aufbruch zum Ehebett bis weit nach Mitternacht hinauszögern. Natürlich würden diese Männer – steckt nicht etwas davon in jedem von uns? – eine homophile Anmutung entrüstet zurückweisen. (1)

Der Schwule artikuliert unsere eigene verleugnete Männersehnsucht und Weiblichkeit. Wir heterosexuellen Männer sollten jedoch nie *über*, sondern *mit* schwulen Männern sprechen. (1).

Die Frage nach dem Tod und dem Sinn des Lebens ist der Kern jeglicher Spiritualität. *Der Mensch*, heißt es in Matthäus 4,4, *lebt nicht vom Brot allein*. Männer neigen dazu, vor allem solange sie gesund und erfolgreich sind, die Fragen nach der spirituellen Einbindung des Menschen als *Alter-Weiber-Kram* abzutun. Da diese holistischen, nach der Einheit des Lebens ausgerichteten Fragen jedoch nicht abzuschütteln sind, schleichen sich in das Gemüt des pragmatisch vor sich hin wurstelnden Mannes mehr und mehr verborgene Depressivität und Ängste ein. (1)

Wir Männer kommen nicht umhin, uns in unserer anachronistisch gewordenen Geschlechterrolle wie in unserem spirituellen Hunger selbst auf den Weg zu machen. Das nimmt uns, bei aller Sympathie, keine Frauenbewegung, keine Alice Schwarzer, keine Partnerin und keine Göttin ab. (1)

Worum geht es in der Männertherapie? Eigentlich um alles, was uns Männer beschwert und was uns guttut, um unsere Defizite und Ressourcen also: die Begegnung mit dem kleinen Jungen in mir, meiner Spontaneität, Lebensneugier, Zartheit, Verspieltheit, Verletzung, Sehnsucht, kurz, meinem verschütteten lebendigen Selbst. Es geht um inneres Wachstum, Reifen, Schmerz- und Liebesfähigkeit, um das Niederreißen meiner *persona* (C. G. Jung), meiner sozialen Fassade. Es geht um die Wiedergewinnung meines Lebensmutes und, um Hermann Hesse zu zitieren, um *Eigen-Sinn* zum selbstbestimmten Leben. (1)

In den Männer-Selbsterfahrungsgruppen weinen Männer oft. Das nicht mehr Erträgliche in ihrem Leben oder die lange verdrängte Erinnerung an Böses in Kindheit, Jugend und Ehe tut ihnen weh. Aber in den Männergruppen wird auch herzbefreiend und erlösend gelacht, über Sexualität, Ängste und Verborgenes radikal ernsthaft gesprochen und die wölfische Einsamkeit männlicher Panzerung durchbrochen. (1)

Männer brauchen dringend *Enthärtung*. Das leistet eine gut geleitete Selbsterfahrungsgruppe. Das eigene Selbst, nicht der Therapeut heilt. Der *innere Arzt* in jedem Mann ist durchaus in der Lage, die Wege seiner Heilung selbst herauszufinden. Ich staune immer wieder, wie vital, wie einzigartig liebenswert jeder, ausnahmslos jeder Teilnehmer einer Gruppe ist, sobald er offen in den Kontakt mit seiner Seele tritt. In der Gruppe geschehen *Wunder*. Ein Teilnehmer spürt plötzlich: *Ich bin, was immer ich mit mir herumtrage, nicht allein. Die anderen haben ähnliche Probleme.* (1)

Ich selbst kann als Gestalttherapeut, neben der gediegenen handwerklichen Seite, nur die Erfahrung meiner eigenen Bedürftigkeit, meiner erlebten Demütigungen, Partnerschaftskonflikte, Tiefenängste und – drastisch ausgedrückt – meiner eigenen *Scheiße im Kopf* einbringen. Meine Lebensfreude auch und mein unruhiges Herz. Beides gilt: *Der Mensch ist dem Menschen Wolf.* Aber auch: *Der Mensch ist dem Menschen Medizin.* (1)

Dort, wo wir Männer auf- und ausbrechen aus dem Männerghetto, dort realisieren wir hohen existenziellen Mehrwert. Das erfahre ich an mir selbst und in der Arbeit mit Männern. Ich bin gerne ein Mann. Ich liebe Männer. Ich habe keine Angst, dass dieser Satz Missverständnisse auslöst. Ich liebe die Energie, den Witz, den Einfallsreichtum vieler Männer, ihre Fähigkeit, sich besessen an eine Arbeit, ein Hobby oder Sport zu verschwenden. Ich schätze männliches Leistungsvermögen, Fantasie, die bubenhafte Freude an Streichen, Schabernack und Allotria, männliche Zähigkeit, tiefe Väterlichkeit und Großzügigkeit. (1)

Männer riskieren mit ihrer Lebenszögerlichkeit, ihrer Flucht in Arbeitssucht und Karriere und mit ihren übrigen Entlastungssüchten ihr eigentliches Leben. Wenn sie das warme Herz ihrer Gefühle und kindlichen Sehnsüchte durch ein „kaltes Herz" ersetzen, geraten sie in Lebensgefahr. Mancher Herzinfarkt ist in Wahrheit ein Seeleninfarkt. (26)

Wie wichtig wäre doch das Weinen ... Denn die Trauer ist auch eine Zeit erhöhter Sensibilität, tieferer Einsichten und der Neuorientierung im Leben. Die angebliche Schwäche des Weinens ist ihre Stärke. Denn das Weinen reinigt uns und führt uns zum Selbst. Das Weinen gibt uns am Ende mit seiner reinigenden Kraft den Mut zum Leben zurück. Nicht von ungefähr bekommen wir, wenn wir weinen, wieder das Kindergesicht. Im Weinen stellen wir nämlich die existenziellen Fragen eines Kindes nach Gut und Böse, nach Sinn und Unsinn unseres Lebens. Wer nicht mehr weinen kann, der ist verhärtet und wird leicht zum Opfer der Depression. (26)

Ein Männerherz ist keine Uhr, kein mechanisches Werk. Genau das scheinen aber die meisten zu glauben. Sie gehen zum Arzt mit den Worten: „Herr Doktor, mit meiner Pumpe ist etwas nicht in Ordnung. Können Sie sie nicht einmal durchchecken?" (26)

Zu Beginn des 21. Jahrhunderts ist uns Männern, die wir mit unserer kalten Rationalität unseren schönen blauen Planeten ökologisch verhunzen und militärisch bedrohen, stärker denn je aufgegeben, unsere Aggression zu reflektieren, unsere verborgenen Ängste wahrzunehmen und Kontakt zu unseren Gefühlen zu finden. Solange dieser Ruf zur männlichen Umkehr allein von den Frauen kommt, ist er zum Scheitern verurteilt. Als Männer können wir uns nur selbst retten. Das Patriarchat und den zerstörerischen Globalismus müssen wir überwinden – freilich mit Hilfe der Frauen und einer ebenbürtigen Geschlechterdemokratie. (26)

Es ist akademisch, darüber zu streiten, ob es eine, wenn auch fötale Männerbewegung hierzulande bereits gibt. So viel ist klar: Ohne die mutige Frauenbewegung gäbe es auch keine Verunsicherung und keine Veränderung unter den Männern. Aber den Weg müssen wir selbst finden. Da hilft uns keine Alice Schwarzer und keine Göttin. Mausern, nicht mauern, heißt die Parole! Fliegen wir, Männer! (32)

Männer können Männern helfen, Männer zu werden! Ich erfuhr und erfahre heute noch das, was andere Männer für ihre innere Entwicklung beschreiben: Öffnung, „Enthärtung", Solidarität mit und Freude an Männern, Hinterfragung und Neupositionierung des gesamten männlichen Weltbildes, der Macken und der Riten, der Ängste und des „Wilden Mannes" in uns. (33)

Statt Männer abzuwerten und mit ihnen gusseisern zu konkurrieren, lehne ich mich lieber an sie an. Ich lerne darüber hinaus, um mit Kierkegaard zu sprechen, die Angst auszuhalten, die es kostet, ein Individuum zu sein. Im Bannkreise unbegriffener Angst lebte ich nur monologisch. Ich darf, nein, ich muss auch Angst haben. Und ich bin, im Gegensatz zu früher, gerne ein Mann! (33)

Männer können herrlich verspielte kleine Jungen sein. Sie finden sich zusammen zu gemeinsamen Projekten, vom Hausbau bis zum Marathonlauf. Sie sind in der Beziehung weniger nachtragend als Frauen. Sie besitzen nicht das grausame weibliche Elefantengedächtnis. Zwar verzeiht eine Frau vieles, aber sie erinnert den Mann doch penetrant häufig daran, *dass* sie ihm verziehen hat. Ich mag an Männern, dass sie meist unverblümt und gradeheraus sind, weniger intrigieren und zicken als Frauen. Ich liebe ihre körperliche Kraft und bockhafte Sinnlichkeit, weil sie Ausdruck ihrer phallischen Lebensfreude sind. Besonders schätze ich die handwerkliche und die intellektuelle Neugier vieler Männer. Sie lesen Zeitung, informieren sich über das Fernsehen und engagieren sich politisch, was viele Frauen mit ihrer undifferenzierten Politikfeindschaft abgeht. Kurz, ich liebe die Energie der Männer. Was in ihnen an Begeisterungsfähigkeit, Charme, Einfühlungsgabe, Fantasie und Zärtlichkeit steckt, das beweisen sie, wenn sie voller Leidenschaft um eine Frau werben; leider degenerieren sie später oft zu erotischen Sozialfällen. (36)

Lieber Mann, Hand aufs Herz, welche Jungenbücher hast du am liebsten gelesen? Waren es nicht die Abenteuer von Tom Sawyer und Huckleberry Finn, die dich entzückten? Sie waren beide keine wohlerzogenen Jungen, zu denen ihre Tante Polly und Sally sie machen wollten. Tom und Huck inszenieren ihren vermeintlichen Tod, sie brennen auf eine Insel durch, dringen in eine gefährliche Höhle ein, und Huck wagt mitten auf dem Mississippi auf einem Floß eine Reise ins Abenteuer und in die Ferne. Ihr geistiger Nachfahre Harry Potter wiederum bricht heute voller Mannesmut, aber durchaus mit Ängsten, in das Reich der Zauberer auf und nimmt die tödlich bedrohliche Herausforderung des Fürsten der Finsternis, Lord Voldemort, an … Wenn der Wilde Mann in uns reden darf, dann entfaltet er eine gewaltige schöpferische Energie und stellt sich der Welt in ihrer Schönheit und Grausamkeit. Wir stehen vor, genauer *in* einer Revolution der Beziehung zwischen Mann und Frau. Es ist ein Erdbeben, eine Verschiebung der bisherigen Welt, ein Geburtsvorgang durch mehrere Generationen hindurch. (36)

Mann, mach dich auf den Weg! Was du dabei entdecken kannst, ist das Größte im Leben: die Liebe. (36)

Packen wir es an, Mann! Als bewegter, in Bewegung gekomme-
ner Mann lebt und liebt es sich leichter. Es lebt sich weicher
und frecher, offener und lebensverliebter, erdverbundener,
ökologischer und friedlicher. Ob unser schöner blauer Planet
überlebt, hängt entscheidend davon ab, ob wir den Männlich-
keitswahn von Aggressivität, Gefühlsstau und technologischer
Omnipotenzfantasie überwinden. (1)

LIEBE IST EINE PRODUKTION

Partnerwahl

Was ist los mit der Liebe? Gibt es die große Liebe? Oder ist sie eine Illusion? Wählen wir unseren Partner oder werden wir gewählt? Haben wir Freiheit bei der Wahl? Macht die Liebe frei oder unfrei? Was sind die Gesetze der Liebe? Regieren bei der Partnerwahl die Vernunft oder das Unbewusste? Ist die Liebe schicksalhaft? Oder wären wir an der Seite eines anderen Partners genauso glücklich oder unglücklich geworden? Warum in drei Teufels Namen, so seufzt wohl jeder von uns im Tal der Tränen einer Beziehungkrise, habe ich ausgerechnet dich geheiratet? (5)

Inzwischen hat die Liebe durch die Säkularisierung der Gesellschaft eine neue Zuweisung bekommen. Sie dient vielen Menschen als eine Art Religionsersatz. Woran soll man sich als metaphysisch Obdachloser halten, wenn Gott *tot* ist (Nietzsche) oder doch zumindest die Religionen und ihre überlebten Dogmen und Zeremonien fragwürdig geworden sind? Die

Partnerliebe ist sozusagen an die Stelle der göttlichen Liebe getreten. (5)

Aus der Beziehungsforschung wissen wir: Ehepartner finden sich mehrheitlich im geografischen Umkreis von mickrigen dreißig Kilometern. Sie stammen überwiegend aus der gleichen sozialen Schicht. Sie gehören nach wie vor meistens der gleichen Religion an. Ihr Milieuverhalten, Bildungsstandards und finanzielle Erwartungen bilden sozusagen kongruente Programme, ihre sozialen Profile sind weitgehend konform. (5)

Studien zeigen, so die Zeitschrift *Die Zeit*, „dass niemand so streng auswählt wie gut ausgebildete Frauen. Die Tradition des *Nach-unten-Heiratens* kennen sie noch nicht. Früher haben sie nach oben geheiratet, jetzt wollen sie auf Augenhöhe bleiben. Eine Apothekerin, die einen Werkzeugmacher ehelicht, ist so selten wie eine Vierzigjährige, die einen Zwanzigjährigen heiratet.“ (5)

Trotzdem gehen wir bei der Paarfindung durch ein Labyrinth des Unbewussten. Das Geheimnis der Partnerwahl entschlüsselt sich, wenn überhaupt, meist erst nach Jahren und nur durch psychologische Spurensuche. Das Rätsel der *Kollusion*, des neurotischen Zusammenspiels und schamhaft verborgener Motive und Strebungen, führt uns in seelische Abgründe, zu kindlichen Defiziten, Kompensationsmechanismen und Heilungsversuchen unserer Tiefenpersönlichkeit. Es ist ein Gefühlsdickicht überraschender partnerschaftlicher Irrungen und Wirrungen. (5)

Für die grundsätzliche Verträglichkeit einer Beziehung ist die *Homogamie*, das heißt die annähernde Übereinstimmung in den sozialen Merkmalen, kulturellen Hintergründen und geistigen Interessen lebenswichtig. Bei einer starken *Heterogamie*, also der massiven Unterschiedlichkeit von Herkunft, Sprache, Sozialisation und Wertvorstellungen, ist das gemeinsame Beziehungssystem eher schwach und gefährdet, durch kommunikative Probleme aus dem Gleichgewicht zu geraten. (5)

Was wir in der Liebe suchen, besonders im koitalen Akt der „Vereinigung", ist die Urform der Liebe, die Verschmelzung mit der Mutter. Sie ist die einzigartig innige Verbindung zweier Menschen. Als Kind erfahre ich die Ursymbiose in der Totalität des Mutterleibes. Er ist meine nährende Ursuppe und mein schützender pränataler Kosmos. Postnatal erlebe ich noch einen Abglanz davon, die Geborgenheit beim Stillen an den lebensspendenden Brüsten und der totalen Versorgung durch die Mutter. Sie ist mein Hilfs-Ich voller Fürsorge, Kompetenz und liebender Unerschütterlichkeit. Ich selbst bin in diesem Welpenzustand meines Säuglings-Ichs noch nicht abgegrenzt, sondern konfluent, das heißt verfließend, hilfsbedürftig und Hilfe heischend. (5)

In der Liebe suchen wir also den mütterlichen All-Eros wieder. Dabei haben wir natürlich ein idealisiertes und mythisches Mutterbild verinnerlicht. Sie war ein Engel ohne jegliche eigensüchtige Strebungen. In der Liebe wollen wir dann in das Paradies unserer Kindheit zurückkehren. Der/die Geliebte soll uns bedingungslos annehmen, wie wir sind, uns niemals kritisieren und rund um die Uhr Liebe schenken. (5)

Der Grundkonflikt besteht zweifellos darin, dass keine Erwachsenenliebe die ursprüngliche Intensität der Mutter-Kind-Beziehung erreichen kann. Sie bleibt ein Ideal. Die Vertreibung aus dem Paradies ist endgültig. Sie ist unverzichtbar für unsere Entwicklung zum autonomen Individuum. (5)

Die Liebe als Finden und Wiederfinden enthält gleichermaßen Elemente des Realen wie des Irrealen, des Erfahrenen wie der Projektion. Der Rückgriff auf unsere erste Liebe zu Mutter und Vater ist eine lebensnotwendige Erfahrung, aber oftmals von einer infantilen Erwartungshaltung und Glorifizierung besetzt ... Diese Illusion kann beflügeln oder zum Absturz in Desillusion und Ernüchterung führen. (5)

Die Partnerwahl in der *oralen Kollusion* garantiert beiden einen neurotischen Selbstwertzuwachs: Der Pflegling erhält hohe Resonanz und Zuwendung, der Pfleger ein Selbstbild des Altruismus und Gebrauchtwerdens. Das ist in Wahrheit ein Interaktionszirkel, der auf die Dauer das Selbstwertgefühl beider untergräbt. (5)

Als hochdramatisch habe ich die *narzisstische Kollusion* erlebt. Es ist dies, vereinfacht gesagt, die Verbindung von einem Exzentriker mit einem Anbeter. (5)

In der Partnerwahl heiraten wir immer die Geschichte des Partners mit, seine Mutter, seinen Vater, deren Beziehungsmodell, seine Geschwister und seine Position unter diesen ... Ich pflege in meinen Vorträgen, was die Mutterübertragung angeht, immer ein (zunächst) lustiges Beispiel aus der Mutter-Sohn-Übertragung einer Frau zu berichten. Hannah (Namen geändert), eine Lehrerin, lernte ihren Mann Hans im Zug kennen. Sie war eine aparte, schlanke und energievolle Frau. Er war etwas dicklich, ein großer lieber Junge mit hängenden Schultern, asexuell. Ein warmer Plüschbär mit Sägemehl im Bauch. Hannah erzählte: „Er fiel mir zunächst gar nicht auf. Dann sah ich ihn mir genauer an. Der oberste Knopf von seinem Jackett fehlte und er hatte zwei verschiedenfarbige Socken an. Da beschloss ich: Dem Mann muss geholfen werden!" Die Sache mit Hans ging jahrelang gut. Aber dann versiegte bei dem inzwischen vierzigjährigen Paar die Sexualität. Natürlich erwiesen sich auch die beiden Kleinkinder als klassische Sexkiller. Aber der wahre Grund für die sexuelle Appetenzlosigkeit zwischen „Plüschbär" Hans und „Mutter" Hannah lag in der seelischen Inzestschranke. Mutter und Sohn schlafen nun einmal nicht miteinander, weder werktags noch sonntags. Als sich in der zähen und hürdenreichen Paartherapie Hans am Ende zum Mann mauserte und Hannah ihre klebrige Mutterrolle aufgab, kehrte die Sexualität wie eine entlaufene Katze in das renovierte Heim zurück. Merke: Das Beziehungsgebäude ist ein Haus, das niemals fertig wird. (5)

Töchter haben die Chance, aus dem risikoarmen Leben ihrer Mutter zu lernen und „Abschied von der Opferrolle" (Verena Kast) zu nehmen. Dann haben sie die Chance, im positiven Sinne der Bestsellerautorin Clarissa Estés, sich zu einer tatendurstigen „Wolfsfrau" zu entwickeln. (5)

Die weibliche Aggressionshemmung „vererben" Mütter oft an ihre Töchter. Das führt dann zu Gefühlsstau und lähmenden Befindlichkeiten wie „Ich stehe unter Druck. Es zerreißt mich." Nicht selten wählen ausgerechnet solche aggressionsgehemmten Frauen wahre Wüteriche von Männern. Diese leben dann, in der unsichtbaren emotionalen Arbeitsteilung eines Paares, die nicht gelebte Konfliktfähigkeit der Frau stellvertretend aus. (5)

Schließlich sind die mütterlichen und die väterlichen Defizite dazu da, dass wir uns an ihnen den Blick schärfen und Alternativen entwickeln. Nichts wäre vermutlich schwerer, als „chemisch reine" Eltern zu haben. Wir würden wohl an ihrem übermächtigen Vorbild verzweifeln. Das Leben entwickelt sich durch *trial and error, Versuch und Irrtum*. Dazu zählen, im Guten wie im Schweren, auch unsere Mütter und Väter. (5)

„Frau mit Staubsauger gesucht", so könnten manche Männer inserieren, wenn sie ehrlich wären. Das ist das *Altvorderen-Modell*. Der Mann kämpft draußen im feindlichen Leben, das Frauchen putzt das Haus, kocht, bäckt und schnäuzt den Kindern die Nase. Das geht so lange gut, bis die Frau – meist wenn die Kinder älter werden – sich auf ihre außerfamiliären Interessen und berufliche Selbstverwirklichung besinnt, sich gegen die ehelichen Fesseln sträubt und unbequem wird. (5)

Nicht immer wird der Partner aus reiner Liebe gewählt. Oft ist er auch nur der *Fluchthelfer*. Er bildet das Sprungbrett in ein neues Leben. Er soll helfen, die gewaltsame Ablösung vom Elternhaus zu organisieren. (5)

Als romantische Beziehungsutopie erweist sich die *Zwillingsfantasie*. Das ist der Wunsch nach hundertprozentiger Übereinstimmung. Der Partner ist mein Zwilling. Er denkt, fühlt und handelt wie ich. Wir tanzen Synchronkür im Eislauf der Liebe. Zwischen uns passt kein Löschblatt. Wir sind gleichgepolt. Die Harmonie ist unsere Göttin. All unsere Bedürfnisse und Interessen sind identisch. Wie sagte mir einmal Ricarda (Name geändert) schwärmerisch in der Einzeltherapie: „Liebe ist totale Harmonie." Nun ja, sie hatte bereits zwei Ehen hinter sich. (5)

Bei der Trennung meiner Eltern war ich sechs Jahre alt – das erklärt mir heute meine kompensatorischen Klammerfantasien als Erwachsener. Als mich in meiner ersten Ehe bei einer Paarberatung der Therapeut aufforderte, einmal in einer Skulptur darzustellen, wie ich mit meiner Frau durchs Leben *gehen* wollte, vollbrachte ich eine geradezu lehrbuchartige Freudsche Fehlleistung. Ich umschlang meine Frau fest wie ein Oktopus mit stählernen Krakenarmen und schlang zusätzlich mein rechtes Bein von hinten um ihre Hüfte. „Jetzt geh mal mit ihr einige Schritte", sagte Harry, der Therapeut, mit gespielter Harmlosigkeit zu mir. Ich versuchte es – und brachte meine Frau und mich zu Fall. Seitdem weiß ich, was Klammern in der Beziehung heißt. (5)

Die Wiedergutmachung für meine als Kind erlittenen Schmerzen kann der Partner nicht leisten. Er kann etwas zur Heilung beitragen, aber die Hauptaufgabe lastet auf mir selbst. (5)

Wiederholt haben wir gesehen, wie aus der Ehe eine Intensivstation gemacht wird. Der eine ist chronisch krank, der andere spielt den Pfleger. Dann enthüllt sich der Beziehungswunsch des Dauerkranken – wenn die Krankheit denn nicht ernsthafter organischer Natur ist – als das Bedürfnis, *die Ehe als Sanatorium* zu buchen. Der „gesunde" Partner zerbricht förmlich unter dieser Last. Aber er muss sich natürlich auch fragen, warum er ausgerechnet diese Aufgabe angenommen hat. (5)

Wer selbst fantasiearm ist, mag sich seinen Beziehungswunsch nach einem aufregenden, fantastischen Partner erfüllen. Wer chaotisch ist, findet vielleicht einen zwanghaft-verlässlichen Charakter. Wer unter mangelnder Selbstachtung leidet, sucht sich einen vermeintlich Souveränen. Wer ängstlich ist, den

Mutigen. Wer zwei linke Hände hat, einen begeisterten Heimwerker. Das mag sich alles im angemessenen Bereich der *Kompensation* bewegen und nicht immer gleich neurotisch sein. Ich selbst, eher ein Musenfreund und Theoretiker, handwerklich und als Koch eine Katastrophe, genieße es, eine praktische und lebenstüchtige Frau (aber auch voller geistiger Tiefe) gefunden zu haben. Trotzdem sind auch diese „Kompensationsgeschäfte" nicht ungefährlich. Sie können zum einen aus ernst zu nehmenden Kindheitsdefiziten entstanden sein, zum anderen muss ich mich fragen, ob ich den Partner nicht kompensatorisch *missbrauche*, indem ich ihm die seelische „Drecksarbeit" der Fantasie, Emotion, der Courage, der praktischen Lebensbewältigung und vieles andere mehr überlasse und dabei selbst stagniere. (5)

Jeder von uns ist ein eigentümliches, teils spannendes, teils langweiliges, teils begabtes, teils beschränktes, kurz: manchmal liebenswertes und manchmal schwer aushaltbares Individuum. Diese Faszination und Sperrigkeit müssen wir bei uns selbst wie beim anderen akzeptieren. Sie löst Konflikte aus, aber wir dürfen die Differenz zwischen uns nicht verdrängen. Sonst verraten wir uns … Ich pflege manchmal, in einer Anwandlung von Selbstkritik, zu meiner Frau zu sagen: „Wenn ich mit mir selbst verheiratet wäre, wäre ich suizidal gefährdet." (5)

Alle Zweisamkeit führt letztlich auf mich selbst zurück. Schuldvorwürfe an den anderen bringen mich nicht weiter. Selbst wenn sie stimmen, muss ich mich fragen: Warum habe ich dich gewählt? Warum halte ich es aus? Warum gehe ich nicht? … Sich selbst kennenzulernen, das ist die schwierige und lebenslange Aufgabe und die Voraussetzung für eine selbstbewusste Partnerschaft. (5)

Agnes (Name geändert) klagt, von ihrem egoistischen Mann ausgebeutet zu werden. Er sehe immer nur sich, sei geizig und tue nichts ihr zuliebe. Sie übertreibt nicht – tatsächlich kompensiert ihr Mann seine armselige Kindheit der elterlichen Vernachlässigung mit rücksichtslosem Egoismus. Aber hat sie ihn nicht gewählt, weil sie selbst eine Opferhaltung hat, aggressionsgehemmt ist und seine Wehrhaftigkeit gegen die Welt einst bewunderte? Erfüllen ihre ständigen Anklagen und ihr habituelles Gejammere nicht den verborgenen Zweck, alles beim Alten zu belassen und sich nicht ändern zu müssen? (5)

Die Wahl des „bösen" Partners ist in Wahrheit oft ein *Blaubart-Syndrom*. Schwach individuierte Frauen neigen dazu, dem vermeintlich starken Mann und seiner Suggestion zu verfallen. Ihr kleines Ego kompensieren sie in der *anbetenden Kollusion* mit der ach so grandiosen Persönlichkeit ihres Ritter Blaubart. Sie selbst sind naiv, haben wie die junge Blaubart-Frau keine essentiellen Männererfahrungen. Sie tänzeln noch wie Teenager nabelfrei durch die Welt. Sie scheuen das *principium individuationis* (Schopenhauer), die Arbeit, ein eigenes Ich zu entfalten, sich im Geschlechterkampf zu behaupten und sich erst einmal mit sich selbst zu „verheiraten". (5)

Frauen suchen sich also einen Mann, der ihrem eigenen inneren Männerbild entspricht. Das sind dann im negativen Fall Egozentriker, Müllkipper, geheimnisvolle Schweiger, Womanizer, aggressive Kämpfer oder Streuner. (5)

Demgegenüber gilt es für die Frauen (und natürlich umgekehrt auch für den Mann), ihre irreale und unbewusste *animus*-Projektion zurückzunehmen, das heißt an die Stelle ihres inneren, falschen und irreführenden Männerbildes die realistische Wahrnehmung des Mannes zuzulassen. Vielleicht lebt dieser ja auch Seelenanteile wie Risikofreude, anarchische Lebenslust und sexuelle Waghalsigkeit, die sie noch selbst als Ungelebtes in ihrem „Schattengepäck" entdecken darf. Sicher wird die Frau dabei auch die zwiespältige und dunkle Schattenseite ihres Mannes kennenlernen. Das gibt ihr aber auch die Chance, ihre eigenen Abgründe und Dunkelheit zu reflektieren. (5)

Paare ziehen sich hinauf oder hinunter. Negativ ist, dass manche Paare, wenn sie in die Jahre kommen, leib-seelisch wie Ruinen wirken. Sie haben versteinerte Gesichter. Sie sind fehlernährt, übergewichtig. Die Männer sind oft vom „Bierchen" und den zehntausenden Zigaretten, die sie in ihrem Leben gequalmt haben, gezeichnet. Paare lassen sich voreinander gehen und schweigen sich wie zwei Grabstätten an. (5)

Paare können sich aber auch auf wundersame Weise hinaufziehen, wenn sie sich gegenseitig als *Entwicklungshelfer* dienen … Sie praktizieren in ihrer jeweils vom anderen stimulierten und unterstützten Identitätsarbeit das, was in der Paartherapie das *Konzept der Selbsterweiterung* genannt wird. Es ist eben nicht so, dass in der Paarbildung jeder den anderen kurzerhand und vollständig so akzeptieren muss, wie er ist, und beide unverrückbar wie zwei Hochhäuser nebeneinander stehen. Eine solche Auffassung verkennt die gewaltige Chance der Paardynamik, der Paarevolution und der Paarsynthese. (5)

Die Liebesbeziehung ist vor allem ein Schmelzofen unseres charakterlichen Rohmaterials. Wir sind suchende und unfertige Menschen. In und durch die Beziehung verwirklichen wir unsere schlummernden Potenziale, brechen zu neuen Entwicklungen auf und erleben durch das alltägliche, wirkmächtige Vorbild des anderen wundersame Metamorphosen. Das Denken und Sprechen des Partners sickert wie ein warmer Mairegen in den Ackerboden unserer Seelenlandschaft. (5)

Wenn ich meinen eigenen Schatten erkenne, so werde ich duldsamer für den Schatten des anderen. Die Alternative zur projektiven Idealisierung des Partners ist nicht seine Entwertung, sondern seine realistische Wahrnehmung, das heißt die Akzeptanz seiner hellen und dunklen Aspekte. (5)

Gefahrlose Liebe gibt es nicht. Die Liebe ist eine Suchbewegung. Die fast unlösbare, spannungsvolle Aufgabe ist es, mit dem/der Geliebten zusammen zu sein und dennoch man selbst zu bleiben. (5)

Wo wir uns einen überlegenen oder einen unterlegenen Partner suchen, wo wir einen abweisenden oder einen emotional stumpfen Partner suchen, wo wir, gegen das Elternhaus gerichtet, eine Protestwahl vornehmen oder das *negative Selbst* zum Partner machen – wir folgen einer verdeckten seelischen Kompensationsstrategie. Das gehört zu den inneren Widersprüchen und dem komplizierten Spannungsgefüge des Menschen, der, wie der Psychoanalytiker Freud oder psychologische Dichter wie Dostojewski und Tolstoi *(Kreuzersonate)* gezeigt haben, ein Wesen aus Licht und Schatten, Trieben, Verdrängungen und Persönlichkeitsspaltungen darstellt. (7)

Partnerschaft

Schon die Art, wie ein Partner isst, Zeitung liest, Auto fährt, sich durch die Fernsehprogramme zappt, die Küche putzt, in welcher Hektik oder mit welch aufreizender Langsamkeit er Ordnung schafft, das alles und noch Unzähliges mehr kann uns zur Weißglut bringen. Wer möchte schon mit seinem Partner sein Leben in einer Einzelzelle verbringen! Es ist ein Mythos, den anderen im Dauereinsatz lieben zu wollen oder rund um die Uhr von ihm geliebt zu werden. Vergessen wir auch eines nicht: Es gibt Eigenschaften, die wir beim anderen nicht lieben, nie lieben werden. Wenn der Partner ehrlich ist, wird er das Gleiche auch uns gegenüber bestätigen. (35)

In einer gemischten Gruppe von Frauen und Männern – keiner Paargruppe – ermunterte ich die Teilnehmerinnen und Teilnehmer aufzuschreiben, wofür sie manchmal ihre Partner „erschlagen könnten". Natürlich war die Formulierung launig gemeint. Hier einige lapidare Frontberichte vom Alltag der Geschlechter. Die Frauen schrieben unter anderem: „Wenn er das ganze Frühstück hindurch hinter der Zeitung verschwindet und mich und meine Kinder keines Wortes würdigt." – „Wenn er im Badezimmer alles klatschnass hinterlässt." – „Wenn er mit dreckigen Stiefeln durchs ganze Haus latscht." – „Wenn er heimkommt und sich ohne ein Wort zwei Stunden vor den Fernsehapparat schmeißt." – „Wenn er mich beim Autofahren ständig korrigiert." – „Wenn er mich beim Schaufensterbummeln durch die Fußgängerzone zerrt, als stünde zu Hause das Heim in Brand." – „Wenn er weit nach Mitternacht nach seinem ausgedehnten Fernsehkonsum ins Schlafzimmer hineinpoltert, mich weckt und noch Sex von mir will."

Die Männer: „Wenn sie mich ständig kritisiert." – „Wenn sie mich am Wochenende mit Reparaturarbeiten im Haus eindeckt." – „Wenn sie sich weigert, mit mir über Politik zu reden und die Zeitung zu lesen." – „Wenn sie tagelang die Beleidigte spielt." – „Wenn sie mich mit Sexualitätsentzug bestraft." – „Wenn sie immer wieder alte Themen aufwärmt." – „Wenn sie eifersüchtig ist und ich von keiner Kollegin etwas erzählen kann." (35)

Wenn ich ein Paar bei einem Erstgespräch nach den Problemen der Macht in ihrer Beziehung frage, ernte ich meist ungläubiges Erstaunen. Macht ist etwas Schmutziges. Macht ist Politik. Macht ist immer schlecht und daher abzulehnen. So etwa lauten die Antworten. Dabei gehört Macht zu unserem täglichen Leben. Sie kann gut oder schlecht sein. Sie sollte als solche bewusst sein, kontrolliert und gegebenenfalls ausbalanciert werden. Tatsächlich verhindert oft ein Machtungleichgewicht die Leichtigkeit des Seins in der Beziehung. (35)

Es gibt fast nichts, was in der Beziehung nicht zur Machtfrage gemacht werden kann. Frauen und Männer operieren in der Machtfrage wie gegnerische Kriegsplaner. Sie analysieren die Schwäche des anderen. Sie stoßen zu. Sie rächen sich für jede Niederlage. Weil der Frau die Quellen der Macht von Geld und beruflicher Kompetenz noch häufig verschlossen sind, verweigert sie ihm die sprudelnden Gottesgaben von Sex und Zugang zu den Kindern. Weil sie ihm Anerkennung und Bewunderung verweigert, bestraft er sie mit machtvollem Schweigen. Der Machtmissbrauch des Mannes lässt Frauen, bewusst oder unbewusst, in psychosomatische Krankheiten flüchten. Die

Krankheit wiederum erweist sich als machtvolle Manipulation. Die Liste des Machtmissbrauchs ließe sich ins Unendliche fortsetzen. Wir alle neigen in der Beziehung zu Machtmissbrauch. Nichts ist schwerer, als die Geschlechterdemokratie zu verwirklichen. (35)

Unsere Beziehung besteht, mathematisch gesehen, aus zwei Ich-AGs plus einer Wir-AG ... Die Wir-AG ist unser Lebensschiff. Bald dümpelt es ruhig vor sich hin, bald muss es sich seinen Weg durch hohen Wellengang bahnen. Manchmal bricht im Motorraum Feuer oder im Steuerraum Panik aus. Es bleibt uns nichts anderes übrig, als gemeinsam das Feuer zu löschen und das Steuer herumzuwerfen. Wir sind Kapitän, Matrose und Schiff in einem. Die Wetter- und Wellenlagen ändern sich gelegentlich mit katastrophalem Tempo. Ein gutes Schiff hat einen erfahrenen Kapitän, Austauschmotoren, Hilfspumpen und Proviantreserven. Damit ist es ein sich selbst steuernder Mechanismus. Auf das Paar bezogen könnte man sagen: Ein gutes Paar basiert auf zwei starken Ich-AGs. Zugleich entwickelt es, in ständiger Abstimmung, eine kraftvolle und entwicklungsfähige Wir-AG. (35)

Wenn Frau und Mann nur einseitig und egozentriert an der Entwicklung ihrer jeweiligen Ich-AG arbeiten, dann besteht die Gefahr, dass sie sich aus den Augen verlieren und dass die Wir-AG an Investitionsmangel schwächelt. Konzentriert sich umgekehrt ein Paar allein auf die Wir-AG, den Hausbau, die Kinder, und vernachlässigt die beruflichen und die individuellen Entwicklungsstränge, so werden die Partner eines Tages feststellen, dass sie sich selbst aus den Augen verloren haben. Dann bekommt die Liebe angestrengte Züge: Weil sie mit Bitterkeit imprägniert ist. (35)

Der Tanz des Paares ist bewegend, immer neu, manchmal schwerfällig, fast torkelnd, dann wieder rasant, voller Energie und Zielgerichtetheit. Der eine Partner ersehnt das Neue, der andere befürchtet es. Beiden bringt es Veränderungen. Sie sind meist anders und widersprüchlicher, als es der eine erwünscht und der andere befürchtet hat. Die Planung eines Kindes, der Umzug in eine andere Stadt, der Wechsel in ein neues Arbeitsfeld – all das bringt aufwühlende Erneuerung des Lebens, aber auch Verluste der bisherigen Stabilität und Sicherheit.

Der Tanz des Paares verlangt von uns, das Neue zu bejahen und uns auf die Veränderungen des Lebens und der Beziehung optimistisch einzulassen und sie gemeinsam zu gestalten. „Alles fließt", meinte der Philosoph Heraklit ein halbes Jahrtausend vor Christi Geburt. Und: „Man steigt nicht zweimal in denselben Fluss." Das ist es. Das macht den Tanz des Paares aus. Dass wir dieses Abenteuer gemeinsam bestehen, ist erschütternd und einmalig. Stehen bleiben dürfen wir nicht. Wir müssen tanzen. (35)

Wenn schon jedes Leben eine Suche nach Sinnerfüllung ist, wie viel mehr ist dann die Liebe ein Suchprozess? Das heißt: Wir müssen den anderen immer wieder suchen und aufsuchen. Indem wir fündig werden, finden wir auch uns selbst. Der Partner ist eine *terra incognita*, ein unbekanntes Land, das zu meiner Erforschung ansteht. (38)

Wenn die Liebe ein unaufhörlicher Suchprozess ist, ist Liebe *Wissen*. Je mehr ich von den verborgenen Strebungen eines Menschen erfahre und mich um diese Erkenntnis bemühe, desto besser verstehe ich ihn, desto mehr lasse ich mich von seinem Lebensentwurf und seiner Art, die Welt zu sehen, an ihr zu leiden und sich an ihr zu erquicken, bewegen. Ich übe nicht mehr die dunklen Verdächtigungen *meiner* Projektion *über* den Partner. Ich erlebe ihn authentisch. Das führt zur Liebe. (38)

Die Chance ist stark, dass uns der Gedanke an die stets mögliche Trennung beredsamer, konstruktiver und erwachsener macht; auf jeden Fall gibt er uns die Freiheit wieder. Wer nicht lebt, wird gelebt. Beziehungen müssen aktiv gestaltet, nicht erlitten sein. Wenn es denn zum Abschied aus der Bindung kommt, ist das nicht einfach eine Katastrophe, sondern wir nehmen wieder das existentielle Alleinsein auf uns. (2)

Lebendige Paare haben viele Konflikte. Sie klagen nicht einfach: „Wir haben nicht gelernt, miteinander zu reden" – sie lernen es. Dafür sind Paarberatungen und Paargruppen gut. Man fährt doch auch nicht Jahrzehnte Auto, ohne sein Vehikel zum TÜV und in die Werkstatt zu geben. (2)

Jeder von uns braucht den Anstoß, den Konflikt, die Provokation von der Seite des Partners. Ich wachse, indem ich sozusagen durch dich hindurchgehe. Je entwickelter wir beide als Persönlichkeiten sind, desto erfüllter wird unsere Beziehung. Die Art und Weise, wie ich mit dir umgehe, beruht darauf, wie fair und achtsam ich mit mir selbst umgehe. (2)

Natürlich ist Liebe immer auch Hingabe, Vertrauen, Opfer, Selbstrücknahme, aber auf dem Boden eines satten, glücklichen Ichs. „Du sollst deinen Partner lieben wie dich selbst." So könnte man in Anlehnung an das biblische Wort sagen. Dazu gehört aber, dass ich mich zuerst selbst lieben lerne. Erst, wenn ich Heimat in mir gefunden habe, erst, wenn ich mich zu bemuttern und zu bevatern gelernt habe, bin ich bindungsfähig.

Erst wenn ich geübt bin, mit mir selbst zu sprechen, dem fröhlichen und dem verletzten Kind in mir, erst da vermag ich das Schweigen in der Beziehung zu brechen. (2)

Erst, wenn ich selbst mich reich gemacht habe, vermag ich, dich zu bereichern. Erst, wenn ich Fülle besitze, vermag ich, ohne Neid auch von dir zu nehmen. Erst, wenn ich meine Scham der Minderwertigkeit überwunden habe, vermag ich, ohne Größenphantasien und Rivalität neben dir zu bestehen. Erst, wenn ich stolz ein Eigener bin, kann ich dich als *Anderen* genießen. (2)

Bindungsangst

Der Begriff der Bindung impliziert, dass wir offen sind, einem geliebten Menschen Zugang zu den intimen privaten und wohlbehüteten Bereichen unseres Ichs zu geben. Natürlich setzen wir uns dabei der Gefahr aus, dass der Partner uns, sobald er unser ungeschminktes Ich erblickt, auch ablehnen kann. Glaube, Liebe, Hoffnung gründen ja eben darauf, dass er uns nicht trotz, sondern *wegen* unserer Unvollkommenheit liebt. (19)

Bei Hunden und Menschen gilt gleichermaßen, dass für die Entwicklung von Bindungsfähigkeit, Gefühlen und sozialem Verhalten die frühe Kindheit von entscheidender Bedeutung ist. In den ersten Monaten entscheidet sich bei einem Hund, wen er als Rudelführer/führerin wählt. Hunde, die an Autobahnraststätten ausgesetzt und schließlich in ein Tierheim gebracht werden, entwickeln fast immer psychische Störungen, ganz ähnlich wie Heimkinder. Auch die Intelligenz entwickelt sich bei Hunden wie bei Kindern je nachdem, wie aufmerksam sie betreut und gefördert werden. (19)

Für die Lösung aus der Bindungsangst gibt es keinen Psychotrick und keine therapeutische Schnellbleiche. Es ist ein langer Prozess aus der Entmutigung und geistigen Todesstarre in das Wagnis der Liebe, die immer auch Risiko und Verletzbarkeit bedeutet. (19)

Solange ein Mann an die Bindungskraft des Herzens nicht zu glauben vermag und sich in einem Panzer verkriecht, Frauen abwehrt und abwertet, wird er sie, wie der Fürst Schachriar in dem Märchen *Tausend und eine Nacht*, auf dem Schafott seiner Seelenkälte alltäglich neu hinrichten. Er wird kein Souverän seiner Gefühle werden. Der bindungslose Mann ist ein seelischer Amokläufer gegen Frauen und Freunde, vor allem gegen das innere Kind in sich selbst. Er ist krank und leidet an einer unsichtbaren Wunde. (19)

Auf bindungsscheue Frauen wirkt der Reiz eines unerreichbaren Mannes geradezu magisch. Die Typen, die leicht zu kriegen sind, langweilen sie. Durch das Streben nach einem zu hohen Ziel stilisieren sie sich selbst zu Unerreichbaren. Wonach sie sich sehnen, das ist der Kick der gleichermaßen abenteuerlichen wie unverbindlichen, „extraterritorialen" Begegnung, die ohne Konsequenzen bleibt und jede Bindung ausschließt. Nicht selten trifft so eine weibliche Vagabundin auf einen entsprechend bindungsarmen männlichen Desperado. (19)

Was bedeutet es, wenn Frauen in der Liebe immer nur Spiele veranstalten und von einer Sackgassen-Beziehung in die andere geraten? Ist das nur Zufall? Oder fällt diesen Frauen etwas zu, was ihnen auf der Ebene des Unbewussten nicht ungelegen kommt? Verharren sie nicht durch die unheilige Trinität der Angst vor Hingabe, der Scheu vor Frustrationen und der Panik, ihre Eigenständigkeit zu verlieren, in dieser verhängnisvollen Bindungsschwäche? (19)

Leidet das Kind unter chronischer Mutterentbehrung, so kann es, wie wir es aus sozialen Brennpunkten kennen, zur späteren Delinquenz und Verwahrlosung kommen. Auch die Konzentrationsschwäche in der Schule kann – muss aber nicht! – auf eine mangelnde familiäre Aufmerksamkeit und Geborgenheit hinweisen (19).

Charakterzüge der Bindungsschwäche sind also nicht genetischen Faktoren zuzuschreiben, sondern sie stellen eine *erworbene Hilflosigkeit* dar. Es handelt sich um eine unzulängliche Persönlichkeitsreifung. Eine Unfähigkeit, Zuneigung zu empfangen oder zu geben, sich in andere Menschen einzufühlen.

Intelligenz, abstraktes Denken, soziale Reife, Zuverlässigkeit und Fähigkeit zur Freundschaft liegt bei liebesgeschädigten Kindern weit unter dem Niveau ihrer elterlich geliebten Altersgenossen. Aus der Jugendpsychologie wissen wir heute, dass verwahrloste, um die Zuneigung betrogene Kinder gelegentlich zu Kaufhausdieben werden, um sich durch Stehlen unbewusst „Ersatzliebe" zu verschaffen. Das Kind fühlt sich um etwas Unerreichbares „betrogen" und versucht, diesen Mangel durch das Stehlen von erreichbaren Dingen wieder auszugleichen. (19)

Manche Jugendliche neigen als Erwachsene später zu Formen der sexuellen Promiskuität, also dem ständigen Partnerwechsel, um sich flüchtige Sensationen zu verschaffen und gleichzeitig einer tieferen Bindung auszuweichen. Andere bagatellisieren ihr inneres Elend durch eine oberflächliche Konsum- und Lebensphilosophie. (19)

Der Schatten der Bindung ist eine Fesselung. Enge Bindungen zerbrechen leicht an der Enge der Bindung. Insofern ist die Mutterliebe meist ein Balanceakt zwischen sicherem Halten und großzügigem Loslassen. Ein gängiger Psychologenwitz lautet: „Was ist der Unterschied zwischen einer klammernden Mutter und einem Piranha?" Antwort: „Der Piranha lässt wieder los." (19)

Weit entfernt, die Liebe nicht zu schätzen, sind wir heute eher Fundamentalisten des Gefühls. Wir setzen alles, aber auch alles auf diesen sich leicht wie Salmiakgeist verflüchtigenden Zustand. Wo die Liebe nicht mehr ist, verlassen wir den Friedhof der Emotionen. Die Liebe ist sozusagen der Schlachtruf der Moderne geworden. Weder Konvention noch ökonomische Rücksichten, religiöse Skrupel oder soziale Ängste halten uns davor zurück, das Ufer der Lieblosigkeit zu verlassen und erneut das Traumboot der Liebe zu besteigen. (19)

Nichts wäre falscher, als Bindung mit Ehe gleichzusetzen. Die *Kettenmonogamie* ist durch längere oder kürzere feste Beziehungen in Folge gekennzeichnet. Hier konstelliert sich ein neuer schöpferischer Typus von Bindung, der nicht mehr wegzudenken ist. Dass dies oftmals auf Kosten der Kinder geht, darf nicht unterschlagen werden. Zweifellos besteht zwischen der dramatisch erhöhten Bereitschaft zum Bindungswechsel und damit zur Gefühlsauthentizität einerseits und dem dadurch verursachten Heer von Scheidungskindern andererseits eine kritische, grundsätzlich nicht lösbare Spannung. Von der modernen „Bindungslosigkeit" kann gleichwohl nicht pauschalierend gesprochen werden. (19)

Oft höre ich von Frauen, die sich auf einer scheinbar endlosen Suche befinden, das stereotype Argument: „Ich finde nicht meinen Typ!" Wie auf dem Reißbrett entworfen haben sie sich in ihrer Fantasie auf einen Liebespartner festgelegt – wie er sein muss und wie er nicht sein darf. Das ist, wie bei dem Gerede vom *Traummann* und von der *Traumfrau*, eine Idealisierung und zwanghafte Fixierung, die letztlich den unbewussten Wunsch erfüllt, einer ernsthaften Bindung aus dem Weg zu gehen. (19)

Von der Ehe enttäuscht umgeben sich manche Männer nur noch mit Kindfrauen, „Partygirls" und „Boxenludern". Sie haben den Schmerz der Trennung und den eigenen Anteil am Scheitern nie durchgearbeitet. Auf den Gesichtern dieser auf jung getrimmten, höhensonnengebräunten VIPs mit ihren blutjungen Mädchen ist eine Vermeidung besonderer Art ablesbar – die des Alters und des Todes. (19)

Strategie des Selbstboykotts kann auch bedeuten, sich immer wieder falsche Partner auszusuchen. Manche Frauen sind genau von den Männern fasziniert, die ihnen Ablehnung signalisieren. Irgendwie werden sie den Eisberg schon zum Schmelzen bringen, hoffen sie wider jede Vernunft. Tatsächlich repetieren sie in einer Art Wiederholungszwang genau die Aufgabe, die sie in der Ursprungsfamilie erfüllen mussten, nämlich das familiäre Eis aufzubrechen und für Stimmung zu sorgen. Die menschliche Seele ist sozusagen wie ein Mörder, der zum Tatort zurückkehrt. Die Seele konstelliert in der Gegenwart Situationen, die denen der Kindheit ähnlich sind. (19)

Wer als Kind missachtet und zurückgestoßen wurde, „organisiert" sich oft unbewusst in der Partnerschaft wieder den ablehnenden Vater, die zurückweisende Mutter. Auch das viel zitierte Helfersyndrom führt häufig zum Selbstboykott, ja zur Vermeidung wahrer Nähe. Denn die helfende Frau fühlt sich nur existenzberechtigt, *weil* und *wenn* sie hilft. Sie erstrampelt sich die Liebe durch karitative Inszenierungen. Sie lässt dabei wahre Nähe nicht zu, weil sie sich selbst nur von der „Butterseite" zeigt und ihre eigene Hilfsbedürftigkeit, die allein Nähe herstellen könnte, nicht zulässt. Der Mann einer solchen früh missbrauchten und heute missbrauchenden übergriffigen Helferin gestand in der Paarsitzung ehrlich: „Als sie krank wurde und keinen Finger mehr rühren konnte, da erlebte ich ihre schutzlose Seite und konnte ihr endlich einmal beistehen. Da war sie mir so lieb wie noch nie zuvor." (19)

Eine geradezu klassische Strategie der Bindungsverweigerung praktizieren Frauen und Männer in familiären Koalitionsbindungen, wenn der Ehesegen schief hängt. Da schart zum Beispiel die Frau ihre lieben Kleinen um sich, statt die brüchig gewordene Bindung durch das mutige Austragen des Konflikts wieder zu festigen. Sie schwört die Kinder auf die mütterliche Loyalität ein. Sie instrumentalisiert sie gegen den Vater. Sie verlässt auf diese Weise die Beziehungsebene Mann/Frau und missbraucht die Kinder auf einer emotionalen Ebene.

Natürlich funktioniert das auch umgekehrt: Der Mann krallt sich seinen Lieblingssohn, besticht ihn mit aufwändigen Geschenken und „events". Der solcherart gesponserte Knabe wird zum zuverlässigsten Schildknappen seines Herrn Vater und zieht mit ihm in den ehelichen Kampf. (19)

Bindungsfähigkeit beginnt mit Eigenbindung: der Bindung an ein gutes Selbst. Wo diese fruchtbare Eigenbindung nicht da ist, stellt sich Bindungsangst ein. Wer mit seinem *inneren Kind* eine gute Verbindung hat, der tut alles, es auch gut mit der Welt zu verbinden. (19)

Am Ende der Bindungsangst steht das Bindungsglück des Lebens. Wenn ich es wage, winken mir Schmerz und Glück. Ich atme, in Kälte und Wärme, die pure Essenz des Lebens. (19)

Distanz und Nähe

Zwischen einer protestantischen Norddeutschen mit einem technischen Beruf und einem katholischen Süddeutschen mit musischer Profession bestehen möglicherweise Distanzen wie zwischen den Kontinenten unseres Erdballs. Was weiß ein Mann schon vom Innenleben einer Frau? Wie viele Rätsel verbergen sich für die Frau in der Sexualität eines Mannes? Anatomie und soziale Dressur sind Schicksal. Jede Liebesbeziehung kennt auch böse Gefühle. Beziehung heißt aufeinanderstoßen, sich kennenlernen, sich verletzen, durch *error* (Irrtum) und *trial* (Versuch) eine Synthese, eine völlig einmalige Beziehung zu schaffen, die es in dieser Form nicht noch einmal auf dieser Welt gibt. (16)

In der gegenwärtigen psychologischen Diskussion wird viel über die „Angst vor Nähe" gesprochen. Es gibt aber auch weit verbreitet die „Angst vor der Distanz". Distanz auszuhalten bedeutet, dem anderen Freiheit zugestehen, das Risiko auszuhalten, dass er/sie flirtet, eine Außenbeziehung eingeht und mich verlässt. Distanz zu wagen heißt, den Vergleich mit Rivalen/Rivalinnen auszuhalten. Distanz zu ertragen bedeutet, selbstbewusst auf meine Attraktivität zu bauen. (16)

Freude an der Distanz beschert mir das Leben meines eigenen Ichs und die Neugier auf den Partner, seine Individualität, seine Überraschungen. Was erlebt er, wenn er allein ausgeht? Wie gestaltet meine Frau ihren Urlaub allein oder mit ihrer Freundin? Wie wird der Partner durch seine neue Ausbildung verändert? Bin ich selbst noch anziehend? Tue ich genug für meinen Intellekt, meine Information, meine Figur? Laufe ich als Frau wie ein onduliertes Muttchen, als Mann wie ein vietnamesisches Hängebauchschwein herum? Wie ist es für mich, den Partner aus der Distanz wahrzunehmen? (16)

Mut zur Abgrenzung – diese Haltung hat auch eine philosophische Dimension. Indem ich dich in deiner – oft sperrigen und unbequemen – Identität akzeptiere, muss ich mich fragen: Warum hat das Leben mir dich als Partner beschert? Was ist der Sinn unserer Partnerschaft? (16)

Nur indem ich mich auch in der Beziehung als Ich definiere und nicht in einem Einheitsbrei untertauche, lerne ich, entwickle ich mich. Ich werde erwachsen. Ich liebe dich aus der Fülle. Du liebst mich aus der Fülle. Jeder von uns könnte auch allein leben. Jeder von uns könnte auch mit einem anderen Partner leben. Das ist der Realismus unserer Beziehung. Wir entscheiden uns immer wieder füreinander. Nur wenn ich mich zuvor abgegrenzt habe, kann ich dich einladen, die Grenzen zu überschreiten und mein Land zu betreten. (16)

Paare tun gut daran, das Verhältnis von Nähe und Distanz immer wieder sorgsam neu zu justieren. Es ist keine feste, sondern eine historische Größe. Es ändert sich. Paare besetzen auf ihrer emotionalen Beziehungswippe unbewusst und meist schnell jeder seinen Platz. Das heißt, der Mann vertritt etwas stärker die Positionen der Distanz und setzt sein Ich gegen das Wir der Beziehung. Die Frau umgekehrt besetzt das familiäre Wir und nimmt dafür die Autonomie ihres Ichs zurück.

Je mehr der Mann dabei auf seine eigenständigen Unternehmungen und Abgrenzungen pocht, desto stärker versucht die Frau, ihn in das Beziehungsgeschehen einzubinden. Beide nehmen dabei wichtige Funktionen wahr. Denn beides ist notwendig: die Autonomie jedes Einzelnen. Die *zentrifugalen* Kräfte einer Partnerschaft. Sie machen die Beziehung spannend. Sie öffnen sie für die Welt. Sie modellieren die Individualität beider. Umgekehrt ist aber auch die Nähe wichtig, das *zentripedale* Kräfteelement einer Beziehung. Wenn das Zusammenhaltende und Verbindende unter einen kritischen Punkt absinkt, wird die Partnerschaft zu einem Aggregatzustand. Sie droht sich aufzulösen.

Wichtig ist, dass beide Partner sich für beide Pole verantwortlich fühlen. Es ist nicht gut, wenn der Mann ständig den „Außenminister" und die Frau immer den „Innenminister" markiert. (35)

Wenn wir menschlich sein wollen, müssen wir zunächst Menschen sein dürfen. Dazu brauchen wir, jeder für sich, einen eigenen Distanz- und Entwicklungsraum. Wir benötigen den Wagemut, in der Beziehung auch einmal *Nein* zu sagen. Jeder Mensch ist im kosmischen Laboratorium ein einzigartiges weltgeschichtliches Experiment der Gefühle und des Denkens. Er ist sich selbst als Entwurf aufgegeben. Niemand kann ihm diese aufregende Arbeit der Ichwerdung abnehmen. Es ist ein lebenslanger Prozess. Er geht durch Erfolge und Niederlagen. Inmitten der gewaltigen Leere des Weltalls beanspruche ich kleiner Mensch einen winzigen Raum für mich. Ohne ihn kann ich nicht leben. Ohne ihn kann ich meine Persönlichkeit nicht definieren und scharf konturieren. (35)

Wie kann ich den anderen lieben, wenn ich ihm nicht mehr begegnen kann? Um ihm zu begegnen, muss ich über eigene, wohlausgestattete Räume im gemeinsamen Beziehungshaus verfügen. Das ist wörtlich und im übertragenen Sinne zu verstehen. Einmal benötige ich einen physischen Raum, indem ich ganz bei mir bin und in den ich mich auch gegebenenfalls für lange Stunden zurückziehen kann. Es muss auch möglich sein, dass ich, wenn es mir danach ist, das gemeinsame Schlafzimmer verlasse und in diesem Raum schlafe. Vielleicht, weil ich einfach einmal mit mir allein sein will, länger aufbleiben möchte oder das Schnarchen des Partners nicht länger ertragen will. Zum anderen brauche ich jedoch, genauso wie der andere, eigene psychische Räume. Ich könnte ihnen Namen geben, wie zum Beispiel Politik, Literatur, Musik, Sport, meinen Chor, meinen Sprachkurs, meine Freunde/-innen, meinen Alpenverein, meine Kunstreisen, meine Gemeindearbeit, meine Spiritualität, meine Sammlerleidenschaft ... (35)

Wir können uns oft nicht lieben, weil wir über die unterschiedlichen Zimmer in unserem Beziehungshaus keine Klarheit haben. Paare müssen erkennen und respektieren lernen, dass es jeweils geistige Räume des anderen gibt, die der Partner nicht betreten will oder kann oder die er lernen könnte, mit liebender Neugier zu betreten. (35)

Natürlich müssen Partner dem anderen gegenüber grundsätzlich offen sein. Nichts zersetzt eine Beziehung stärker als fortgesetzte Lügen. Die Liebe basiert nicht nur auf Vertrauen, sie *ist* Vertrauen.

Ich kann und darf aber nicht alles vom anderen wissen wollen. Der andere selbst ist in seiner Person das Geheimnis schlechthin. Das ist spannend und unbequem zugleich. Wir müssen in der Beziehung lernen, zwischen *bösen* und *guten* Geheimnissen zu unterscheiden. Böse Geheimnisse sind die, welche eine unsichtbare Trennmauer zwischen Frau und Mann und damit zwei getrennte Gefühlswelten errichten. Liebe ist Information. Liebe ist Wissen. Im Sprechen und Informationen geben und einholen lässt sich die Kluft zwischen den Liebenden immer wieder neu überbrücken und die Liebe selbst neu justieren.

Geheimnisse sind andererseits jedoch ein unabtrennbarer Teil der Persönlichkeit. Wer von uns erinnert sich nicht daran, dass er als Kind Geheimnisse vor seinen Eltern hatte. Ein Baumhaus, das die Eltern nicht betreten durften. Ein „verbotenes" Buch. Einen heimlich gehorteten Sparschatz. Die erste Liebe in der Grundschule. Liebesbriefe. Die körperliche Veränderung in der Pubertät, in der der Körper männlich oder weiblich wird und damit als neues „Geheimnis" den Eltern verborgen wird. Eines Tages beginnt man, sich im Badezimmer einzuschließen und zeigt sich nicht mehr nackt.

Im Geheimnis grenze ich mich ab und bewahre einen eigenen Kosmos für mich. Ich gebe mich nicht preis. Ich verberge etwas Kostbares, das durch Offenbarung entwertet würde. Geheimnisse sind manchmal auch prickelnd. (35)

Gute und böse Geheimnisse sind unschwer zu unterscheiden. Das spüren wir einfach. Die Guten brauchen wir, um eine schöpferische Distanz zwischen uns und Neugier auf uns zu erhalten. Sonst verschmelzen wir symbiotisch und werden zu Zweikomponentenklebern. Im „köstlichen" Geheimnis spüren wir etwas von der beseligenden Essenz der Individualität. (35)

Für Frauen ist der Eheurlaub, der sich auf gelegentliche Wochenenden beschränken kann, erfahrungsgemäß wichtiger als für Männer, weil sie in ihrer weiblichen Hingabe und mütterlichen Aufgabenstellung von Mann und Kindern oft bis ins Rückenmark ausgesaugt werden.

Denn es ist wichtig, die eigenen inneren Energiespeicher wieder aufzufüllen – mit dem eigenen Selbst, mit neuen Ideen, mit Rückmeldungen von *anderen* Menschen, mit dem Wagnis neuer Lebensschritte. (35)

Ein Mann wird in einer schöpferischen Beziehungspause vielleicht eine Männerfreundschaft reaktivieren. Das ist so außerordentlich wichtig für Männer, weil sie von der emotionalen Abhängigkeit von einer Frau befreien kann. Männer holen sich sehr oft alle, ausschließlich alle Gefühle von ihrer Frau als der einzigen emotionalen Tankstelle. Diesen Gefühlsservice rund um die Uhr vermag keine Frau auf die Dauer zu leisten. (35)

Eheurlaub – das ist, auch in kleinen Portionen genossen – die Möglichkeit, die Beziehung aus ihrer Enge und Eintönigkeit zu befreien. Es bedeutet die Chance, der Ehe flexiblere Grenzen und offenere Perspektiven zu geben. (35)

Sich eigenen Raum geben können, das ist ein entscheidender menschlicher Reifungsschritt, besonders im Leben von Frauen. Sie geben sich allzu oft mit einer Hundehütte zufrieden und gehen, wie ein trainierter Schäferhund, an der Seite ihres Herrchens bei Fuß.

Frauen, aber auch Männer müssen diese physische aber auch geistige Raumfrage unbedingt klären. Ich verstehe als Paartherapeut zunehmend weniger, warum viele Paare es sich immer noch gefallen lassen, dass die traditionelle Architektur ihrer Wohnung der modernen Struktur ihrer Gefühle widerspricht. Da gibt es, selbst wenn die Wohnung quadratmetermäßig groß geschnitten ist, immer noch die alte unheilige Trinität von Wohnzimmer, Schlafzimmer und Kinderzimmer … Weder die Frau noch der Mann können sich voneinander absentieren. Sie haben keinen Rückzugsraum. Sie können auch nicht ihre unterschiedlichen Geschmacks- und Stilempfinden ausleben. Die Frau mag es zum Beispiel etwas biedermeier-plüschig, der Mann bevorzugt bauhaushafte Funktionalität und Strenge. Lieblos vermischt stehen die Bücher beider in demselben Wandschrank. Auch die CDs und Kassetten sind zwangsvereint. Die Bilder an der Wand, gefällige Reproduktionen zumeist, drücken den niedrigsten gemeinsamen Nenner der Ästhetik aus. Weder Frau noch Mann finden sich in ihnen wieder. Wie der Altar die Kirche, so beherrscht schließlich der Fernsehapparat wuchtig und unübersehbar das Wohnzimmer. Er wird Abend für Abend zur Lärminvasion und akustischen Landbesetzung, der der ruhebedürftige oder lesewillige Partner nicht entrinnen kann. (38)

Bei fast allen Paaren stelle ich, wenn ich schon routinemäßig nachfrage, fest, dass sie sich, wenn die Honigzeit der Flitterwochen vorbei ist, jeder ein Zimmer für sich wünschen. Sie würden durchaus auf das übergroße, Raum fressende Wohnzimmer verzichten. Bei älteren Paaren stoße ich sogar auf eine Radikalisierung dieses Wunsches: Sie würden, wenn sie es könnten (und nicht Angst vor der Nachbarschaft hätten), am liebsten in zwei getrennten Wohnungen, nebeneinander oder übereinander, wohnen. (38)

Eine neue Raumaufteilung zieht somit auch eine Veränderung der Beziehungsstruktur nach sich. Diese demokratische Raumplanung darf, langfristig zumindest, nicht an beengten Wohnverhältnissen scheitern. (38)

Der Eigenraum, den ich mir als Frau oder als Mann schaffe, ist zugleich auch der Tempel meiner Götter, meiner Überzeugung, meiner Leidenschaften. Er ist, physisch und psychisch, ein heiliger Raum. Das Zimmer für mich offenbart ein Stück Innenansicht meiner Seele. Welch ein Abenteuer ist es, wenn Frau und Mann sich, gestützt auf die reiche Innerlichkeit ihres Eigenraumes, stolz und mit der geheimnisvollen Aura ihrer letztlich unauslotbaren Wesenheit begegnen, beieinander verweilen und sich wieder zurückzuziehen vermögen. Das sind immer wiederkehrende Sternstunden für Geist und Körper. (38)

Die Liebe ist, wie die französischen Troubadoure schon sangen, ein *Kind der Freiheit*. Wo wir miteinander verkleben, flüchten wir in eine trügerische Identität. Trügerisch, weil wir niemals symbiotisch sein können. Wir versuchen, im Partner aufgehen, sozusagen in seinen Mutterschoß zu flüchten, uns von der allmütterlichen Liebe des anderen zu nähren. Der andere wird uns zu einer Trutzburg mitten in einer feindlichen, bösen Welt. Wir geben uns dabei selbst auf. Wir verleugnen die Differenz zwischen ihm/ihr und uns. Gleichzeitig verfolgen wir damit, bewusst oder unbewusst, ein romantisches Ideal aggressionsloser, gleichschwebend harmonischer Liebe ohne Machtansprüche, Konflikte, Missverständnisse, Neid, Hass, Ekel und alle „negativen" Gefühle. (7)

Männer dürfen die Wonne der Nähe, Frauen die Wonne der Distanz entdecken. Mir hat immer imponiert, wie das alt gewordene Ehepaar Albertz seinen Lebensabend organisierte. Er war seinerzeit Regierender Bürgermeister von Berlin und ein wortmächtiger Theologe gewesen, bekannt weit über Deutschland hinaus. Im Alter zogen beide in ein Seniorenheim in Bremen. Frau Albertz legte Wert darauf, dass sie kein gemeinsames Appartement bezogen, sondern zwei getrennte. Sie wollte weder in gewohnter Frauenrolle die putzende Dienstmagd ihres Mannes sein, noch bei Besuchen von Prominenten, Kollegen und Journalisten die Kekse anbieten, die unauffällige Ehefrau spielen. Wichtig war ihr, dass jeder, wenn er den anderen besuchte, als Gast empfangen wurde. (7)

Liebesarbeit

„Ehestand – Wehestand", sagt ein altes deutsches Sprichwort. Der Narr in Shakespeares *Was Ihr wollt* bemerkt sarkastisch: „Gut gehängt ist besser als schlecht verheiratet." Ein Witz, den mir frustrierte Ehepaare in meiner Praxis erzählten, lautet: Mit der Ehe ist es wie mit einem Besuch im Restaurant. Man glaubt immer, die richtige Wahl getroffen zu haben, bis man sieht, was am Nachbartisch serviert wird. (7)

Heute werden fast zwei Drittel der Scheidungsklagen von den Frauen motiviert. Wozu dann noch die ganze Plackerei Ehe? Ist sie ein Auslaufmodell? Ein Wegwerfartikel? ... Es ist nicht gut, dass der Mensch allein sei. Daher werden sich Menschen, solange sie unseren schönen blauen Planeten bevölkern, immer nach einer verlässlichen Dauerbeziehung mit oder ohne Trauschein sehnen und darum kämpfen. Die Scheidungszahlen lassen sich aber auch positiv interpretieren: Danach haben auf dem Lande zwei von drei Ehen lebenslänglich Bestand, in der Stadt erweist sich jede zweite Heirat als überlebensfähig. Das spricht für das Ernstnehmen der Ehe und die Arbeit an ihr. (7)

Die Konsequenz liegt auf der Hand: Wenn wir die Ehe nicht totsagen können, so müssen wir an ihr arbeiten. Die Beziehung ist eine *Baustelle*. Ohne Liebesarbeit verkommt die Liebe, denn sie muss sich zwei schweren, aber auch chancenreichen Herausforderungen stellen. Die erste Herausforderung ist neu, die zweite uralt.

Neu ist die soziale, gefühlshafte und moralische Konstellation der Geschlechter. Längst ist die Frau zur Verdienerin oder doch mindestens zur Mitverdienerin geworden. Sie hat sich damit, besonders im Scheidungsfall, eine gewisse Ebenbürtigkeit und Unabhängigkeit gesichert ... Auf Grund ihrer Bildung und Selbstständigkeit unterliegt sie längst nicht mehr der kirchlichen Dogmatik und Drohung der „Unauflöslichkeit der Ehe". Frauen sind heute die Meisterinnen ihres eigenen Lebens – und das ist gut so!

Uralt ist die zweite Herausforderung, die jede Art von Langzeitbeziehung schon immer bestehen musste – den *Wandel der Lebenszyklen*. (7)

Es gibt sozusagen nicht *das* Ehepaar. Das ist eine statistische Hilfskonstruktion. Es gibt vielmehr, um es grob zu chronologisieren, das *junge kinderlose Paar* das *junge Paar mit Kindern*, das *Paar in der Lebensmitte*, das *alte Paar jenseits des Berufes*. In jedem Lebenszyklus kommen auf das Paar neue Aufgaben zu, die es schöpferisch angehen muss. Als Liebende müssen wir unsere Beziehung *gestalten*. (7)

Am Anfang der Liebe steht unsere *Paarvision*, unsere *Paarutopie*. Wie zwei Künstler verabreden wir uns zu einem Werk: Wir haben einen Lebensplan. Wir finden uns als zwei unverwechselbare Menschen mit individuellen Biografien zu etwas Einmaligem zusammen. Das fängt mit dem liebevollen Planen unserer Wohnung oder unseres Hauses, der Inneneinrichtung und dem Garten an. Das setzt sich in der Entfaltung des neuen gemeinsamen Lebensstils und unserer musischen, sportlichen, lebensphilosophischen oder religiösen Lebensentwürfe fort. Das gipfelt meist in der Geburt und in dem Heranwachsen unserer Kinder wie in unserer beruflichen Selbstverwirklichung. Wie Künstler aus dem Unbewussten ihrer Intuition arbeiten, so treten sie auch immer wieder von der Leinwand oder der Skulptur zurück, um das unvollendete Kunstwerk zu begutachten und Korrekturen vorzunehmen. Nicht anders müssen wir als Liebespartner uns immer wieder aus dem Alltagstrott lösen, einen Schritt zurücktreten und fragen, ob unsere Ehe noch vom Traum des Beginnens beflügelt oder bereits in die Monotonie abgestürzt ist. (7)

Wenn wir von der Liebe als einer Baustelle sprechen, so meinen wir damit auch den Pfusch am Bau. Wir denken an die Fehlleistungen beider Eheplaner. Sie sind zugleich Architekten, Maurer, Installateure und Elektriker am gemeinsamen Beziehungshaus. Hier ist vor Illusionen zu warnen. Die Ehe ist kein Glückspool. Sie ist eine überaus menschliche Einrichtung, von uns schwachen Menschen erdacht und von uns schwachen Menschen ausgeführt. (7)

Wir sollten die Institution Ehe nicht überfrachten. Oft soll alles, was uns jemals im Leben an Verletzungen, Missachtung und Lieblosigkeiten zugefügt wurde, durch die Partnerschaft geheilt werden. Wie eine große Mutter soll sie uns trösten über die Wunden des Ungeliebtseins, die Vaterwunde, die Mutterwunde bis hin zu den Verletzungen innerhalb der Geschwisterkonstellation.

Ein solcher Glücksanspruch an die Ehe ist eine unrealistische Erwartung. Die Ehe ist keine Therapie, sondern ein Bündnis mit Kompromissen und Unwägbarkeiten. Die Ehe ist auch keine finanzielle oder sexuelle Versorgungsanstalt. Das wäre ein infantiles Bild von Beziehung wie von einer Hängematte, in die ich mich lege, um mich dann bedienen zu lassen. Damit mache ich meinen Partner zum Dienstleister und missachte ihn in seinen eigenen Bedürfnissen, seiner Eigenheit und seinen Grenzen. Die Schwaben haben für diesen Missbrauch der Ehe einen witziges Sprichwort: „Partnerschaft heißt nicht, dass der Partner schafft." (7)

Liebesarbeit und *Realismus* gehören wie Zwillinge zusammen. Grundsätzlich müssen wir uns in der Beziehung immer wieder darüber klar sein, dass wir die Ehe auch mit einer anderen Frau, einem anderen Mann führen könnten – dann natürlich mit anderen Akzenten, anderen Problemen, anderen Freuden. Warum ist das so wichtig? Weil wir, auch wenn das weh tut, die Zufälligkeit und Begrenztheit unserer Beziehung realistisch erkennen und einschätzen müssen. Wo wir den Partner zum einzig denkbaren, uns von göttlichen Mächten mythisch zugeführten Schicksalsgefährten stilisieren, irrationalisieren wir die Beziehung. Vor allem aber möchten wir den Partner ein für alle Mal in seinem So-Sein fixieren, wir möchten nicht, dass er oder sie sich ändert! Was passiert aber, wenn der Partner sich als ein anderer herausstellt als die Traumfrau oder der Traummann unserer rosaroten Fantasien? (7)

Die Überforderung des Eheideals als einer Versorgungseinrichtung für alle Zeiten, züchtet in uns unrealistische Erwartungen. Die Ehe ist auch keine Versicherung gegen die Einsamkeit, wie wir oft hoffen. „Wenn du mich heiratest, werde ich nie allein sein", glaube ich in den Verzückungen des Honeymoon. „Forever together, auf alle Zeiten zusammen", lautet meine Parole. Meine Frau, mein Mann soll nur Ehepartner sein dürfen und kein Leben darüber hinaus haben.

„Ich verstehe nicht, warum mein Mann seinen Männerstammtisch braucht, er hat doch mich", beschwerte sich einmal entrüstet eine Klientin bei mir. Sie meinte: „Bei uns zu Hause ist es doch viel schöner als in der verrauchten Kneipe. Ich mache es ihm so schön. Ich koche ihm das Beste und stelle ihm jeden Abend sein Bier auf den Tisch. Wozu verlässt er mich dann?" (7)

Baustelle Beziehung – das bedeutet, den Partner als einen anderen, ja Fremden zu akzeptieren. Er ist, wie ich, mit seiner Ich-werdung beschäftigt und wird damit nie zu Ende kommen. Seine Lebensaufgabe erschöpft sich nicht darin, mein Lebenspartner zu sein. Außerdem ist er nicht nur das, was er im Moment ist. Er ist vielmehr Potenz und Virtualität. Das heißt, er ist immer auch das, was er noch *werden* kann. Er und ich müssen jeweils die eigene Einsamkeit zulassen und aushalten. Wir dürfen uns darüber nicht mit einer klebrigen Beziehung hinwegmogeln. (7)

Manchmal stagnieren Frau und Mann in ihrer jungen Partnerschaft. Sie ist noch ein bisschen der zickige Teenager, er ist vielleicht ein Spätentwickler, dem „Hotel Mama" noch nicht so recht entwöhnt. Das junge Paar hat also eine ebenso schlichte wie schwierige Aufgabe zu lösen: Es muss erwachsen werden. (7)

Nun stellt es sich heraus, ob ein Paar sich weiterentwickelt und Neues schafft. In dieser Phase des mittleren Erwachsenenalters, die etwa vom dreißigsten bis zum fünfundfünfzigsten Lebensjahr währen mag, entscheidet es sich, ob das Paar und jeder Einzelne seine Schöpferkraft entfaltet, sesshaft wird und selbst zu einem Teil der spendenden, gewährenden Natur wird. Manche Paare verbummeln diese Sommerzeit ihrer Liebe und stagnieren. (7)

Aber auch jetzt hat das Paar noch die Chance, wenig gelebtes und schlecht genutztes Leben durch ein glückhaftes Altersfinale aufzuwerten, statt das Gift der Verzweiflung zu trinken. Auch das Alter bedeutet in der Beziehung noch Auseinandersetzung und Bemühung um Kreativität, Spontaneität, Toleranz und Neugier gegenüber dem Leben. Verantwortung für das Gemeinwohl, Selbstbejahung, Achtsamkeit und Zärtlichkeit für den anderen. (7)

In Zeiten der Unverbindlichkeit und postmodernen Beliebigkeit ist die Liebe eine ernste Sache. Die Ehe ist ein ständiger Veränderungsprozess. Immer wieder muss die Liebe auf den Prüfstand. Einen Menschen das ganze Leben zu lieben, übersteigt oft unsere Möglichkeit. Hier kann eine Trennung Erlösung bedeuten. Dann müssen wir in einer zweiten oder gar dritten Beziehung weiter lernen. (7)

In der Beziehung stoßen von seiten der Frau wie des Mannes individuelle Angstbereitschaften, bestimmte Lustbereitschaften und jeweils eigene Abwehrhaltungen aufeinander. Das ergibt eine einzigartige affektive Mischung – jede andere Partnerschaft würde eine andere, vermutlich ebenso komplizierte, hochexplosive Mischung ergeben. Daher gibt es auch keine andere Beziehung auf diesem Planeten, die unserer gleicht. Eben das macht das Geheimnis der Partnerwahl aus: Es steckt im Unbewussten. Manchmal erkennen wir es Jahre später, vor allem in der Krise, manchmal nie. (7)

Kein Partner kann mir alles geben. Ich kann keinen Partner mit dem totalen Universum der Liebe und des Verständnisses beglücken. Wir sind beide begrenzte Menschen. Da stößt der politisch engagierte Mann auf die diesbezüglich desinteressierte privatisierende Frau. Sie wird niemals eine überregionale Tageszeitung oder den *Spiegel* lesen oder eine Politiksendung am Fernseher verfolgen. Umgekehrt muss die literarisch interessierte Frau, die den „neuen Grass" bereits am Tage seines Erscheinens kauft, an ihrem Computerfreak von Mann akzeptieren, dass für ihn die Namen Thomas Mann, Saint-Exupéry oder Hermann Hesse böhmische Dörfer sind. (7)

Bei allen Startschwierigkeiten ist es doch immer wieder ein Wunder, mit welcher überschäumenden Kraft junge Paare den Aufbruch in ihre Zukunft gestalten. Denn sie müssen als zwei unabhängige Individuen unterschiedlicher Herkunft und (meistens) anderen Geschlechts alles Fremde integrieren und zu einer Synthese führen: Lebens- und Kleidungsstil, Geschmack, politische, lebensphilosophische und religiöse Auffassungen, anders geartete Herkunftsfamilien, Schwiegereltern, Festrituale, hygienische Gewohnheiten, Zärtlichkeit und Sexualität, Tagesabläufe, Urlaubsziele, Hobbys, Freundschaften, Finanzen, Ordnungsstile, Lebensplanungen.

Jetzt erst entdeckt die kindliche Frühschläferin Jutta, dass ihr Mann Franz nachtaktiv, fernsehsüchtig und ein Morgenmuffel ist. Franz muss mit der Tatsache fertig werden, dass Jutta früh am Abend und noch vor Ende des abendlichen Kriminalfilms im Schlafzimmer verschwindet und dafür um sechs Uhr morgens im Hause herumrumort und den Staubsauger anstellt. Hier, in der ersten Phase der Enttäuschung, erlebt das junge Paar, wenn seine Liebe sich auf Realismus zu gründen beginnt, seine erste Feuerprobe. Zusammenpassen ist kein Zustand, es ist das Ergebnis einer Entwicklung, Stunk und Zoff inbegriffen. (7)

Wenn ein Paar enttäuscht und verbissen beim ersten Gespräch vor mir sitzt, dann pflege ich es nach dem Beginn seiner Liebe zu fragen. Plötzlich erhellt sich das Gesicht der Frau: „Er war ja so süß." Der Mann strahlt: „Wir sind gar nicht mehr aus dem Bett herausgekommen, so heiß hat sie mich gemacht." Beide erinnern sich plötzlich an die Grundidee ihrer Beziehung, ihre Visionen. Was haben wir vom Leben erwartet? Wofür haben wir uns engagiert? Was brachte uns zusammen? Der Blick in das verlorene Paradies öffnet sich: Es muss nun ein neuer Garten angelegt werden – mit all jener Flora und Fauna, die sich aus der alten Liebeslandschaft erhalten hat und die wieder einzupflanzen ist. (7)

Wie jeder Mensch so altert auch das Paar. In der Lebensmitte, also nach dem Eintritt in die „Vierziger", verlässt uns die Unbefangenheit und Aufbruchsstimmung der frühen Jahre. Wir sehen den unvermeidlichen Alterungsprozess im Gesicht des anderen und spüren ihn am eigenen Körper. Die anfänglich so flüssigen Gefühle füreinander haben sich verfestigt, manchmal auch verhärtet oder verflüchtigt. Das Paar ist bereits durch Krisen hindurchgesteuert. Der Alltag fordert unerbittlich Leistungen. Das Leben mit den Kindern ist gewohnter Alltag geworden. Die Ehe beginnt allmählich einem älteren Auto zu gleichen: Es hat so seine Mucken.

… Nicht alle Träume haben sich erfüllt, das Paar leckt seine Wunden. Die Sexualität hat nachgelassen. Der Mann sucht in ihr in erster Linie Entspannung und Triebabbau, die Frau Nähe und Zärtlichkeit. Das Älterwerden macht ängstlich und unruhig. Zum ersten Mal im Leben ziehen Frau und Mann, meist insgeheim, Zwischenbilanz: Lohnt es sich noch mit dem Partner? Muss die verrinnende Zeit anders genutzt werden? Steht Trennung und Neubeginn an? (7)

Manchmal ist es der Blick in eine Katastrophe. Der Versöhnungswille ist erloschen. Das gegenseitige emotionale Guthaben ist geschmolzen, Gesprächsbereitschaft, Beziehungsarbeit und Krisenmanagement haben abgenommen. Die Beziehung dümpelt vor sich hin. Aus Akzeptanz, Bestätigung, Offenheit, Sex, Trost und Unterstützung sind Abwertung, Boykott, Feindseligkeit, Verschlossenheit und Unlust geworden. Das Paar lässt sich gehen. Einer oder beide werden fett. Sie vernachlässigen die Körperpflege, verweigern sich sexuell, werden aggressiv. Sie werten sich gegenseitig vor den Kindern ab, machen sich Schuldgefühle, verfallen in Brüllorgien, ja Tätlichkeiten. Man begrüßt sich nicht mehr ordentlich, spricht sich nicht mit dem Vornamen an, flüchtet vor Gemeinsamkeiten, geht in Distanzierung und Rückzug. Das Paar vernachlässigt gemeinsame Projekte – es hat bereits die „innere Scheidung" vollzogen. (7)

In einer Art symmetrischer Eskalation spielt das Paar Ping-Pong. Auf eine Aggression folgt die andere. Die Schuldzuweisungen werden mit Hass erwidert. Das Paar verstrickt sich in nicht enden wollende Machtkämpfe. Die Kinder werden als Druckmittel missbraucht und instrumentalisiert. Erpressung, Abbruch der Kommunikation und Vergeltungsschläge nehmen zu. Die Gleichgewichtsbalance des jungen Paares ist längst gekippt: Der eine nimmt die innerliche Machtergreifung vor, der andere Partner flieht in die Ohnmacht. Er besetzt, mit jammervollem Hundeblick, die Opferrolle. Der Schwächere flüchtet in die Rolle des Kranken. Er gewinnt damit wiederum an manipulativer Kraft. Der Mann erpresst die Frau mit seiner Finanzgewalt, die Frau hungert ihn dafür durch ihre sexuelle Blockade aus. Das ist die eheliche Abwärtsspirale. Sie bringt Frau und Mann aus dem Gleichgewicht. Sie demoralisiert und macht unglücklich. Das Paar ist verhärtet, verbittert, wütend, unversöhnlich, unglücklich und leidend. (7)

Aus dem Dialog der frühen Jahre ist ein beiderseitiger Monolog geworden. Das Paar leidet an dem Schattenhaften in seiner Beziehung, ohne es wirklich benennen zu können. Es sieht nur die Folgen und schiebt sich im Rahmen der alltäglichen Streitigkeiten wechselseitig die Schuld dafür zu. (7)

Die Inventur in der Lebensmitte führt, besonders wenn die Kinder aus dem Haus gehen und damit eine wesentliche Gemeinsamkeit des Paares „konsumiert" ist, häufig auch zur Trennung. Das ist sozusagen eine Sollbruchstelle im Material der Beziehung. Eine Trennung ist bitter, aber fast immer auch ein schöpferischer Neuanfang. Es ist eine gewaltige psychodynamische Leistung, eine Amputation ohne Narkose. Eine Trennung verlangt großen Mut. Frauen riskieren auch heute noch dabei oft ihren sozialen Status, Männer müssen Haus und Kinder verlassen. Aber meist beendet damit ein Paar auch das *nicht mehr Lebbare*. Für jeden Einzelnen eröffnen sich zwangsläufig neue Perspektiven und Lebensschritte. (7)

Der Übergang in das berufs- und kinderfreie Alter geht nicht an gefährlichen Klippen vorbei. Oft markiert dieser Übergang vor allem für Männer eine Krise. Der Mann ist arbeitswütig und häufig „mit dem Beruf verheiratet". Das ist alles andere als lustig. Denn wenn ihm im so genannten Altersruhestand diese Lebensaufgabe wie ein Stuhl unter dem Hintern weggezogen wird, so ist er über Nacht arbeitslos und ziellos. Er weiß nichts mit sich und der Zeit anzufangen. Er hat seinen Lebenssinn verloren.

Zugleich fehlen dem Paar die vertrauten Projekte, die früher Gemeinsamkeit gestiftet haben: Der Bau des Hauses. Die Anlage des Gartens. Das Abtragen der Hypotheken. Die Kinder. Und nun auch noch das berufliche Engagement und die Gespräche darüber – alles ist plötzlich Vergangenheit. Oft hat das Paar oder einer von beiden sich auf die neue Lebensphase, die von keinen äußeren Aufgaben geprägt und strukturiert ist, nicht vorbereitet. (7)

Manchmal frage ich Männer zwischen fünfzig und sechzig, die zur Arbeitssucht neigen und sich selbst vernachlässigen, wie sie sich ihre Zeit als Rentner vorstellen. Sie antworten meist: „Dann habe ich viel Zeit zum Lesen und für Freunde." Ich bin da skeptisch. Wer seit Jahrzehnten keinen Roman, kein Gedicht, kein Feuilleton einer überregionalen Tageszeitung und keine Sachbücher gelesen hat, dem werden mit sechzig nicht Bildung, Wortschatz und geistige Konzentration am Frühstückstisch zufliegen. Wer sich ein Leben lang nicht um Beziehungen gekümmert, Freundschaften nicht gepflegt hat und desinteressiert an anderen Menschen war, der verwandelt sich nicht im Handumdrehen zu einem zugewandten und liebenswürdigen Kontaktmenschen. (7)

Wie wir als Paar unsere selbst gestellten Aufgaben vollenden können? Wir wissen es nicht. Es braucht dazu ein gewaltiges Maß an Liebesarbeit. Wir können nur darum kämpfen. Wir müssen uns immer wieder auf das Abenteuer der Fremdheit, der Missverständnisse, des Neuaufbruchs, der Suchbewegung einlassen. Einzig die Liebe ist es, die uns einander finden lässt. (7)

Ohne Liebe gibt es schließlich keine wirkliche Entwicklung. Ohne die Liebe zu mir selbst verkümmere ich. Im liebevollen Sich-selbst-Annehmen und Von-Menschen-angenommen-Werden öffnet sich der Himmel mitten auf Erden. Warten wir nicht auf ein Jenseits am St.-Nimmerleins-Tag. Hier und heute ist mein Wendepunkt. (17)

Ist Abhängigkeit Liebe? In meiner Praxis zeige ich ich-schwachen Beziehungspartnern ein Poster an der Wand mit der Inschrift „Erst wenn ich ohne dich leben kann, kann ich mit dir leben". Wenn die Frau von der Sucht nach einem Kind beherrscht wird und ihr Leben nicht anderweitig mit Liebe und Sinn zu füllen vermag, ist der Mann dann nicht, mit der Sprache der Suchttherapie zu sprechen, ein *Co-Abhängiger*? Er tut alles, um ihre Sucht noch zu unterstützen. Er fragt nicht einmal, was in ihrem Seelenleben fehlt. Er verlangt nichts, er spricht nicht. Er ist, wie viele Männer, ein granithafter Schweiger. Er streitet nicht. Er erinnert mich an die bekannte Skulptur der drei Affen: Sie halten sich die Augen, die Ohren und den Mund zu. (30)

Die Liebe hat eine Sprengkraft wie Dynamit. Sie bewegt uns, den elterlichen Raum zu verlassen, in den Kosmos eines fremden Menschen einzutreten und neue seelische Galaxien zu entdecken. Sie lässt uns selbst durch die Augen des/der Geliebten neu sehen, uns in unserer Einmaligkeit bestärken. Die Liebe hilft uns aber auch, unsere bisherigen Wahrnehmungsverzerrungen und etablierten Handlungsmuster zu durchschauen: Die andersartige Lebensfunktion des Partners stellt unsere eigene in Frage, bereichert sie und motiviert sie zur Entwicklung, im günstigen Fall zur „Arbeit am Charakter" (Künkel). (30)

Ich erinnere mich an einen Klienten, nennen wir ihn Hans, der mir über seine erste Ehe gestand: „Erst heute erkenne ich, warum ich es mit meiner ersten Frau fast zwanzig Jahre aushielt, obwohl sie ewig krank war und mich mit ihren Wehwehchen unentwegt drangsalierte. Ich hatte starke Minderwertigkeitskomplexe als Mann. Sie war die erste und einzige Frau, mit der ich sexuellen Kontakt hatte. Unbewusst war ich wohl über ihr chronisches Kranksein beruhigt, weil ich spürte, dass sie an mir klammerte. Eine kranke Frau läuft einem nicht weg. Das gab mir Sicherheit. Umgekehrt ist sie wohl in ihre Krankheiten geflüchtet, weil sie ebenso labil war und sich nicht zutraute, mich emotional und erotisch zu halten. Wegen ihrer Krankheiten, so hoffte sie wohl, könne ich sie moralisch nicht im Stich lassen." (30)

Die Regularien der Vorschriften zerbrechen immer stärker. Banal gesprochen: Noch in den Fünfzigerjahren musste ein Katholik sonntags, unter Androhung des Verlustes seiner bürgerlichen Reputation, zum Gottesdienst in die Kirche gehen. Eine Frau durfte im Alltag keine Hosen anziehen und nicht allein ein Restaurant aufsuchen. Solche Normen wären heute lächerlich. Die Institutionen und Ideologen, die das Individuum in ihren Sittencodex pressten, sind verschwunden oder stark geschwächt ... Mit diesem schlechten Gewissen, eine eigene Sittlichkeit finden zu müssen, schlagen wir Kinder der Moderne uns heute alle herum, ganz besonders in der Liebe. (34)

Im Unterschied zur Sozialgeschichte noch bis in die Sechzigerjahre des letzten Jahrhunderts ist unsere Biografie heute nicht mehr durch ein vorgegebenes Rahmenwerk bestimmt. Nicht länger fügen wir uns ein in ein System, das von Staat, Gesellschaft, örtlichen Bindungen, Familien-, Religions-, Klassen- und Schichtzugehörigkeit, Geschlechtsrolle und Altersjahrgang bestimmt ist. Die Moderne entbindet das auf sich selbst gestellte Individuum, das sich tastend durch die Konjunktive des Lebens bewegt, selbstständig auswählt, sich in Brüchen und oftmals in den Mehrfachbeziehungen einer *seriellen Monogamie* entwickelt.

Alles muss der Einzelne für sich selbst, ohne die *Patterns,* die normativen Muster der Eltern, seines Berufs, seines Klassen- und Geschlechtsstandes, lösen: die berufliche Spezifikation, die Wahl des Wohnortes, Mietwohnung oder Haus, Stadt oder Land, Lebens- und Wohnungsstil, Verhütung, Kinderzahl, Single-Sein, Heirat, Scheidung, Wochenendbeziehung, Treue oder Außenbeziehung, politische Position, Religiosität und Spiritualität, „postmodernes Outfit", die Formen von Geselligkeit, Hobbys, Sport, Mitgliedschaften in Bürgerinitiativen, Vereinen oder einer Partei, ja selbst die abendliche Wahl zwischen dreißig TV-Kabelprogrammen vom konservativen *Musikantenstadl* bis zur feministischen Frauensendung *Mona Lisa*. (34)

In einem wahren Sinnsuchetourismus durchwandern wir die Weltanschauungsprovinzen und halten mehrere Nebenwohnsitze. Letztlich ist der Gott des modernen Individuums das Individuum selbst. In der pluralistischen Gesellschaft machen wir die Erfahrung, auf uns selbst gestellt zu sein. Meine Sehnsucht ist individuell. Sie ist nicht berechenbar, nicht standardisierbar, nicht vorhersagbar. Wir Weltanschauungstouristen von heute begeben uns auf eine Reise mit offenem Ende, der Hauptwohnsitz scheint unbekannt. (34)

Auf die private Existenz übersetzt, fordern diese Nötigung zur Freiheit und die Individualisierung des Lebens von uns, statt der Jahrtausende alten Traditionalisierung des Lebens, jetzt die Verunsicherung auszuhalten. Dieses Abenteuer der Individuation besteht nicht jeder und schon gar nicht jedes Paar. (34)

Für die Beziehung bedeutet dies ein Novum historischer Art: *Die Gemeinschaft der Liebenden wird zur Suchgemeinschaft.* Das Leben wird zur Baustelle, der Mensch zur Bastelexistenz. Wir sind, wie nie zuvor, die Architekten unserer Beziehung. Der Plan entsteht beim Bauen. Wir müssen ihn fortlaufend ändern. Aus der religiösen, gesellschaftlichen Standesmoral wurde längst eine *Konsensmoral.* Das Wort Konsens stammt vom lateinischen *consentiere,* das heißt wörtlich *miteinander empfinden.* Erlaubt ist, was dem Paar gefällt, worüber sich zwei Liebende einigen. (34)

Wenn alles fließend, zufällig, punktuell sein soll, wird dann nicht auch die Beziehung zu einem beliebig auswechselbaren Versatzstück des modernen Life-Styles? Ist die Liebe von der postmodernen Beliebigkeit tödlich infiziert? Ist es zu einem Zeitpunkt, in dem Ehen nicht mehr als lebenslänglich wasserdicht gelten, sondern unter dem Verschleißrisiko einer Scheidung stehen, nicht vermessen, auf die Liebe zu setzen? (34)

Gewiss gibt es auch eine freie Sexualmoral, die sich den Teufel um den „obersten Junggesellen" in Rom schert. Wen interessiert es heute noch, ob etwa der Papst in seiner dogmatischen „Unfehlbarkeit" daran festhält, dass der Samen nur zwecks Fortpflanzung auf die Reise geschickt werden darf oder dass in den konservativen Südstaaten der USA der Oralverkehr de jure verboten ist? (34)

Bedeutet feste und entwicklungsfähige Beziehung nicht vielleicht auch Heimat in einer rasenden Welt? Ist es vielleicht ein archetypisches Bedürfnis von uns, uns vor aller Welt zu einem anderen Menschen bekennen zu dürfen? Tut es gut, sich auch für jene schlechten Tage Verantwortung zu versprechen, an die unsere *Fun-Society* nicht denken mag? Sind wir wirklich nur spaßsüchtige Individualisten? Oder ist, im Gegenteil, die Dyade, jene prä- und postnatale Zweisamkeit von Mutter und Kind, die platonische Uridee aller Liebenden, trotz aller Differenzierung und Individualisierung des modernen Menschen? Emanzipieren sich Frauen und Männer von- oder füreinander?

Ist Erich Fromms Liebesformel *Ich brauche dich, weil ich dich liebe* vielleicht nicht doch unsterblich?

Praktizieren nicht alle Liebenden dieser Welt tagtäglich praktische Ethik? Könnte diese neue Beziehungsethik mit ihrer Achtsamkeit und Verantwortlichkeit, mit ihrer Toleranz, Kreativität und dynamischen Entwicklungsfähigkeit nicht sogar zum Modell einer neuen Gesellschaftsethik werden? Könnte uns eine solche Paarethik Widerstandskräfte verleihen gegen die soziale Kälte des Neoliberalismus? (34)

Die postmoderne Beliebigkeit behält nicht das letzte Wort. Es gibt vielmehr augenscheinlich eine *Ethik, die aus der Liebe erwächst*. Oberstes Gebot dieser autonomen, sich selbst gesetzgebenden Beziehungsethik ist die Maxime der Ausgewogenheit des gegenseitigen Gebens und Nehmens. In der Eigenaktivität der Liebenden und Streitenden liegen die Modalitäten, die Seinsweisen einer demokratischen, privaten und öffentlichen Moral begründet.

Wir sind, so scheint mir, mit dem Zusammenbruch institutioneller Moralmonopole nicht sittenlos geworden. Wir erfüllen, im Gegenteil, im evolutiven Prozess der Paarbeziehung Nietzsches Forderung nach einer neuen authentischen Sittlichkeit, deren Herz im Menschen und nicht mehr in starren gesellschaftlichen Instanzen schlägt. Die Fähigkeit zu lieben ist ebenso in jedem von uns angelegt wie die dazugehörigen Grundkategorien des Menschlichen. (34)

Hier, im Spannungsgeschehen heterosexueller wie homosexueller Paare, sind alle ethischen und sozialen Fähigkeiten zu lernen, deren der Mensch und die Menschheit bedürfen. Die Fähigkeiten müssen nicht von außen in die Liebe implantiert werden, sie sind vielmehr deren wesensgemäßer Ausdruck:

Achtsamkeit und Achtung, Fürsorge und Wohlwollen, konstruktive Aggression und Abgrenzung, Balance von Nähe und Distanz, Versprechen und Versprechungen halten, Irrtum und Neuanfang, Verzeihen und um Verzeihung bitten, Begreifen und Versöhnen, abschiedlich existieren und neu anfangen, Toleranz und Neugier ... Lieben lernen als Entwicklungsprozess privater wie öffentlicher Partner, Ganzheit in der Verschiedenheit, die Feier der Ekstase, die Freude an Intellekt und Sinnlichkeit, die Verschmelzung des Männlich-Weiblichen in einem Menschen und in einer Gesellschaft. Die Paarevolution und die Fähigkeit zur Paarsynthese im gemeinsamen Wachstumsprozess erscheint als Genotyp und Urzelle humaner Existenz und erdumspannender Menschlichkeit. (34)

So kann es uns gelingen, eine individuelle und allgemeine Ethik zu entwickeln, die aus der Liebe erwächst. Der Affekt der Liebe geht aus sich heraus. Er macht uns weit, statt uns zu verengen. Die Arbeit der Liebe fordert uns auf, uns ins Werdende tätig hineinzuwerfen. Sie hilft uns, dem Engherzigen und Feindseligen in uns Abschied zu sagen. Sie befähigt uns mitzuhelfen, eine menschliche Welt zu errichten. (34)

Wer zum Partner nicht Nein sagen kann, der bringt auch kein richtiges Ja mehr zu ihm über die Lippen. Wo ich mein Wesen nicht mehr von der Persönlichkeit des anderen abgrenzen kann, da entsteht ein Mischmasch, ein stumpfes Niemandsland. Diese Unterschiedlichkeit zwischen uns bildet kein negatives, sondern ein positives Nein, sie stellt den fruchtbaren Kern unserer gegenseitigen Anziehung, Neugier und Verblüffung dar. Wir zwei leben keinen identischen Lebensentwurf, sondern jeder hat neben den gemeinsamen Persönlichkeitsstrukturen auch faszinierende Bildungs-, Charakter- und Leistungsunterschiede. Gerade diese Unterschiedlichkeit ist, wenn wir sie nutzen, der Treibsatz unserer einzelnen wie gemeinsamen Entwicklung. (38)

Am Anfang steht das Nein. Es ist das Nein der fleischgewordenen Befreiung. Außerdem: Wer von uns will schon einen chronischen Jasager und Kopfnicker zum Partner? Selbst meine Neufundländerin Bella toleriert durchaus nicht alles, was ich mache und was ich von ihr verlange. Wenn ich sie auffordere, auf eine eineinhalb Meter hohe Mauer, auf der ich sitze, zu springen, dann bellt sie mich wütend an. Recht hat sie. Ich muss ihr Nein akzeptieren. (38)

Es ist aber durchaus nicht so, als ob nur Frauen Schwierigkeiten mit dem Nein in der Liebe hätten. In den letzten Jahren sind mir zunehmend junge Ehemänner aufgefallen, die ich, man(n) verzeihe mir das harte Wort, als Waschlappen empfinde. Sie leben an der Seite ewig unzufriedener, chronisch nörgelnder und untüchtiger Frauen. Diese jungen Ehefrauen haben sich, nach Absprache mit ihrem Ehemann, für Kinder und damit für einige Jahre Kindererziehung und Haushaltsführung entschieden – aber sie packen es überhaupt nicht. Sie haben nie gelernt, wie ein Haushalt professionell zu führen ist, und sie sind auch jetzt nicht bereit dazu. Sie gehen beispielsweise jeden Tag neu einkaufen, betreiben also keine Vorratshaltung, sie kochen vom Eintopf nicht eine Doppelportion zum Einfrieren und damit zur künftigen Arbeitsersparnis. Sie haben keinen täglichen Arbeitsplan. Sie erziehen die Kinder zu kleinen Tyrannen, die ununterbrochen Aufmerksamkeit erheischen, jedes Erwachsenengespräch grundsätzlich stören und die, angeblich nach einem geheimnisvollen genetischen Gesetz, erst gegen neun bis zehn Uhr abends schlafbereit sind.

Selbstverständlich findet der Mann, der als Pendler nach dem harten Zehn-Stunden-Tag und einer im Aufbau befindlichen Berufskarriere erschöpft nach Hause kommt, keinen gedeckten Tisch vor ... Diese jungen Ehemänner machen mir einen hilflosen und verzweifelten Eindruck. Sie wagen kein klares Nein. Sie flüchten stattdessen in kleine verschwiegene Rückzüge und kontraproduktive Bockigkeiten. Ich schreibe das ungern. Bin ich frauenfeindlich, wenn ich das feststelle? (38)

In der Liebe begegnen wir der Vergänglichkeit der Lebensformen gleich auf doppelte Weise. Einmal ist naturgemäß jede Liebe begrenzt durch einen Anfang und ein Ende. Im besten Fall markiert der Tod das Ende, wenn zwei „in guten und schlechten Tagen" zusammengehalten haben. Das allein schon macht die Liebe zu einer anrührenden Erscheinung. Sie ist eine winzige Zeitinsel im Ozean des Nichts und der Endlichkeit alles Irdischen. Wie sehnsüchtig wünschen wir Liebenden uns meist, uns nach dem Tod in irgendeiner Form wieder zu begegnen. Und doch haben wir, bei allen spekulativen Lehren von der Anthroposophie über die christliche „Auferstehung des Fleisches" bis zum Reinkarnationsgedanken des Buddhismus, keine Gewissheiten. Aber jede Liebe, wer wüsste das nicht, ist auch zu Lebzeiten bedroht, sei es durch unsere Unreife und Schwächen, durch Mesalliancen von Anfang an oder durch auseinanderstrebende Entwicklungsprozesse in der Beziehung. (39)

Sprechen

Beziehung leben heißt miteinander sprechen. Sprechen und nicht schwätzen. Sprechen über das, was unter den Verkrustungen in uns vorgeht. Sprechen über das, was uns wütend macht. Sprechen über unser Gekränktsein. Sprechen über unser Glück, unsere Erwartungen, unsere kleinen und großen Freuden, unsere Ängste, unsere Minderwertigkeitskomplexe, unsere Größenfantasien. Sprechen über unsere erotischen Fantasien, Sprechen über unsere Zukunftserwartungen, unsere Entwicklung, unsere nächtlichen Träume. Sprechen über den Zustand unseres Körpers, die Dramen des Alltags, berufliche Anfechtungen und Erfolge, über unsere Kinder, unsere Freunde, unsere Familie, unsere Welt. (2)

Als ein Büchsenöffner für die Seele hat sich in meiner Praxis und in den Paarseminaren mit meiner Schwester, der Konstanzer Diplompsychologin und Psychotherapeutin Dr. Maria Theresia Jung, das „Zwiegespräch" erwiesen. Der verstorbene Frankfurter Medizinprofessor und Psychotherapeut Michael Lukas Moeller hat die ebenso simple wie fabelhafte Technik des Paargesprächs in seinen Taschenbüchern *Die Wahrheit beginnt zu zweit* und *Worte der Liebe. Erotische Zwiegespräche* vorgestellt. Beide Bücher kann ich nur empfehlen. (2)

Sprachlosigkeit macht uns zu Emigranten innerhalb unserer Beziehung. Liebe ist gute Kommunikation. Beziehung ist im Alltag oft chronisches Missverstehen. Der häufigste Satz, den ich im Sprechzimmer höre, lautet: „Mein Partner versteht mich nicht." Nur im Sprechen beugen wir der Abstumpfung der Partnerschaft vor. Wir akzeptieren die Unkenntnis des anderen und die eigene. Wir erhalten Auskunft. Wir lernen, unsere Beziehungsspiele zu durchschauen. Wir vermenschlichen uns, indem wir reden. Wir sprechen in Gefühlen statt in Begriffen. Wir machen uns für unsere eigenen Gefühle verantwortlich, statt den anderen zum Sündenbock unseres Elends zu stilisieren. (2)

Zwiegespräche sind kostenlose Selbsttherapie. Um unser Beziehungs-Ich zu heilen, müssen wir es anschauen, wie ein Arzt, der sich Wunden und Verletzungen anschaut. Zwiegespräche stiften eine neue Beziehungskultur. Sie sind, wie mir Paare, die es in Lahnstein lernten, immer wieder bestätigen, aphrodisischer Natur. Sprechen macht sinnlich. Sprechen bringt uns in Hautfühlung. Das bedeutendste Geschlechtsorgan sitzt bekanntlich nicht in der Unterhose, sondern zwischen den Ohren, es ist das Sprachzentrum. (2)

Bei fast allen Paaren hat ein Partner die Rolle des ewig Sprechenden übernommen, der andere die des Schweigers. Das Zwiegespräch stellt, gleichsam mit der Apothekerwaage ausgewogen, eine oratorische Ökonomie der Gleichheit her. Sie nötigt den Vielredner sanft zur Begrenzung, den Verschlossenen zur Rede und zumutbaren Preisgabe. (2)

Das sprachlose Paar findet keine Worte mehr. Oder es kommuniziert bald aggressiv-abwertend, dominant-distanzierend, bald unterwürfig, bettelnd oder dramatisierend. Es ist der Ton hinter den Worten, der die Musik macht. Das real existierende Elend hinter einer Partnerbeziehung hat mit der Unfähigkeit seiner Kommunikation zu tun. Über die Hälfte aller Krisen zwischen Frau und Mann resultieren aus Sprachkatastrophen:

Der eine weiß nicht, was der andere denkt. Keiner fragt. Jeder stülpt die Projektionen seiner Missverständnisse über den Partner. (8)

Als Therapeut erlebe ich ständig, wie Paare aneinander vorbeisprechen oder in verbale Fallen stürzen. Ich spüre, wie seelisch vereinsamte Menschen für ihr Ich keine Worte mehr finden. (8)

Sage mir, wie du sprichst, und ich sage dir, wer du bist. Die Art zu sprechen „verrät" im Wortsinn fast alles, über unseren Bildungsgrad, unsere Herkunft, unsere Lebenseinstellung und Persönlichkeit. Angenommen, jemand verkündet in meiner Sprechstunde „Ich ziehe sowieso immer die Arschkarte" oder „Ich hab' meinen Ex in die Tonne gekloppt". Sofern die Formulierung nicht für mich deutlich ironisch gewählt wurde, schließe ich automatisch von diesem undifferenzierten Sprachtypus auf einen bescheidenen Bildungshintergrund.

Das sagt aber noch lange nichts über die Herzensbildung eines Menschen aus. Sie liegt jenseits aller Bildungsstandards. Akademisch gebildete SS-Chargen entpuppten sich, wie etwa Jonathan Littles erschütterndes Epos *Die Wohlgesinnten* (2008) grausam verdeutlicht, als wahre Barbaren. Sie vermieden es explizit, mit ihren Opfern, Juden, Sintis, Russen, zu *sprechen*. Sie kommandierten und töteten. Mit ihrem Schweigen grenzten sie die Opfer aus, erniedrigten sie zu „Untermenschen". Sie deklarierten sie semantisch als „Ungeziefer" und konnten sie so ohne Skrupel planmäßig vernichten. (8)

Die Beziehungsbotschaft ist entweder *sympathisch, neutral* oder *antipathisch*. Wir sind ihr gegenüber besonders empfindlich, wenn wir als Kind unser Selbstkonzept auf Grund problematischer Beziehungsbotschaften entwickelt haben. Wer tausende Mal gehört hat, „Du bist dumm und ungeschickt", der fühlt sich irgendwann tatsächlich dumm und ungeschickt. (8)

Negative Beziehungsbotschaften deformieren das Kinder-Ich. Sie führen zu einem beschädigten Erwachsenen-Ich. Die psychische Festung des Kindes wird zum Kerker des Erwachsenen. Solcher Art deformiert, wird der seelisch verkrüppelte Erwachsene nicht fähig sein, eine gleichberechtigte Beziehung einzugehen. Er sucht vielmehr unbewusst wieder eine komplementäre und hierarchische Beziehung, in der er sich selbst unten und der Partner oben befindet. (8)

Männer neigen besonders zur *Fassadentechnik*. Was Frauen oft mit Kosmetik bewerkstelligen, indem sie sich ein künstlichmondänes Aussehen geben und zur Maske erstarren, das machen Männer verbal. Sie sperren sich großflächig ab. Sie zeigen keine Schwächen. Schon gar nicht offenbaren sie Gefühle. Sie spielen den starken Max. Auf alles haben sie eine sachliche Antwort. Nur ja keine Angst, Herzklopfen, Trauer oder Zweifel zeigen. Sie rasseln durch das Leben wie ein Bundeswehrpanzer, dröhnend und auf schweren Ketten. Ihre Fassade ist geschlossen, die Seelenfenster verblendet und sorgfältig abgedichtet. (8)

Ob Imponiertechnik, Fassadentechnik, demonstrative Selbstverkleinerung – diese Selbstdarstellungstechniken sind allesamt unwahrhaftig. Sie sind schädlich. Der Sender geriert sich als Schauspieler, der Empfänger als unkritisches oder unwilliges Publikum. Der Schauspieler-Sender ist auf die Dauer überfordert. Er leidet Schaden an seiner seelischen Gesundheit. Dem Empfänger kommen Solidarität und Mitgefühl abhanden. Hinter den Kulissen der Beziehung bröckelt es, manchmal bis zum Zusammensturz. (8)

Als „Sender" sollten wir achten, dass in unseren „Aussendungen" – sofern sie nicht rein geschäftlich-sachlicher Natur sind – ein gewisses Maß an Selbstoffenbarung, an emotionalem Timbre liegt. In meiner Ausbildung lernte ich, dass der Therapeut zur *selektiven Offenheit* fähig sein muss. Das will sagen, dass er gelegentlich ein Stück von sich preisgibt, um mit dem Klienten auf gleicher Ebene zu sprechen, ihm die Angst zu nehmen und mit ihm gemeinsam zu „schwingen". Diese „selektive Offenheit" ist für unser Sprechen generell notwendig. (8)

Ein Schüler fragte seinen Zen-Meister, was das Wichtigste am Zen sei. Der Meister denkt nach und schreibt auf einen Zettel: „Aufmerksamkeit! Hören!" Der Schüler ist skeptisch: „Muss es da nicht noch mehr geben?", fragt er. Der Zen-Meister nickt und notiert: „Aufmerksamkeit! Hören!"

Tatsächlich sind wir alle Weltmeister im Überhören. Was wir nicht hören wollen, das nehmen wir nicht wahr. Das Ohr ist ein Sklave unseres Willens, genauer Unwillens. Das kenne ich von mir. Wenn meine Frau zu mir sagt, „Schatz, du nervst mich", dann behalte ich den „Schatz", das „Nerven" überhöre ich. (8)

Die Art unseres Sprechens entspricht der Art unseres Zuhörens. Das Zuhören ist eine hohe Kunst. Wir Therapeuten brauchen Jahre der Ausbildung, um die Feinheiten des Hörens zu erlernen, Übertragung und Gegenübertragung wahrzunehmen und ein musikalisches Gehör für die Zwischentöne des Menschlichen zu gewinnen. Darum spricht man in der Therapie wie in der Sozialarbeit vom „aktiven Zuhören". Es ist *multi-*

modal, das heißt, es geschieht mit allen Sinnen. Es ist *kognitiv*, weil aktive geistige Arbeit. Es ist *interaktiv*, insofern Sender und Empfänger sich im Fokus haben und beeinflussen. Es ist *funktional*, denn ich lausche im Liebesgespräch, vor dem Fernseher oder bei einem Vortrag anders, je nach der Bedarfssituation. (8)

Zuhören ist demnach *zweckgebunden* – einem Arzt, der mir etwas über meine Krankheit erzählt, höre ich intensiver zu als einem Partygast beim Smalltalk. Zuhören ist ein Stück Arbeit. Ich muss mich gegebenenfalls durch konzentriertes Nachfragen versichern, ob ich auch alles verstanden habe. Darüber hinaus ist das Zuhören schließlich noch ein *sozialer* Vorgang, bei dem ich meinem Gegenüber Neugier und Respekt entgegenbringe, aber auch Gleiches von ihm erwarte. Zuhören ist eine Produktion. Man kann das bei jeder gesellschaftlichen Veranstaltung beobachten, nämlich ob einander fremde Menschen sich in Frage und Antwort, im Interesse geleiteten Zuhören, Herzlichkeit und Scharfsinn bemühen, ein nahrhaftes Gespräch zu organisieren, oder ob sie einfach maulfaul herumsitzen und sich gelangweilt an ihrem Weinglas festhalten. (8)

Die weibliche Fähigkeit zur Nähe und zum aktiven Zuhören gilt in einer männlich geprägten Gesellschaft wenig. Dabei ist das Zuhören ein Qualitätsmerkmal einer guten Beziehung. Wenn ein Paar das gelernt hat, kann es seinen aufreibenden Kampf um Aufmerksamkeit beenden. (8)

Sage keiner „Ich kann nicht reden"! Es stimmt übrigens auch nicht, dass Männer vom Mars und Frauen von der Venus kommen. Männer, das sage ich als Mann, sind meist nur zu faul, die Arbeit des Klarsprechens und Gutzuhörens zu praktizieren.

Wenn sie um eine Frau werben, balzen sie verbal auf das Allerschönste und schießen rhetorische Feuerwerke ab. Sie können es. Später wollen sie es nicht mehr. Es ist dann bequemer, im Sessel still vor sich hin zu muffeln, als die Partnerin zu befragen, ihr zuzuhören, kurz: ihr Zeit zu schenken. Viele Männer sind soziale Idioten. (8)

Sprachkultur ist lernbar. Dazu gehören Ich-Botschaften, die Kunst des Fragens, der kontrollierte Dialog und die Gespräche. Ich-Botschaften sind sozusagen Taschenlampen nach innen, Du-Botschaften Lichter nach außen. Die aktive Ich-Botschaft beinhaltet Aufmerksamkeit, Situationsbeschreibung, Selbstoffenbarung und klare Wunschäußerung. Meine Aufmerksamkeit äußert sich bereits in meiner Körperhaltung. Sie sollte offen sein. Wie oft erlebe ich in der Sitzung Männer, die ihren weinenden Partnerinnen mit gekreuzten Armen gegenübersitzen. Das signalisiert Abwehr und Verschlossenheit. Zur Aufmerksamkeit gehört der Blickkontakt, das Zulächeln, gelegentliches zustimmendes Kopfnicken und eine ausdrucksstarke, freundliche Stimme. (8)

Außerordentlich kostbar ist auch die Selbstoffenbarung, das Aussprechen aktueller Gefühle. Nicht ausgesprochene Gefühle schaffen Unklarheit. Sie sabotieren den Dialog und vergiften die Beziehung. Gefühle sind wahrhaftig, einfach weil sie da sind. Dann bin ich ganz bei mir. Ich nehme mich selbst emotional wahr. Ich lasse den Partner in mich hineinschauen. Wir verabschieden uns beide von der leidigen Schuldfrage. Der moralische Begriff „Schuld" hat seine Herkunft aus dem kaufmännischen Begriff „Schulden". Schulden erschweren das Leben. Schuldvorwürfe und Schuldgefühle sind die Hypotheken des Beziehungsgebäudes. (8)

Exaktes Sprechen und genaues Zuhören sind Präzisionsinstrumente hochprozentiger Kommunikation. Aus der Paarforschung wissen wir, dass Mann und Frau, wenn sie miteinander sprechen, über fünfzig Prozent des Gesagten nicht aufnehmen. Es geht auf dem kurzen Weg vom Mund des einen zum Ohr des anderen verloren, wie ein Koffer auf dem Linienflug. Den *kontrollierten Dialog* zu praktizieren bedeutet, erst einmal, bevor wir antworten, das kurz zusammenzufassen, was der Partner uns soeben gesagt hat. (8)

Das gelungene Zwiegespräch zeigt, eine gute Beziehung ist wie ein Tanz. Sie baut sich nach ähnlichen Regeln auf. Die Beziehung wie auch das Sprechen ergeben sich nicht von selbst. Sie wollen erlernt und gepflegt werden. Dabei sind wir Kinder unserer Herkunft. Der eine stammt aus einem armen, der andere aus einem reichen Sprachmilieu. (8)

Es ist wichtig, dass wir unsere *Sprechbiografie* erkunden. Wir können dann ein besseres Sprachverhalten einüben. Wir sollten uns Fragen beantworten wie: Neige ich zum Passivsprechen? Sage ich etwa ständig, „Das Leben hat mir übel mitgespielt", „Mir wird immer Unrecht getan" oder „Keiner liebt mich"? Neige ich zum zögerlichen Konjunktiv – „Ich würde so gern", „Ich hätte doch besser", „Ich würde meinen", „Ich könnte vielleicht" oder „Ich müsste"? Warum erlaube ich es mir nicht einfach, zu meinen, zu können und zu müssen? (8)

Der Konjunktiv ist die Leideform, das Passiv des Lebens. Wer passiv ist, kurvt in der Warteschleife. Er wartet, was andere tun. Er geht so lange um den heißen Brei, bis er kalt wird ... Wer sich sprachlich ununterbrochen rechtfertigt oder umgekehrt unentwegt Schuldzuweisungen trifft („Mein Vater ist schuld, dass aus mir nichts geworden ist") und sich hinter das unpersönliche Fürwort flüchtet („Man darf als Frau nicht aggressiv sein"), der droht am Ende, auf einem Haufen ungelebten Lebens sitzen zu bleiben. Gutes Sprechen basiert auf Ebenbürtigkeit, Lebensfreude und Selbstbewusstsein. Wer nie lobt, der ist sprach- und verhaltensgestört. (8)

Wie oft übermitteln unsere Worte eine völlig andere Botschaft als der Tonfall, in dem wir es sagen. Der Ton macht die Musik. Wir brauchen eine Kommunikationsethik des Sprechens und Zuhörens. Ein Egozentriker ist, wer nur zuhört, wenn er selbst redet. Ein Autist ist, wer überhaupt nicht zuhört, weder den anderen noch sich selbst. Meine Sprache verrät mich. Sie offenbart nicht nur meine Bildung. Dafür kann ich im Zweifelsfall nichts, weil die familiären und sozialen Umstände mich gehindert haben, sie mir kompetent anzueignen. Sprechen gibt aber auch einen Blick frei, ob ich Herzensbildung besitze oder seelisch stumpf bin, ob ich im Wortsinne sozial oder asozial bin. (8)

Reden ohne Schweigen wird zum Geschwätz. Gemeinsam zu schweigen kann dagegen ein Labsal sein. In der Paartherapie bitte ich Frau und Mann oft, sich einmal nur fünf Minuten gegenüberzusetzen und sich in die Augen zu schauen. Ich verlasse dann den Raum. Wenn ich zurückkomme, sehe ich das Paar ergriffen und voller Ernst. Sie haben sich wahrgenommen. Ihre Seelen haben sich geküsst. (8)

Nutzen wir alle Tasten unseres oratorischen Klaviers. Damit die Musik schön und die Liebe klar wird. (8)

Wem es die Sprache verschlägt, dem verschlägt es die Liebe. Das Hier und Jetzt erfüllter, liebender Spannung ist nur über eines zu erreichen: das Sprechen. Wenn ich dich „grad jetzt" nicht so ganz zu würdigen oder mit voller Seele zu lieben vermag, dann muss ich es dir erklären. Wenn du „grad jetzt" seelische Lichtjahre entfernt mit einem anderen Problem, einem Schmerz oder einer Unfassbarkeit beschäftigt bist, dann musst du mir Signale über die Abgründe, die unsere beiden Persönlichkeiten trennen, hinweg morsen. (35)

Sprechen ist Annäherung, Austausch von Selbstporträts. Im Sprechen sind wir als Paar die kleinste Selbsthilfegruppe der Welt. Frauen und besonders wir Männer müssen diese Kultur des Sprechens lernen. Wie das gehen kann, hat Lukas Michael Moeller, wie bereits gesagt, in seiner Technik des Zwiegesprächs in seinem Buch *Die Wahrheit beginnt zu zweit* entwickelt. In einer leicht variierten Form bringe ich das Frauen und Männern in meinen Paarseminaren bei: Man nehme einmal im Monat eine Stunde Zeit für sich. Man teile die Stunde in drei Mal zwanzig Minuten. Die ersten zwanzig Minuten spricht A. B hört nur zu, ohne eine Frage zu stellen. Die zweiten zwanzig Minuten spricht B. A lauscht hingebungsvoll. Die dritten zwanzig Minuten gehören dem gemeinsamen Dialog über das gewählte Thema. Das Zwiegespräch eignet sich für alle, schlechthin alle Themen der Paarwirklichkeit: Finanzen. Freizeit. Kindererziehung. Sexualität. Zärtlichkeit. Urlaub. Schwiegereltern. Zukunftspläne. Ausbildung. Streit um die Hausarbeit. Gesundheit. Religion. Kulturelle Veranstaltungen. Ängste. Freuden. Hoffnungen.

Die Regeln sind einfach: Das Gespräch darf unter keinen Umständen gestört werden. Das Paar sitzt sich körpersprachlich eng zugewandt gegenüber, Knie an Knie. Es trinkt nicht, es raucht nicht, es geht nicht ans Telefon, es öffnet nicht die Haustüre. Wer spricht, spricht in der Ich-Form. Das heißt, er beschuldigt und „kolonialisiert" den anderen nicht. Das Zwiegespräch ist ein Büchsenöffner für die Seele und eine kostenlose Selbsttherapie. Zwiegespräche stiften eine neue Beziehungskultur. (35)

Schweigen ist die grausamste Lüge der Männer. Daran zerbrechen viele Ehen. Die Mehrheit der Paarkonflikte beruht nicht auf prinzipieller Unverträglichkeit der Partner, sondern auf dem Verlust des tiefen Gespräches zwischen ihnen. (36)

Männer reden durchaus. Aber sie tun das meist mit Männern und im Beruf. Es sieht fast so aus, als ob sie Frauen als Gesprächspartnerinnen nicht als ebenbürtig betrachten. Denn zu Hause reden die Männer oft nicht. Sie schweigen über ihre Bedürfnisse, ihre Sehnsüchte, über ihre beruflichen Schmerzerfahrungen, ihre seelischen Abgründe, philosophische und spirituelle Fragen. Kurz, sie schweigen über fast alles. Viele von ihnen hocken am Abend vor dem Fernseher oder dem Computer und schlucken ein Bier. Dass das Fernsehen und der Computer nach dem Alkohol die Beziehungskiller Nummer zwei sind, erkennen sie nicht. (35)

Das Schweigen der Männer dauert oft Jahrzehnte. Ehepaare sprechen manchmal nur noch zehn Minuten am Tag miteinander und auch nur über Belangloses. Aber oft markiert diese Maulfaulheit der Männer die Materialermüdung und Sollbruchstelle der Beziehung. Früher konnten die Frauen die Ehe nicht verlassen. Jetzt können sie es, ökonomisch und bildungsmäßig. Keine vatikanischen Drohungen und keine konservativen Konventionen vermögen sie davon abzuhalten. Sie sind keine leichten Mädchen, sondern sie wollen sich nicht weiter Frostbeulen von ihren männlichen Eisbergen holen. (36)

Streiten

Viele Menschen haben nie richtig gelernt, ihre Wut zu äußern, Zorn zu zeigen und ihre Interessen im konstruktiven Streit zu vertreten. Andere Paare streiten notorisch falsch, das heißt hilflos oder abwertend, cholerisch oder nervtötend zickig. Streiten will gelernt sein. Gutes Streiten verbindet. In meiner konstruktiven Aggression mache ich mich für den Partner wie für mich selbst wahrnehmbar. Ich grenze mich ab, zeige Konturen, stecke die Reviere ab. (7)

Streit muss ausgetragen werden. Das ist die Kunst des Konflikts. Dabei ist es oft wichtig, nicht den gewohnten, unbeherrscht aufbrausenden Streit zwischen Tür und Angel und beleidigtem Rückzug zu führen, sondern sich in einem eigens anberaumten *Streitgespräch* mit scharfer Sachlichkeit, aber um Verständigung bemüht, emotional zu begegnen. (7)

Paare, die von sich behaupten „Wir streiten uns nie" sind so lebendig wie die Mumien in den Pharaonengräbern. Krisen sind interne psychologische Scheidungen, sie sind Ent-täuschungen, Verlust von Illusionen und damit Wirklichkeitsgewinn. (16)

Zoff und Zärtlichkeit sind eine untrennbare Einheit. Nur wer zoffen kann, kann sich auch wieder versöhnen und auf den anderen, der ein bisschen fremd geworden ist, mit neuer Entdeckungslust zugehen. Wenn ich zornig werde, dann mache ich mich für mich selber wahrnehmbar: „Bis hierher und nicht weiter!" Ich zeige mich gleichzeitig auch dem anderen in meiner Abgrenzung und eigenwilligen Persönlichkeit. Ich setze gleichsam Grenzblöcke im Beziehungsterrain.

Haben wir nicht auch als Geschwister und Freunde in der Kinderzeit geschrien und gestritten wie die Raben? Haben wir nicht durch „Zoff" unsere Standpunkte geklärt? Waren wir nicht Minuten später wieder versöhnt und haben die Friedenspfeife geraucht? War Streiten nicht unser Lebenselixier? Streiten und Friedenspfeife rauchen, das ist es. Wir alle müssen es lernen. Wir brauchen uns nicht für unsere Wut zu entschuldigen. Die Wut ist ein elementares Gefühl wie Liebe oder Trauer. Natürlich ist meine Wut berechtigt. Selbstverständlich musst du mir deine Wut zeigen. Die Wut ist ein Seismograph unserer Beziehung. Sie sagt: „Da stimmt etwas nicht. Da muss Änderung eintreten." Wut ist Botschaft, Signal und Warnung. (35)

Nichts ist schlimmer für die Beziehung als das Verschweigen der Gefühle, auch der „bösen". Selbstverständlich sind wir auf den anderen auch neidisch, sauer oder nachtragend. Solange wir das nicht aussprechen und das Gefühl der Wut und Benachteiligung nicht zulassen, können wir uns nicht unsere Liebe geben. Wichtig ist Klarheit. (35)

Das bedeutet auch, am „Nein in der Liebe", wie Peter Schellenbaum es nennt, festzuhalten. Natürlich ist die Liebe zunächst ein großes, magisches Ja. Doch wenn Liebende nicht Nein zu sagen vermögen, dann gefährden sie ihre Beziehung. Sie tragen verborgenen Groll wie eine Eiterbeule mit sich herum, die nicht abfließen darf. Sie verbiegen sich. Sie wagen ihr eigenes Leben nicht mehr. Sie begeben sich in die lebenslängliche Dauerhaft ihres selbst errichteten Beziehungskerkers. Das Nein in der Liebe ist das Eingeständnis der Individualität.

Sich lieben heißt immer auch, einander misszuverstehen.

Deswegen sind wir gehalten, ständig miteinander zu sprechen und Missverständnisse aufzuklären. Das ist ein dauernder Prozess. In diesem Prozess werden wir uns selbst klar. Wir erklären uns selbst. Wir werden uns immer einander eine Prise fremd bleiben. Das bürgt für unsere Kreativität. Wir sehen und organisieren die Welt unterschiedlich. Für den einen ist das Glas des Lebens halb voll, für den anderen halb leer. Wir leiden und freuen uns oft an unterschiedlichen Dingen. Liebe ist eine Suchbewegung. Liebe ist ein Unterwegs. Der Weg ist das Ziel. (35)

Schwiegereltern

Durch die Geburt des Kindes gewinnen vier Personen im Leben des Paares, die zu diesem Zeitpunkt bereits existierten, besondere Bedeutung: die Eltern des Mannes, die Eltern der Frau. Das junge Paar hat sie zu Großeltern gemacht. Diese genießen den neuen Status. Sie freuen sich in der Regel mächtig über das Enkelkind – und mischen sich ein. Es ist besonders die Mutter des Mannes, also die Schwiegermutter der jungen Frau, die nicht selten tiefgreifende Konflikte provoziert. (7)

Die Schwiegertöchter müssen sich in dieser Auseinandersetzung ihrer Haut wehren. Hier geht es um Abgrenzung. Die neue Familie von Mann, Frau und Kindern hat in der *Ordnung der Liebe* Vorrang vor der Herkunftsfamilie. Aber auch Schwiegertöchter sind nicht fehlerlos. Häufig setzen sie dem Druck der Schwiegermutter einfach nur verbissenen Gegendruck entgegen. Vor allem aber führen sie einen Stellvertreterkrieg mit der Schwiegermutter, anstatt vom noch unreifen, zögerlichen Ehemann eine klare Position zu fordern. (7)

Wo steht eigentlich geschrieben, dass Schwiegertöchter und Schwiegersöhne umgekehrt immer nur ein einziges Vergnügen für die Schwiegereltern sind? Schwiegereltern nehmen nicht selten wahr, dass die Ehe des Sohnes oder der Tochter von Anfang an ein Missgriff war und die Beziehung zum Scheitern verdammt ist. So wenig man kategorisch verlangen kann, dass eine junge Frau ihre Schwiegermutter lieben muss, die vielleicht eine Nervensäge oder eine frustrierte Frau ist, so wenig kann man das auch von der Schwiegermutter gegenüber der Schwiegertochter einfach voraussetzen. Schließlich treffen hier zwei völlig fremde Menschen aufeinander. (7)

Während der Sohn naturgemäß emotional und sexuell verknallt in seine junge Frau ist, schätzt die ältere Frau den weiblichen Familienzuwachs nüchtern nach seinen beruflichen, charakterlichen, geistigen und hausfraulichen Fähigkeiten ein ... Beziehungen enthalten auch immer einen Teil Abneigung, Abwehr und Differenz. Schwiegermutter und Schwiegertochter müssen also lernen, mit ihrer gegenseitigen Unterschiedlichkeit fertig zu werden, bei einem Streit nicht gleich die Nerven zu verlieren und eine gute Mittelstellung zwischen Nähe und Balance zu erreichen. (7)

Es mag altmodisch klingen, aber ich möchte dafür plädieren, dass die Jüngeren in diesem Konfliktfeld, also Schwiegertöchter und Schwiegersöhne, in diese Auseinandersetzung etwas wie Güte, Respekt und Verständnis investieren. Immerhin empfange ich diese Frau oder diesen Mann aus den Händen dieser Eltern, die sich in ihrem Leben unendliche Mühe um dieses Kind gemacht haben und es jetzt mir „überlassen" müssen. Immerhin tragen wir die Gesichtszüge unserer Eltern, wir sprechen ihren Dialekt, wir benutzen ihre Sprichwörter, wir sind in unserem Fleiß, unserer Lebensbehauptung, Männlichkeit oder Weiblichkeit deren Abbild. Diese Eltern haben ein Stück Achtung und Respekt verdient. Wenn ich mein Herz weit öffne, ihre Andersartigkeit respektiere, kann ich auch vieles von ihnen lernen. (7)

Natürlich müssen sich Schwiegerkinder durchaus abgrenzen. Das ist der unbequeme Teil, das *Nein* in der Liebesarbeit. Aber auch eine Schwiegertochter tut gut daran, im Loslassen zu wachsen: Indem sie die warme Beziehung des Mannes zu seiner Mutter toleriert und ihre Kinder ohne Eifersucht und Kleinlichkeit der Oma überlässt. Notfalls kann sie den Kindern, falls es um die Ernährung geht, ja das T-Shirt anziehen, das wir früher in unserem Gesundheitszentrum vertrieben haben. Aufschrift: „Bitte nicht füttern!" (7)

Sexualität

Frauen beklagen sich in den Frauengruppen in Lahnstein stereotyp, dass ihre Männer während der Liebe nicht sprechen und schon gar nicht kichern, lachen und scherzen. Stumm wie ein Schellfisch werkelt der gute Gatte vor sich hin und weiß nicht, dass das größte Aphrodisiakum die Sprache zwischen den Liebenden ist. Sexualität ist Körper- und Seelendialog.

Kundig machen können wir uns nur durch Experimentieren und darüber s p r e c h e n. (1)

Sagen wir es offen: Der Penis ist ein Faulpelz und ein ziemlich unberechenbarer dazu. Er wird bei den unglücklichsten Gelegenheiten steif – wenn man(n) zum ersten Mal mit einer tollen Frau tanzt oder sich über einen Heizkörper lehnt, im Freibad oder Whirlpool. Ein andermal ratzt er vor sich hin, wenn wir vor Begierde fast verschmachten und eine Frau anhimmeln. Je nachdem ist der Mann stolz auf seinen Penis oder er schimpft mit der lahmen Gurke zwischen seinen Beinen. Tatsächlich hat der Mann nicht gelernt, auf die Signale seines *kleinen Mannes* zu achten. (1)

Bei sexuellen Störungen müssen wir immer die Frage klären: Welche Rolle nimmt das Symptom in unserer Partnerbeziehung ein? Sofern sexuelle Symptome nicht simple körperliche Gründe haben – die *toten Hosen* eines Alkoholkranken zum Beispiel –, drücken sie immer eine verborgene Wahrheit aus. (1)

Sexuelle Störungen beseitigen bedeutet oft die Herausforderung, die zum Kerker gewordene Beziehung zu lüften, die Fenster aufzureißen, das polymorphe Draußen hereinzulassen. Warum werden Beziehungen oft wieder vital, wenn einer der beiden eine Außenbeziehung aufnimmt, neue Forderungen aufstellt und den alten Mief zur Haustür heraustreibt?! Nicht das Auftreten von Beziehungskrisen ist das Anormale. Anormal ist allein das Verdrängen und Verleugnen der Konflikte, das Reißausnehmen vor der Auseinandersetzung. Unsere Sexualität fungiert gleichsam als die Warnanlage der Beziehungsstörung. Wer aber käme auf die Idee, wenn die Warnanlage anschlägt, diese zum Störfaktor zu erklären, anstatt nach der Ursache zu fahnden und sie zu beseitigen! (1)

Beziehung fordert Mut zur Freiheit, zur Dynamik, zur Fremdheit, zum Streit. Wer wie ein *Apfel im Schlafrock* hinter der Glotze sitzt und die Ehegewohnheiten ritualisiert, der soll sich nicht wundern, wenn auch in der Unterhose Grabesstille wie auf dem Zentralfriedhof von Chicago einkehrt. (1)

Auf keinen Fall dürfen sich Ehe- und Lebensberater, Familien- und Sexualitätstherapeuten zu Sozialagenten *einer* Lebensform, der *braven* oder der *wilden,* machen lassen. Jedes Paar muss s e i n e Wahrheit, seine Moral herausfinden. Es gibt kein Pariser Ur-Meter der Moral. Rigide Sozial- und Sexualmoral jedenfalls richtet immer noch viel zu viele Menschen innerlich zugrunde. (1)

Ich werde in der Sprechstunde oft nach Moral und Normen der Sexualität gefragt. Offen gesagt, ich kenne sie nicht. (1)

Jeder Mann ist ein Mensch. Es genügt, ein *ausreichend guter* Mensch zu sein. Es genügt, wider alle Propaganda der angeblichen total befreiten Sexgesellschaft, eine *ausreichend gute* Sexualität zu haben. Du darfst aufatmen, Mann! (1)

Der *romantischen Liebe* folgt unweigerlich die Phase der Ent-Täuschung. Da setzt die mühevolle Arbeit der realistischen Wahrnehmung, der Akzeptanz und gegenseitigen Veränderung, der geheimnisvolle Chemismus der Seelen ein. Wir dürfen nicht in Zynismus verfallen. Der Drogenrausch sexuellen Außersichseins ist auf Dauer unter keinen, aber auch gar keinen Umständen zu haben. Das ist psychologisch ebenso unmöglich, wie immer fröhlich und immer high zu sein. (1)

Die Normalisierung und Veralltäglichung von Sexualität ist normal. Nach einem achtstündigen Arbeitstag und Ärger im Büro schwingt sich kein fünfzigjähriger Familienvater von drei Kindern nackt in den Kronleuchter im Schlafzimmer und stößt markerschütternde Brunftschreie aus. (1)

Wo sich die Sahelzone sexueller Langeweile steppenartig ausbreitet, da ist nicht die Sexualität, sondern die Beziehung zwischen Mann und Frau oder Mann/Mann oder Frau/Frau kritisch zu hinterfragen. Auch die dauernde, promiskuitive Verliebtheit in wechselnde Partner meint oft nicht den anderen Menschen, sondern den – vermeintlichen – Dauerzustand des Verliebtseins nach Art einer Droge. (1)

Bei der Aussprache über Onanie stellt sich, zu meiner Überraschung, immer noch viel Schamhaftes, Neurotisches und Lustloses heraus. Nur eine Minderheit von Männern hat eine positive und fantasievolle Einstellung zur Selbstbefriedigung gewonnen. Sie wird immer noch als *peinlich* und eher als eine *Notlösung* empfunden, wenn Geschlechtsverkehr nicht möglich ist. (1)

Selbstbefriedigung gibt uns das Recht auf unseren Körper, unsere Lust und Fantasien zurück. Selbstbefriedigung hat regenerativen und stimulierenden Wert. Der Mann erfährt mehr über seinen Leib und seinen vielleicht verborgenen sexuellen Hunger (in den korrespondierenden Fantasiebildern), er wird körper- und sexualitätserfahrener. (1)

Sexuelle Lustlosigkeit, das Nachlassen der Begierde, aber auch die Verweigerung der Lust durch einen Partner gehören offensichtlich zur Struktur einer lang dauernden Partnerschaft, wie die Flaute zum Segeln. Bedeutsam scheint mir, dass Frauen und Männer heute sexuellen Frust und Mangel im Gegensatz zu früher nicht mehr einfach hinnehmen, sondern die Bedeutung ihrer Sexualität hoch schätzen, darüber sprechen und sich informieren. Das ist wichtig. Denn in den Ehen unserer Großeltern, oft sogar noch unserer Eltern, litten die Partner über das „Unsagbare" stumm wie ein Hund. (2)

Sexuelle Störungen sind voll von unbewussten Arrangements zwischen den Partnern. Aggressionsgehemmte Männer, die Angst vor ihrer eigenen „penetrativen" Sexualität haben und sie als destruktiv fantasieren, suchen sich „frigide" Frauen und umgekehrt. Paare wählen sich unbewusst als Geschwister aus, als „Mutti" oder „Vati", womit sie die Sexualität von vornherein auf ein homöopathisches Maß dosieren und ihrer tiefen Angst vor dem Dionysisch-Triebhaften gemeinsam ausweichen. (2)

Sexuelle Störung eines Partners kann verdeckte Feindseligkeit ausdrücken: „Wir streiten uns ja nie, aber eigentlich grolle ich dir." Sie kann verstohlene Machtausübung markieren: „Du bist ja sonst so haushoch überlegen, aber hier zeige ich es dir." Sie kann tiefe Selbstabwertung beinhalten: „Ich glaube dir nicht, dass du mich wirklich begehrenswert findest, ich finde mich ja selbst unattraktiv." Kurz, sexuelle Störungen signalisieren von Abwehr bis Überforderung so ziemlich alles. Und das tun sie durchweg unbewusst. Wir begreifen nicht, *warum* wir so agieren. (2)

Längst hat die *Konsensmoral*, also die Verhandlungsmoral der Partner, die tradierten Gebote der lebensfeindlichen Sexual-moral abgelöst. Jedes Paar muss und darf *seine* Wahrheit in der Lust herausfinden, verhandeln, aber auch entwickeln und neu formulieren. (2)

Für den Sex, das fröhliche Getümmel der Leiber und Seelen, ist in der triangulären Konstellation der beiden jungen Eheleute mit Kind oft keine Zeit mehr. Aber auch die psychische Bereit-schaft zur erwachsenen Liebe fehlt häufig, vor allem bei den jungen Frauen. Denn das Baby absorbiert ja nicht nur negativ die mütterliche Freizeit und die möglichen Liebesnächte, son-dern es sättigt auch positiv die Liebesbedürfnisse der jungen Mutter. Der Vater ist bei dieser libidinösen „Objektverschie-bung" (Freud) ausgeschlossen. Er schwankt zwischen Verständ-nis und Wut. Wohin soll er mit seinem sexuellen Verlangen? Soll er sich ständig selbst befriedigen? Soll er ins Bordell? Soll er sich „zusammenreißen und kalt duschen" wie früher in christlichen Internaten? (2)

Ein Trost ist gewiss: Kinder werden älter, und Sexualität lässt sich, wie Sport oder Klavierspielen, durchaus nachholen. Sex ist, wenn man trotzdem lacht. (2)

Meine Schwester Dr. Maria Theresia Jung und ich führen mehr-mals jährlich im Gesundheitszentrum Dr.-Max-Otto Bruker-Haus Paarseminare durch. Wir bitten dabei die Paare, ihre se-xuellen Fragen und Themenwünsche anonym auf einen Zettel zu schreiben und darüber, jeweils vom Partner getrennt, in zwei kleinen Gruppen freimütig zu sprechen. Das Thema Sex ist, so zeigen es diese Zettel, unerschöpflich. Männer fragen: Wie schafft es ein Mann, seinen Orgasmus zurückzuhalten, wenn er in Ekstase kommt? Ich möchte gerne mit Penelope Cruz schlafen. Wo treibst du es mit deiner Partnerin? Gibt es eine Sexualität ohne Ejakulation? Ich habe zu starkes Verlangen. Ich möchte es mit meiner Frau gerne „französisch" machen. Sie ist ablehnend. Wie kann ich sie dazu bewegen? Wie verhindere ich einen vorzeitigen Samenerguss? Wie lange muss das Vorspiel sein? Ich möchte gerne „harte" Sexualität. Ich bekomme mit einem Kondom keinen Orgasmus. Ich habe Lust auf eine andere Frau. Wo liegt die erogenste Zone bei einer Frau? Was ist im Sex erlaubt? Wie lange kann ein Mann ohne Sex auskommen, wenn die Frau sich verweigert? Gibt es Sex ohne Liebe? Gibt es Liebe ohne Sex?

Frauen fragen: Was empfinden Männer beim Sex? Kann eine Außenbeziehung eine Ehe bereichern? Sollte man einen Seitensprung auf jeden Fall beenden? Hat jemand Erfahrungen mit tantrischem Sex? Können Männer auch kuscheln, ohne an Sex zu denken? Gibt es multiple Orgasmen auch beim Mann? Wo sind die Verrücktheiten und Wildheiten im Sex geblieben? Wie finde ich sie wieder? Warum bekomme ich nur bei der Selbstbefriedigung einen Orgasmus? Habt ihr anderen Frauen Erfahrungen mit „Hilfsmitteln" wie Vibrator oder ähnlichen Geräten? Ich habe Lust auf Sex mit einem anderen Mann. Ich wünsche mir Sex mit zwei Männern gleichzeitig. Wie gefällt euch Oralsex? Was würdet ihr gerne ausprobieren? Ich habe seit dreizehn Jahren keinen Sex mehr, bin ich anormal? Hat jemand Erfahrungen mit erotischen Fesselspielen gemacht? Ich habe kaum noch Lust auf Sex und kann mich auch selten fallen lassen. Geht es anderen auch so? (23)

Die „animalische" Sexualität des Stammhirns sichert instinkthaft das Überleben der Gattung. Die neokortikale Erotik hingegen inszeniert das Drama der Attraktion, des Begehrens, der Eroberung, der Hingabe, des Zaubers der Sinne und des Geistes. Sexualität ist Himmel und Hölle auf der Erde. Sie bedeutet Verschmelzung und die Wonnen und Schrecken des Kontrollverlustes. Wonnen, weil im orgasmischen Höhepunkt der Sexualität die Individuation und Isolation des Menschen gleichsam wie in einem Zustand der Schwerelosigkeit sekundenlang aufgehoben werden. Schrecken, weil die sexuelle Faszination und symbiotische Verschmelzung auch Autonomieverlust und Abhängigkeit, ja Hörigkeit bedeuten können. Der Liebende ist seiner Sinne nicht mehr mächtig. Die Liebende ist nicht mehr Herrin im Hause ihres Bewusstseins. (23)

Differenzierung bedeutet die Balance von Autonomie und Bezogenheit, Nähe und Distanz, Macht und Ohnmacht. Vertrautem und Erregendem. Die Differenz, der wesensgemäße Unterschied zwischen den Liebenden, ist das klassische Stimulanz in der Sexualität. Das Fremde, ja auch das anfänglich Befremdliche des Partners wecken meine Neugier, Irritation und Eroberungslust; sie schaffen Spannung für neue erotische Exkursionen. Paare müssen für sich spannend sein. Wird die Beziehung langweilig, so ist es die Sexualität bald auch. Ob jung oder alt, hetero oder homosexuell – Langeweile tötet die Liebe und den Sex. (23)

Die Psychologie der Leidenschaft entsteht aus der Einzigartigkeit eines Menschen. Sein Begehren steht in einem biografischen Zusammenhang. Das Sexuelle ist eine abgründige, farbige und zerklüftete Landschaft mit immer neuen Perspektiven. Mit anderen Worten: Sex ist alles andere als spontan. Er unterliegt einer Dramaturgie der Vergangenheit, der Ängste, der Bedürfnisse und Erwartungen, der gemachten Beziehungserfahrungen und der besonderen Spezifik der eigenen Geschlechtsidentität. (23)

Wir Männer können in der Lust viel lernen. Lust ist mehr als nur ein leichtes Konsumgut unserer Spaßgesellschaft. Lust ist auch Angst machend, bedrohlich, verunsichernd, ist Auslieferung, Geheimnis, Illusion und erregende Pilgerschaft durch die Mysterien des Fleisches. Sie ist göttlicher Rausch, Zerstörung und Wiedergeburt in einem. Männer dürfen lernen, die Macht der Lust und die Lust der Ohnmacht als Feuer in ihren Venen schmerzhaft brennen zu fühlen. Das heißt aber, dass ich als Mann meine lächerliche Herrscherrolle verlasse, meinen Machtkörper und meine Verkopfung abstreife, mich wie eine Schlange häute, die Räume des Fantastischen betrete und dem heiligen Eros nackt und zitternd als ein lernbegieriger Adept entgegentrete. (23)

Während Männer meist die sexuellen Kontakte initiieren und in der Beziehung immer wieder auf Sex drängen, wehren Frauen diesbezüglich häufiger ab. Sie üben damit eine negative Kontrolle aus. Daraus wird nicht selten eine Strategie des Selbstboykotts. Frauen wehren sich *über* die Sexualität, sie üben Macht aus *mittels* Sexualitätsentzug. Anstatt in die offene Schlacht um die Unzumutbarkeiten in der Beziehung zu gehen, bestrafen sie den Mann (und sich selbst!) stumm, erbittert und hartnäckig, indem sie ihm jahrelang den sexuellen Brotkorb hochhängen. (23)

In meiner Praxis hängt ein Cartoon mit der Überschrift: *Wie der 3. Weltkrieg begann.* Frau und Mann liegen frustriert im Bett. Frau sagt: „Nicht heute, ich habe Kopfweh." Der Mann denkt: „Morgen werde ich Diktator." (23)

Eine typische Frauenfalle in der Sexualität ist das überwertige Harmoniebedürfnis. Frauen neigen dazu, Sex grundsätzlich an romantische Liebe und Verschmelzungswünsche zu koppeln. Natürlich ist gegen Harmonie nichts zu sagen. Sie ist ein Schutzgeist jeder Beziehung. Wir wissen auch: Frauen wünschen und brauchen zuerst Zärtlichkeit, dann Sex. Männer wollen eher zuerst Sex, aus dem dann meist ihre Zärtlichkeit und harmonische Wohlgelauntheit erwachsen. Beide Gesichtspunkte haben etwas für sich. Wir können keinen verabsolutieren. Ein wonniger Beischlaf kann die gesunkene Stimmung eines Paares schnell wieder heben. Da ist dem Mann Recht zu geben. Umgekehrt ist die Zärtlichkeit sozusagen das Massageöl der Sexualität. Da ist den Frauen Recht zu geben. In einem meiner Seminare meinte eine bereits siebzigjährige Frau: „Der Beischlaf am Abend beginnt mit dem Frühstückskuss". (23)

Frauen sind häufig durch ihre sexuelle Biografie gehemmter als Männer. Das mögen eine armselige erotische Initiation, die Angst vor Schwangerschaft, Gewalt in einer früheren Beziehung oder, im schlimmsten Fall, ein sexueller Missbrauch gewesen sein. Frauen sind gut beraten, im eigenen Interesse an der Lebenslust, diese erotischen Stolpersteine aus dem Weg zu räumen. (23)

Die Sexualität kann die letztliche Einsamkeit des Menschen für Sekunden der Lust aufheben, aber nicht grundsätzlich beseitigen. Frauen tun sich oft schwerer als Männer damit, das zu begreifen: Im Sex vermählen wir uns mit der – notwendigen – Gemeinsamkeit, nach dem Sex treten wir wieder in unsere – notwendige – Individuation und Vereinzelung zurück. (23)

„Wenn deine Vagina sprechen könnte, was würde sie sagen – in drei Worten?" Genau diese Fragen sollten Frauen sich einmal poetisch beantworten. Vielleicht praktizieren sie einmal die epistolare Therapie „Meine Vagina schreibt mir einen Brief"!

Das ist gar nicht so absurd, wie es vielleicht zunächst scheinen mag. In meinen Männergruppen animiere ich umgekehrt die Teilnehmer zu einer entsprechenden Übung „Mein Penis schreibt mir einen Brief". „Ich bin sauer auf dich", schrieb so ein Penis an seinen Besitzer, „weil du mich wahllos und ohne Vorwarnung überall hineinstopfst." Ein anderer Penis beklagte sich: „Du hast mich offensichtlich vergessen. Nie hast du Zeit für mich. Deine Arbeit ist dir viel wichtiger. Wunderst du dich, dass ich längst aus der Übung gekommen bin?" Ein dritter Penis meuterte: „Warum haderst du ständig mit mir, ich sei zu klein? Dass ich flink wie ein Wiesel bin, das schätzt du gar nicht!" (23)

Eine gewisse Lustlosigkeit ist in Langzeitbeziehungen schlichtweg normal. Es ist in den meisten Fällen nicht Gleichgültigkeit, wenn die Lust erschlafft, sondern es sind Sicherheitsbedürfnisse und Überforderungen, welche dem heißen Sex den Garaus machen. Da ist einmal die Arbeitsteilung von Frau und Mann mit ihrem hohen Leistungsdruck. (23)

Die Vorstellung von der ewigen Leidenschaft ist ein Märchen, sie ist irreal und romantisch. Wir stehen immer wieder vor dem Balanceakt, einerseits die Glut unter der Asche der Sexualität anzufachen, andererseits die Beziehung nicht auf Teufel komm raus zu sexualisieren und mit übertriebenen Erwartungen zu befrachten. Sexualität ist wie Segeln. Mal dümpelt sie im Hafen der Langzeitbeziehung vor sich hin, mal blähen sich ihre Segel unter einer „steifen" Brise. Jedes Paar muss über sich selbst definieren, was es unter einer guten Sexualität versteht. Das lässt sich mit allgemeinen Normen weder quantifizieren noch qualifizieren. Das eine Paar kann drei Mal in der Woche miteinander schlafen und hat doch eine enttäuschende lust- und gefühlsarme Sexualität. Das andere Paar findet einmal im Vierteljahr zueinander, feiert dabei aber jedes Mal eine Hoch-Zeit.

Mir erscheint es als realistisches Ziel, eine *ausreichend gute Sexualität* anzustreben. Wenn ich selbst manchmal am Abend im Bett erschöpft noch ein Fachbuch durcharbeite, überrascht mich meine Frau oft ohne Hintergedanken spontan mit einem Kuss. Ich pflege dann ironisch zu sagen: „Bitte keine sexuelle Belästigung am Arbeitsplatz!" Muss sexuelle Lustlosigkeit immer eine Krise darstellen? Geht es den meisten von uns nicht so, dass wir in Zeiten äußerster Beanspruchung den Sex auf ein ruhiges Wochenende oder den Urlaub vertagen? (23)

Die Sexualität über Jahre, ja Jahrzehnte hinaus in einer monogamen Gemeinschaft leidenschaftlich zu erhalten, ist eine schier übermenschliche Leistung. Selbst Tiere praktizieren nicht jedes Mal, wenn es möglich wäre, Sex. Der menschliche Eros ist ein Artefakt, etwas Künstliches, ein kulturell und psychologisch geformtes Konstrukt. Sexualität funktioniert phasenweise, periodisch. Sie schwankt mit unseren Anforderungen, Stimmungen und der Beziehungstemperatur. Leider gibt es keinen libidinösen Thermostaten, an dem wir die sexuelle Durchschnittstemperatur unseres Beziehungsgebäudes beliebig regeln könnten. (23)

Ob Frühling oder Herbst des Lebens – im Falle einer Störung im Bereich der Sexualität müssen wir uns fragen: Welche Rolle spielt das sexuelle Symptom für mich und meine Beziehung?

Störungen stellen oft einen Schutzwall gegen verborgene Ängste dar, die mit dem Sex in Zusammenhang stehen. So können chronische Unterleibsbeschwerden bei der Frau (zum Beispiel Scheidenausfluss, Jucken, Pilze) auf einer tieferen seelischen Ebene den Widerstand gegen die Sexualität mit dem herrischen Ehemann bedeuten und garantieren. In der Psychologie bezeichnen wir dieses Phänomen als *primären Krankheitsgewinn*: Der lebensbedingte Konflikt wird durch eine Erkrankung „gelöst". Ein *sekundärer Krankheitsgewinn* ergibt sich daraus, dass der leidige Sex sich durch die körperlichen Symptome der Krankheit erübrigt. Möglich wäre schließlich auch noch ein *tertiärer Krankheitsgewinn* – wenn die Frau ihr Eheunglück erkennen und Konsequenzen daraus ziehen würde. (23)

Wie steht es mit der Sexualität im Alter? Physiologisch erleben Frauen und Männer gleichermaßen Einbußen. Bei den Frauen verdünnt sich häufig die Vaginalhaut und die Lubrikation, das heißt die Flüssigkeitsproduktion der Scheide verringert sich und macht den Koitus schmerzhaft. Allerdings ist dies in den meisten Fällen konservativ mit Gleitcremes oder mit einer Öllotion zu mildern, wenn nicht gar zu beheben. Ältere Männer haben öfters Schwierigkeiten, eine Erektion zustande zu bringen oder sie zu halten. Sie sollten unbedingt lernen, dass Sexualität nicht nur aus dem Koitus besteht, sondern dass Lust auch durch bloße Berührung, orale Befriedigung, vielfältige Formen der erotischen Massage und Masturbation zu gewinnen ist. Woody Allen bemerkt in seinem Film *Zelig* humorvoll: „Ich halte an der Uni ein Seminar über Masturbation. Wenn ich nicht rechtzeitig da bin, fangen die ohne mich an!" (23)

Für das Gros der männerlosen über siebzigjährigen Frauen ist es äußerst schwer, überhaupt noch einen Partner, erst recht einen Sexualpartner zu finden. Psychotherapeuten sollten sich deshalb hüten, diese alleinstehenden älteren Frauen zur Heterosexualität anzuhalten, wenn weit und breit kein Partner im Blickfeld ist. Das verstärkt eher kontraproduktiv die Enttäuschung der älteren Frau. Wohl aber kann sie vorsichtig und respektvoll ermuntert werden, ihre Eigenlust zu entdecken, sich selbst lustvoll zu befriedigen und – wenn sie mag, erotische Fantasien, Lektüre und Film zu genießen. (23)

Tilde (Name geändert), eine 76-jährige Witwe, gestand mir: „Mein Mann ist vor fünf Jahren gestorben. Ich habe ihn sehr geliebt. Er war gut zu mir. Ich habe noch häufig sexuelle Träume, in denen er mich auszieht, meine Brüste küsst und wild in mich eindringt. In meinem Schreibsekretär bewahre ich ein Bild von uns beiden am FKK-Strand auf. Das war ein heißer Kerl! Manchmal nehme ich dieses Bild ins Bett, lege unsere Lieblings-CD ein, Zarah Leanders „Kann denn Liebe Sünde sein", und bringe mich zum Orgasmus. (23)

Um sexuell selbstbewusst zu sein und Sexappeal auszustrahlen, brauche ich zunächst einmal ein positives Selbstkonzept, also ein nicht übertriebenes, aber vitales Selbstwertgefühl. Mit einem negativen Selbstkonzept mache ich mich zum erotischen Subventionsfall. Selbstwertgefühl basiert auf körperlichem Wohlbefinden, gepflegter Kleidung, gesunder Ernährung, maßvollem Umgang mit Alkohol, Verzicht auf Nikotin, Schlankheit: Doppelkinn und Schmerbauch müssen nicht sein! Guter Sex bedeutet außerdem, ihn gelegentlich neu zu planen und ihn reizvoll zu inszenieren.

Umgekehrt müssen wir überhöhte Erwartung und unser

Normdenken beiseite legen und die Periodizität von Lust und Langeweile akzeptieren. Leben wir, wie bereits gesagt, eine *ausreichend gute Sexualität* und bemühen wir uns immer wieder darum. Die Wahrheiten des Eros sind manchmal ungemütlich: Guter Sex ist ohne mittelmäßigen Sex nicht zu haben. Der Sex findet nicht nur in den Genitalien statt. Der männliche Griff nach der weiblichen Brust und in den Schritt ist von lähmender Fantasielosigkeit. Die erotische Sensibilität des menschlichen Körpers lauert überall – auf unserer Haut, in unseren Sinnen. (23)

Man muss sich zur Entdeckung der Lust allerdings auf Erkundungsreisen begeben und mit dem Partner reden, reden, reden! Sex ereignet sich nicht nur zufällig wie ein Sommergewitter, er ist machbar. Er lässt sich planen und verhandeln. Was spricht dagegen, dass ein Mann sich gelegentlich schnellen, unkomplizierten Sex „zwischen Tür und Angel" oder vor dem Einschlafen wünscht und die Frau sich darauf einlässt? Dafür macht er den „Deal" und widmet sich ihrer Libido im Gegenzug beim nächsten Mal um so liebevoller und ausgiebiger – Kerzenlicht, Champagner und Massageöl inklusive! Achtung, lieber Mann, bitte kein Maschinenöl aus dem Rasenmäher verwenden! (23)

Schaffen wir statt der sexuellen Kompromissbildung und der armseligen Einigung auf den kleinsten gemeinsamen Nenner Schutzräume, Reservate für unsere Lust. Erzählen wir uns unsere sexuellen Wunschbilder. Verlassen wir die Bravheit. Wagen wir die Unsicherheit und die Distanz. Unternehmen wir von Zeit zu Zeit Expeditionen in den animalischen Dschungel unserer Fantasie. Lassen wir uns von Aphrodite, Amor und Venus bis in den Kern der Existenz erschüttern. Akzeptieren wir den Liebesrausch und den Liebeskater, die Lust und die Last der Sexualität. (23)

Sex braucht Zeit. Nichts tötet die Lust zuverlässiger, als wenn man sie an die letzten zehn Minuten eines erschöpfenden Arbeitstages zwischen Zähneputzen und Wegschlafen platziert. Sex braucht Abstimmung. Wer von uns wäre denn zu jedem potenziellen Zeitpunkt auf Sex aus? Manchmal ist Sex lästig wie eine Schuppenflechte oder die Aufforderung zu einem langen Spaziergang, wenn es Bindfäden regnet. Ich mag einfach nicht. Ich bin faul. Ich bin ein bisschen traurig, weil an meinem Arbeitsplatz oder in meiner Familie etwas nicht stimmt. Oder bin völlig an eine Arbeit hingegeben. Bevor ich die nicht fertig habe, reizt mich nichts, aber auch gar nichts. Das muss der andere nicht unbedingt spüren. Aber er muss es *erfragen*. Wofür haben wir die Sprache? Frage ich nicht, neige ich dazu, *meine* Projektionen dem anderen überzustülpen: „Aha, ich wusste es doch gleich, ich bin nicht mehr attraktiv für ihn/sie." Oder: „Er/Sie will mich bestrafen …" (35)

Über Sexualität Vereinbarungen zu treffen heißt schlicht und einfach auch, die unterschiedlichen Temperamente zu berücksichtigen. Wenn die Frau, vielleicht auch auf Grund ihrer schwierigen Biografie, in der Sexualität eher zur Reserve neigt, der Mann dagegen häufig Sex will und Verfügbarkeit erwartet, so haben wohl beide etwas zu lernen.

Wo steht, dass wir in der Sexualität nicht lernen müssen? Die Frau hat die Aufgabe vor sich, vielleicht in einer Frauengruppe, ihre Weiblichkeit, Frechheit und Lust endlich zu entdecken und fließen zu lassen. Der Mann muss lernen, seine Sexualität im Rahmen einer Begegnung mit seiner Frau anzupassen und sie „kompatibel" zu machen. Beiden würde ich wünschen, dass sie Mut haben und einen der in allen größeren Städten angebotenen Tantra-Kurse besuchen, um ihren Eros zu kultivieren. (35)

Außenbeziehung

Untreue ist eine der gefährlichsten Beziehungskisten. Nur jeder zweite Deutsche würde seinem Partner einen Seitensprung verzeihen. Knapp die Hälfte halten Fremdgehen für unentschuldbar ... Das scheint paradox, wenn man sich andere Einschätzungen vor Augen führt: Über zwei Drittel aller Verheirateten gehen mindestens einmal während der Ehe fremd. Diese Zahl ist wahrscheinlich noch untertrieben. Dabei ist nämlich die Frequenz der männlichen Bordellbesucher in Millionenhöhe nicht erfasst. (20)

Seitdem ich in meiner Praxis täglich den „Ehebruch" als gelebte Liebes- und Leidensform erlebe, benutze ich lieber den sachlichen Begriff „Außenbeziehung" oder „Seitenbeziehung". Denn ich sehe hier alles andere als Leichtfertigkeit, Vernunftlosigkeit und biblische Verderbnis. Ich erlebe im Gegenteil, wie Frauen und Männer, die in eine Außenbeziehung gehen beziehungsweise sich über Nacht in ihr verwickelt sehen, leiden, Skrupel haben und oft kaum wagen, das, was sie als Glück empfinden, zu genießen. Fast alle sind aus einer inneren Not- und Mangellage in diese Situation gekommen, und fast immer spüre ich Respekt vor ihrer Ernsthaftigkeit. (2)

Ist es nicht in Wahrheit so, dass die Krise einer Außenbeziehung beiden Partnern die entwicklungsorientierte Chance bietet, ihre Beziehung einmal von außen, aus der Vogelperspektive zu sehen? Der oder die „Untreue" und der oder die „Verlassene" müssen und können jetzt das Haben und Soll ihrer Beziehung sichten, Zwischenbilanz ziehen und die Krise als Aufforderung zum Wandel nutzen. Hat nicht der eheliche „Ausreißer" in seiner Dynamik jene Sehnsucht ausagiert, die der oder die andere „Brave" sich in Wirklichkeit nur nicht traute? Ist „Untreue" nicht oft auch „Treue zu sich selbst", zur eigenen Bedürftigkeit und Stimmigkeit? (2)

Ich erlebe mit schöner Regelmäßigkeit, dass das Paar nach einer offengelegten Außenbeziehung eine gewaltige Erschütterung erlebt und plötzlich alle kritischen Fragen auf den Tisch katapultiert. „Wir haben", sagen mir diese Paare dann, „noch nie so viel miteinander gesprochen, wie seit dem großen Knall". (2)

Es stimmt einfach nicht, dass jede Affäre automatisch das Ende einer Ehe einläutet. Manche Ehen möbeln sie auf, manche Partner tolerieren sie, manche gehen wie an einem Gift daran ein. (2)

Wie oft habe ich in meiner Praxis erlebt, dass Seitenbeziehungen wie Jungbrunnen wirkten! Wie oft hätte ich den vor sich hingrämenden, lethargischen „Betrogenen" eine ähnlich pulstreibende Erfahrung gewünscht! Manchmal konnte ich den Verdacht kaum unterdrücken, dass er/sie insgeheim schlicht neidisch war auf das Erlebnis seines risikofreudigeren Partners. „Ich bin doch ein blöder Hund", rief so ein waidwund geschossener Ehemann vor meinen Ohren der „untreuen" Ehefrau zu, „dass ich damals mit meinem Kurschatten nicht ins

Bett gegangen bin!" Beide mussten lachen – und zogen ihren Ehekarren aus dem Sumpf. (2)

Der *Seitensprung* ist nicht nur eine kleine, sportliche Wanderung im Fleische. Er löst vielmehr im emotionalen Minenfeld der Beziehung Kettenreaktionen aus. Er bricht über die darin Verstrickten wie eine schwere Krankheit herein. Alles wird anders. Fest geglaubte Bindungen wanken, Schuldgefühle und Betrugsvorwürfe beherrschen die Lebensbühne. Das Gleichgewicht der Beziehungsbalance zerbricht. Das neue Beziehungsdreieck schmerzt den verlassenen Partner höllisch. (20)

Meist wird das Dreiecksverhältnis vom „Treuen" als ein Verhängnis, etwas tragisch über ihn Verhängtes empfunden, vom „Untreuen" als schicksalhafte Fügung. Beiden Auffassungen ist gemein, dass die Dynamik, die plötzlich in die Paarbeziehung gekommen ist, geleugnet wird. Aber es hat sich, so scheint es, schlicht etwas ereignet wie eine Infektion, ein Verkehrsunfall, ein unvorhersehbares, kritisches Ereignis. Stimmt das? (20)

Woche um Woche erlebe ich, dass Frauen und Männer mir von ihrer geheimen Liebe erzählen und dabei voller Lebendigkeit sind. Sie berichten von der psychischen Neugeburt, die sie in ihrer neuen Liebe erfahren und von der Friedhofsstille ihrer Ehe. Sie erzählen von ihrer früheren Resignation und der plötzlichen Renaissance ihrer Selbstwürde. Sie sprechen über wiedergefundene Gefühle, Sexualität und Zärtlichkeit. „Einmal waren wir etwas mehr zusammen als ‚erlaubt', so schreibt mir Viktoria (Name geändert) über ihren Ausbruch aus einer depressiven Ehe zu einem lebensfrohen Mann, „es war für mich Harmonie, Liebe, Glück. Da wusste ich, das ist mein Herzenswunsch." (20)

Die Außenbeziehung, und das ist das psychodynamisch außergewöhnlich Aufschlussreiche und Spannende, stellt sehr oft den Versuch einer *Korrektur der alten neurotischen Partnerkonstellation* dar. (20)

Es ist nicht nur der Jagdruf der Hormone, der Menschen wider alle gesellschaftliche Konventionen heimlich zusammenschweißt. Es ist oft die Magie des Erkennens und Erkanntwerdens, der aktiven und passiven Spiegelung, der Anruf des Lebens selbst. (20)

Der Liebhaber zaubert Schmetterlinge in den Bauch der Frau, die Geliebte bestätigt den Mann mit dem Glanz einer neuen Männlichkeit. Und doch ist das Glück in der Außenbeziehung meist nur über Schmerz, Schuldgefühle und Trauer zu realisieren, gleichgültig, ob ich die Beziehung geheim halte oder offenbare.

Halte ich die „fremde Liebe" verborgen, so quälen mich die Gewissensbisse, die Heimlichkeiten, die unvermeidbaren Lügen, um mein Geheimleben zu arrangieren. In vielen Fällen kommt die Trauer hinzu, den Lebenspartner betrügen zu „müssen". Mache ich die Außenbeziehung offen, so kommen unausweichlich die Schmerzen der schweren Auseinandersetzung zu Hause auf mich zu. So oder so – ich entrinne der Schizophrenie der Situation nicht. (20)

Einerseits stellt sich die Frage: Ist ein Seitensprung noch offenzulegen, wenn er für den Akteur die damalige Bedeutung verloren hat, völlig unnötige Schmerzen auslösen würde und das Paar sich längst an einem anderen Punkt seiner Entwicklung befindet? ... Andererseits entpuppt sich das hartnäckige Verschweigen einer Parallelbeziehung als Entwicklungshemmer.

Solange eine Außenbeziehung im Verborgenen gelebt wird, wirkt sie wie ein geheimes Ventil: Der Druck im Beziehungskessel wird klammheimlich abgelassen, anstatt dass die Kompression bis zum Platzen steigt, die Warnanlage in Gang setzt und Veränderungen erzwingt. (20)

Das Verschweigen zementiert oft die unhaltbar gewordene Beziehung. Das ist der Preis des Schweigens. Die Befreiung, die im Verlassen der nicht mehr lebbaren Ehe als kostbare Frucht winken könnte, wird nicht gepflückt. Die Treue zu sich selbst, die in der Beendigung einer falschen Treue liegt, wird so möglicherweise verraten. (20)

Beide Partner trauern auf ihre je eigene Weise, laut oder nach innen, jeder für sich und über seinen Schmerz ... Wenn schließlich der oder die Fremdgegangene sich gezwungen sieht, die Beziehung zu der geliebten Frau, dem geliebten Mann draußen zu beenden, so erfüllt meist schwere Trauer das Herz. Auch dafür muss Raum und Zeit sein. Nichts ist falscher, kränkender und unangemessener, als in der Krise der Außenbeziehung vom Partner zu verlangen, dass er *sofort* mit der oder dem Geliebten breche und sie oder ihn nie mehr kontaktiere. In der Außenbeziehung ist, wie schmerzhaft es auch für den Binnenpartner sein mag, eine menschliche Beziehung entstanden. Sie hat ihre eigene Geschichte und Würde. Wird sie beendet, so sollte sie achtsam und liebevoll wie eine Medizin *ausgeschlichen* werden dürfen. (20)

Die Krise der Außenbeziehung ist nicht im Hauruckverfahren zu lösen und in einer Schnellreparatur zu flicken. Sie ist ein schwärender, nur langsam heilender Prozess, der eine Vorgeschichte hat und einer Nachbearbeitung von *beiden* bedarf.

Wobei ich in unserer Schlachtfeldbesichtigung der Beziehungskrise nicht von einem eher zufälligen, vielleicht durch Alkohol beflügelten One-Night-Stand und damit einmaligem erotischen Ausrutscher ausgehe. (20)

Zur moralisierenden Argumentation und Deskription (Beschreibung der Krise) neigt in der Regel der oder die „Betrogene". Er stellt sich als ausschließliches Opfer dar und hat seiner selbstgerechten Ansicht nach keinerlei Anteil an der Ehekrise. Das ist das Rollenspiel *Die Schöne und das Biest* oder *Der Edle und die Schlampe*. Meist wird dabei, im Doppelpack, auch noch der oder die Geliebte als *Strolch* und *Flittchen* abgewertet. Was das für eine Kränkung für den Verliebten darstellt, liegt auf der Hand.

Moralisierende Beschreibungen verfolgen, bewusst oder unbewusst, meist die Tendenz, eine, wie der Mediziner sagen würde, *restitutio ad integrum*, also eine *Wiederherstellung des Zustandes vor* der Dreiecksbeziehung zu schaffen. Der Ankläger will sozusagen den kritischen Vorfall ungeschehen machen. Das geht jedoch nicht. Es ist nun einmal passiert. Er verrät viel über die aus dem Gleichgewicht geratene Ehe. (20)

Tatsächlich braucht es zur Durcharbeitung einer Außenbeziehung eine *entwicklungsorientierte Beschreibung*. Das Paar sollte sich einmal der Frage stellen: „Wozu wird diese Krise einmal gut gewesen sein?" Das geht nicht ohne gründlichste, schonungsloseste, schmerzhafteste, aber auch befreiendste Inventur ab. (20)

Wie oft sagen mir Paare am Ende ihrer Krisentherapie nach dem *Urknall*: „Wir hätten nie gedacht, wie schwierig Beziehung ist." Der Dichter Bert Brecht befand: „Liebe ist eine Produktion." Das stimmt. Sie ist Arbeit. Knochenarbeit. Und sie führt auch durch Enttäuschung, Wut und Trauer. (20)

Das Kostbarste an einer Krise durch Seitenbeziehung, scheint mir die Fülle der Fragen, die sie aufwirft. Solltest du, liebe Leserin, lieber Leser, an einen solchen kritischen Punkt der Beziehung angelangt sein, dann arbeite die in meinem Buch *Außen-Beziehung. Ende oder Neubeginn der Liebe?* genannten über fünfzig Punkte, allein oder zusammen, Punkt für Punkt durch. Jedes Paar, so könnte man paradox formulieren, kriegt genau die Krise, die es braucht. Die Krise enthüllt die geheime Wahrheit des Paares, die Sollbruchstelle der Beziehung, das Defizitäre. Darüber sollte das Paar allerdings nicht die Ressourcen, die Quellen seiner Liebesstärke, vergessen. (20)

Die Außenbeziehung ist kein Zufall. Nicht selten erweist sich der Seitensprung als *Sprungbrett zur Trennung*; er ist gleichsam die Generalprobe. Jeder von beiden darf sich in dieser Krise auch die Frage stellen: Will ich mit dem alten Partner noch zusammenbleiben? Oder klammere ich nur noch an unserer Beziehung aus Angst vor dem Alleinsein? Oder fürchte ich die Verurteilung der Mitmenschen? (20)

Ohne Verzeihen ist die Heilung einer Außenbeziehung nicht denkbar. Die Demut, um Verzeihung zu bitten, und die Fähigkeit, Verzeihung zu gewähren, sind die beiden Frieden stiftenden Kräfte unseres Lebens schlechthin. Wir alle sind verletzt worden. Wir alle haben verletzt. Wir alle sollten gelernt haben zu verzeihen. (20)

Soll man sich in der Krise einer Außenbeziehung Hilfe von außen holen? Unbedingt. Sie sollte allerdings professionell sein.

Freunde und Bekannte meinen es zwar mit ihren Interventionen gut, aber sie heizen oft nur die Emotionen an. Männer verbünden sich in dieser Situation leicht gegen *zickige Weiber*, Frauen gegen die *schwanzgesteuerten Männer*: Laien als Berater meinen es gut, es fehlt ihnen aber der geschulte Blick, Geduld und, vor allem, der *allparteiliche Blick*. (20)

Wer kann von Anfang an sagen, ob die Weiterentwicklung in der alten Beziehung an Stelle einer Trennung zu verwirklichen ist? Als Therapeut verstehe ich mich nicht als Anwalt der Beziehung um jeden Preis, sondern als Vertreter der schöpferischen Entwicklung. Der Suchprozess ist offen, das Leben bahnt sich, wie die Schneeglöckchen im Januar, seinen eigenen Weg durch die Verkrustungen des Gestern in das Morgen der Zukunft. Erneuerung, aber auch Trennung gehören zur seelischen Evolution des Menschen. Wo eine Beziehung nicht mehr lebensfähig ist, kann man nicht untreu sein, man ist nur noch konsequent. Treueforderung und Treueverpflichtung sind nur sinnvoll, solange die Beziehung als lebensförderlich und nicht lebensvernichtend empfunden wird. (20)

In einer guten Therapie, ob Einzel-, Paar- oder Gruppentherapie, sollte man, besonders als Mann, endlich auch oder wieder die Kunst erlernen, dem Partner Liebesbriefe zu schreiben. In der Therapie haben Frauen und Männer die Chance, eine Außenbeziehung zu entdämonisieren. Sie ist nichts Teuflisches, sie ist menschlich. Sie ist keine höhere Macht, sondern erklärbar. Kein „Alien", kein Außerirdischer, steht vor der Tür, sondern eine Jutta oder ein Franz. (20)

Die – durchgearbeitete – Außenbeziehung bedeutet oft die Befreiung aus dem existenziellen Frust und die Wiederentdeckung des eigenen Selbst und des Beziehungsselbst. Das Rumpelstilzchen entdeckt sich wieder als begehrenswerten Mann. Aus dem demütig funktionierenden Aschenputtel wird eine strahlende Prinzessin mit prickelnder Sektlaune. Die Beziehung selbst blüht wieder auf wie ein frisch gedüngter Rosenbusch. „Wir schäkern wieder wie Jungverliebte", vertraute mir ein Mann nach der Affäre seiner Frau und dramatischen Wochen der Diskussion an, „wir reden Tag und Nacht miteinander, und unsere Kinder sind ganz aus dem Häuschen." (20)

So hart es für manches Ohr klingen mag, wir reifen als Individuen nicht nur in der Beziehung, sondern auch in der Außenbeziehung. Sie kann, aber sie muss nicht das Ende der alten Liebe einläuten. Sie kann auch der Anfang des Neuen sein. Die Liebe ist Geschenk und Aufgabe zugleich. Die Liebe fordert uns prometheische Kräfte für unsere Veränderung ab. Wo ich mich entwickle, entwickelt sich meine Liebe. Die Liebe gibt mir die Kraft, mich zu entwickeln. Das ist die Polarität von Beziehung und Eigenentwicklung, von Du und Ich. (20)

TRENNUNG, SCHEIDUNG

Trennung – Trauma und Neuaufbruch

Meine eigene Trennung nach über einundzwanzig Jahren Ehe brannte wie Feuer in mir. Ich glaubte manchmal, schier von diesem Schmerz verschlungen zu werden. Ich brauchte drei Jahre dazu, die Gnade und das Lösende dieses Trennungsprozesses zu akzeptieren. Ich bin zugleich für die wunderbare neue Liebe in meinem Leben dankbar. Dass die Trauerarbeit um den verlorenen Partner und um eine volle Lebensphase meist lange Zeit braucht und nicht verdrängt werden darf, dass innere Verbundenheiten bestehen bleiben, dass es Beschenktsein durch den früheren Partner gibt – und auch Dankbarkeit ihm gegenüber, das habe ich gelernt. (6)

Eine Trennung, vor allem aber der vorausgegangene Treuebruch, ist für die meisten Frauen wie für die meisten Männer zunächst einmal eine existenzielle Katastrophe. Viele tragen die Verletzungen sogar ein Leben lang in sich weiter. (6)

Das Drama der verlassenen Kinder ist ein Kapitel für sich. Mit Recht ächten wir einen Menschen, der einen Hund an der Autobahnraststätte aussetzt. Dürfen wir bedenkenlos der „großen Liebe" folgen und die Kinder verlassen? Scheidungskinder sind, man mag es bagatellisieren, wie man will, geschädigte Kinder ... Solange es geht, solange Seelenarbeit auch nur den geringsten Sinn macht, sollten wir um die Beziehung kämpfen. Die Konsumideologie des „Ex und Hopp" richtet sonst in unserem Herzen verheerende Verwüstungen an. Die Frage ist jedoch erlaubt, ob zweitausend Jahre nach Christi Geburt der dogmatische Imperativ des Matthäus noch immer gilt: „Was nun Gott zusammengefügt hat, das soll der Mensch nicht scheiden". Wird nicht inzwischen in Deutschland jede dritte Ehe, in den Großstädten sogar jede zweite Ehe geschieden? (6)

Ist die Ehe deswegen ein „Auslaufmodell"? Eine solche düstere Prognose wäre mit Sicherheit übertrieben. Die Sehnsucht nach lebenslanger Ehe wird bleiben, aber vielleicht bloß nicht immer der Wunsch nach der Bindung mit demselben oder derselben. Familienrechtler nennen dieses Phänomen die „Kettenehe". Konsequenterweise interessiert das in den siebziger Jahren reformierte neue Scheidungsrecht nicht mehr die – praktisch unlösbare – Schuldfrage, sondern lediglich das „Zerrüttungsprinzip". Wenn die Partner die Ehe nicht mehr aufrecht erhalten können, dann ist der Richter gehalten, ihrem Scheidungswunsch zu entsprechen. (6)

Grundsätzlich kommt keine Trennung aus heiterem Himmel. Es gibt eine Reihe handfester diagnostischer Kriterien für das „Ausschleichen" einer Beziehung: Geringe Einsatzbereitschaft. Illoyalität. Verunsicherung und Einengung. Respektlosigkeit. Verlorene Achtung. Einsame Entscheidungen. Geheime Pläne.

Gravierende Unterschiede in der Lebensplanung. Fehlende Gemeinsamkeiten. Mangel an Humor. Körperliche Distanzierung. Finanzieller Verrat. (6)

Bevor wir eine Trennung anvisieren, sollten wir uns eine Paartherapie gönnen. Das ist das Mittel der Wahl. Die Kostenfrage ist dabei unerheblich, denn eine Scheidung kommt allemal unendlich viel teurer. Eine Serie von Paarberatungen bringt auf jeden Fall Gewinn. Im positiven Fall schaffen wir es, unsere Beziehung wie ein altes Haus total zu renovieren. Dann hat es sich gelohnt. Dann haben wir am Ende ein neues Stück Beziehungskultur geschaffen ... Wir lernen neue Fähigkeiten der Kommunikation, der Streitkultur, des spielerischen Eros, der Neugier und des Experimentes. Wir arrangieren unsere Lebenspläne neu, treffen schöpferische neue Vereinbarungen über unsere Arbeitsteilung, über Freizeit, Kindererziehung, Finanzen, Pflege des Freundeskreises. Wir leben, im Idealfall, plötzlich verrückte Ideen, wir ziehen uns sexy an, wir leben wieder spannend, wir erobern uns allein und zu zweit neue Freiheitsräume. Es gibt kaum etwa Aufregenderes als so einen gemeinsamen Neuaufbruch. (6)

Das ist auch der Grund, warum ich gerne Paartherapeut bin. Bereits der gemeinsame Entschluss eines Paares, mit einer Therapeutin/einem Therapeuten zu arbeiten, ist, salopp gesagt, die halbe Miete. Denn es bedeutet nichts anderes, als dass wir über Nacht den alten Grabenkrieg, das verbissene Schweigen, die sexuelle Erpressung, die Kränkung und die Bevormundung beenden, die Schuldfrage über Bord werfen, aufeinander zugehen und die schlummernden Paarpotenzen zwischen uns wieder aktivieren. (6)

Fast immer lasse ich irgendwann im Laufe einer solchen Paartherapie Frau und Mann auf meinen Korbsesseln eng gegenübersitzen und fordere beide auf, sich gegenseitig zu beantworten: „Was liebe ich an dir?" Nach so viel Anstrengung und Streit des Paares rührt es mich dann oft unbeschreiblich, wenn beide am Ende ihrer Liebeserklärungen in Tränen ausbrechen oder ergriffen aufstehen und sich stumm in die Arme nehmen. Ein Mann, überarbeitet, grauhaarig, übergewichtig, sagte einmal bei einer solchen Begegnung in meiner Praxis zu seiner Frau: „Warum haben wir uns so viel Liebes wie jetzt schon seit Jahren nicht mehr gesagt?" Die beiden entschwanden händchenhaltend wie Jungverliebte. (6)

Die Erfahrung zeigt: Die überwältigende Mehrheit der Paare, die sich in die psychologische Praxis wagen, gewinnen die Partie. Paare finden wieder zueinander. Verschüttete Gefühle können ausgegraben, Verletzungen geheilt werden. Im Prozess dieser „Zusammenführung" des Paares mache ich meist eine so genannte Familienaufstellung beider. Mit Hilfe von Teddys und Puppen lasse ich Frau und Mann jeweils ihre Herkunftsfamilie aufstellen … Wer so eine Familienkonstellation als Paar einmal miterlebt hat, sieht sich und den anderen mit völlig veränderten Augen an. Er begreift die unsichtbare emotionale Arbeitsteilung in der Beziehung, das Geheimnis der Partnerwahl, die nicht einlösbaren kindlichen Sehnsüchte an den Partner, faule Beziehungsverträge und vieles mehr. (6)

Manchmal ist die Liebe aber auch tot, so dass sie nicht mehr reanimiert werden kann. Das ist die andere Seite der Paartherapie. In diesem Fall bedeutet sie Trennungsarbeit. Sie kann das Ergebnis zeitigen, dass wir nobel und in Würde auseinandergehen dürfen. Das ist wertvoll. Es ist dies um so kostbarer, als wir zwar eine Fülle hochzeitlicher Bindungsrituale besitzen, aber keine Rituale für die Trennung. In der therapeutischen Trennungsarbeit kann ich am Ende Frau und Mann die drei wichtigen Fragen beantworten lassen: Wovon trenne ich mich gern? Wovon verabschiede ich mich schwer? Was nehme ich mit? (6)

„Immer soll die Liebe brennen nach dem göttlichen Gebot", heißt es in einem bäuerlichen Hochzeitslied des 19. Jahrhunderts, „niemand soll die Ehe trennen, niemand als allein der Tod". Schön, wenn es so einfach wäre. Das Leben und die Liebe sind komplizierter. Kämpfen wir rechtzeitig, solange es geht, um die Partnerschaft. Aber letztendlich gilt der alte Psychologensatz: Kinder können nicht gehen. Erwachsene dürfen gehen. (6)

Als ich selbst, der kleine Mathias, sieben Jahre alt war, ließen sich meine Eltern scheiden. Wir waren vier Kinder. Die Trennung war, kurz nach dem Krieg, eine Katastrophe. Die Familie brach auseinander. Wir drei Söhne wurden auf ein Jesuiteninternat ins Ausland geschickt. Die Katastrophe, so erkenne ich es heute als Erwachsener, lag weniger in der Trennung als solcher, sondern in der *Art* der Trennung. Die Eltern, um es schonend zu formulieren, taten sich schwer, mit der Situation und damit mit uns Kindern vernünftig umzugehen. Wir fühlten uns verlassen. Das schmerzte. Ich habe lange gebraucht, um meinem Vater und meiner Mutter ihre Trennung „zu erlauben". Solange ich das aber nicht tat, blieb ich psychisch ein Kind, dem alten Groll verhaftet. Hatten sie als Erwachsene nicht ein Recht auf diesen Weg? Was ihnen damals fehlte, war eine liebevolle Hilfestellung. (6)

Wieviel wäre meinen Eltern und uns Kindern durch eine professionelle Beratung erspart geblieben! Ihre Trennung hätte die Liebe zu uns Kindern nicht zu tangieren brauchen. Der Vater wäre uns als Vater erhalten geblieben. Diese Nachkriegstrennung, natürlich nach dem fürchterlichen Schuldprinzip, blieb wie ein dunkler Schatten in uns. Mich hat dieser Schatten wiederholt in meinem Leben daran gehindert, rechtzeitig Trennung zu wagen und, psychologisch gesprochen, „Trennungsarbeit" zu leisten. (6)

Deswegen geht es mir heute darum, die Trennung/Scheidung vom Odium des bloßen Scheiterns zu befreien. Trennung ist mehr, scheint mir, sie ist immer auch Abschied vom Quälenden, nicht mehr Lebbaren. Sie ist Aufbruch ins Neue, bislang Ungelebte. Trennungskrisen gehören unabdingbar zu den Geburts- und Entwicklungsstufen unseres Lebens. Trennung ist immer auch eine gewaltige seelische Leistung. Zugleich stellt sie sich meist als qualvolle Amputation bei lebendigem Leib ohne Narkose dar: als Absturz für den Verlassenen, als Schuldkomplex für den Verlassenden. Trennungen können so schlimm sein, dass wir sterben wollen. (6)

Und doch bedeutet der Schmerz auch, dass ich lebe. Die Trennung zerschneidet das Wurzelwerk zwischen uns. Jeder hat in den langen Jahren seine Wurzeln in die Psyche des anderen getrieben. Nun reißt auf einmal der andere seine Wurzeln bei mir oder ich die Wurzeln beim anderen heraus. Das ist der Schmerz der Entwurzelung und – vorübergehenden – Heimatlosigkeit. Das ist der Tod des Alten. In der Trennung werden wir der Endlichkeit unseres Lebens gewahr. Hinter uns liegt eine Lebensperiode, die nicht wiederholbar ist. Das ist so, wie der Philosoph Seneca gesagt hat: Der Tod liegt nicht nur vor uns, er ist als gelebtes, verbrauchtes Leben hinter uns bereits da. Liebe, Trennung und Tod gehören zusammen. Aus diesem Dreischritt besteht das Leben. (6)

Wir heiraten nicht immer nur aus reiner Liebe, sondern aus vielfältigen, oft verborgenen Motiven. In Tennessee Williams Stück *Plötzlich im letzten Sommer* heißt es einmal: „Wir benutzen einander und nennen es Liebe." (6)

Was Frauen öffentlich nie zugeben würden, das schreiben sie mir. Dass sie sich vor ihrer Eheschließung unattraktiv und nicht liebenswert fühlten. Als sie endlich den Mut fanden, einen Mann anzusprechen, und als dieser obendrein noch positiv reagierte, griffen sie, ohne viel zu überlegen, zu. Nicht immer erweist sich dann am Ende die erste Wahl als „Schnäppchen". Frauen, in einer patriarchalischen Gesellschaft immer noch eher zur Selbstabwertung erzogen, erliegen dieser „Minderwertigkeitsfalle" besonders häufig. (6)

Erfahrung ist eine stachelige Frucht sagt das Sprichwort. Wenn ich erkannt habe, aus welchen Motiven, das heißt aus welchen inneren Hemmungen, problematischen Bedürfnissen, ungestillten Sehnsüchten, Selbstabwertungen und vertrackten Seelenkonstellationen heraus ich geheiratet habe, so mag mich dies, nach der Trennung, vor weiteren Schadensfällen beschützen. (6)

Nicht umsonst liegt auf vielen Zweitbeziehungen so viel Segen. Da sind meist beide reifer geworden, die Kinderkrankheiten der ersten Beziehung sind überwunden; mit dem gemeinsamen Glück wird sorgfältig wie mit einem Porzellan umgegangen. Wir sind großzügiger, toleranter, gelassener. Wir ruhen mehr in uns. Wir brauchen den anderen nicht länger als

Reparaturkleister. Wir haben die Verantwortung für uns selbst übernommen. Man könnte fast formulieren: Ehejahre sind keine Herrenjahre. Sie sind Lehrjahre. Oft streicht auch der zweite Partner unseres Lebens das an Gewinn ein, worum sich unser erster Partner umsonst bemüht hat. (6)

Dürfen wir gehen, wenn die Sexualität nicht stimmt oder fehlt? Wenn alles nicht hilft und wir an diesem Problem ernsthaft gearbeitet haben, dann scheint es mir richtig und wichtig, auf die Sexualität in unserem Leben nicht zu verzichten und gegebenenfalls zu gehen. Das ist kein schäbiges Motiv, wie oft suggeriert wird. „Der Kampf um die Lust", kommentiert Friedrich Nietzsche, „ist der Kampf um das Leben". (6)

Man kann seines Partners auch zu sicher sein oder umgekehrt, der Partner fühlt sich zu sicher. „Mein Mann wird mich nie verlassen", sagte einmal in meiner Praxis eine Frau und Akademikerin von, wie mir schien, etwas allzu forschem selbstbewusstem Auftreten. Ein halbes Jahr später hatte sich ihr Mann mit einer anderen Frau aus dem Staub gemacht. Wenn wir uns des anderen zu sicher fühlen, dann respektieren wir seine Fremdheit und Eigenständigkeit zu wenig, fast verachten wir ihn insgeheim ein bisschen. (6)

Soll ich gehen oder soll ich bleiben? Nichts quält mehr als diese Unentschiedenheit. Manchmal dauert der Tanz um den heißen Brei jahrelang. Man kann nicht mehr zusammenleben, aber man kann auch nicht gehen. Das Alte geht nicht mehr, das Neue zeigt sich noch nicht. Wir zermartern uns mit Fragen das Gehirn: Reicht die gemeinsame Substanz der Beziehung noch? Darf ich dem anderen die schreckliche Kränkung zufügen, ihn zu verlassen? Muss ich nicht für so vieles dankbar sein? Darf ich das Ende der Ehe unseren Kindern zumuten? Was denken Freunde, Bekannte, vor allem aber die Familie von mir? Werde ich den Trennungsschritt nicht eines Tages furchtbar bereuen, ihn aber nicht rückgängig machen können? Schlittern wir beide nicht durch die Trennung in die roten Zahlen? Müssen wir die gemeinsame Wohnung, das Haus verkaufen? Werde ich überhaupt einen anderen Partner, eine neue Partnerin finden? Ist Scheidung nicht Schande? Hatten wir uns nicht gelobt, miteinander alt zu werden? Dann stoßen wir plötzlich auf einen Satz des Dichters Christian Morgenstern, und er fährt uns heiß ins Herz: „Wer sich selbst treu bleiben will, kann nicht immer anderen treu bleiben". (6)

Beziehungsambivalenz ist gegeben, wenn ich eine Beziehung als zu gut empfinde, um sie aufzugeben, und zu schlecht, um an ihr festzuhalten. Solange wir in der Beziehungsambivalenz sind, lähmen wir uns durch Pro- und Kontraerwägungen. Im tiefsten Innern hoffen wir, dass der Partner vielleicht etwas ganz Schlimmes gegen uns anstellt oder sich gar auswärts verliebt, um von der eigenen Entscheidung befreit zu werden. Wer wirft schon gerne eine jahrelange Beziehung wie Abfall auf den Misthaufen? Nicht enden wollend wägen wir die Vor- und Nachteile unserer Beziehung ab – und bleiben in dieser Waagemethode stecken. Offensichtlich ist der Versuch unproduktiv, das Für und Wider gleichsam mit der Apothekerwaage gegeneinander aufzurechnen. Wir verfehlen dabei die tieferen Probleme unserer Beziehung. (6)

Wichtig ist in der Krisensituation der Beziehung, rückhaltlos und sorgfältig, vielleicht auch mit Hilfe einer Freundin, eines Freundes, klare Diagnosen zu stellen. Dafür sind rund zwei Dutzend kritische Fragen unerlässlich:

War unsere Beziehung ursprünglich gut oder bildete sie von Anfang an eine Mesalliance? Wie oft höre ich in der Praxis Sätze wie: „Wenn ich ehrlich bin, die Sexualität stimmte vom ersten Tag an nicht." Oder: „Schon nach kurzer Zeit begann ich, mich mit ihr zu langweilen." Ferner: „Er kannte außer seinem Computer keine anderen Interessen. Wir hatten keine gemeinsamen Hobbys. Was mich interessierte, bewegte ihn nicht oder umgekehrt." Wenn sich die Situation so darstellt, dann liegt die Frage nahe, ob man etwas in Gang bringen kann, was überhaupt nicht da ist. (6)

Gibt es in unserer Beziehung häufiger Gewalt? Das müssen nicht unbedingt bereits Schläge sein. Körperliche Einschüchterung, Drohgesten, aber auch massiver verbaler Terror, das heißt chronisch lautstarkes Schimpfen und Anschreien, genügen. Hier, scheint mir, ist das Ende einer Beziehung erreicht. Es sei denn, der gewalttätige Partner geht schleunigst in eine Therapie, und die gepeinigte Frau – meistens sind ja die Frauen Opfer einer solchen Konstellation – setzt dem Gewalttäter ein Ultimatum: „Wenn du noch einmal gewalttätig wirst, lasse ich mich von dir scheiden." Körperliche und seelische Misshandlungen sind der Tod der Liebe. Jegliche Toleranz ist unangebracht. Das bin ich mir selbst schuldig. Wenn ich mir das gefallen lasse, versündige ich mich an mir selbst und provoziere meinen Opfer-Status. (6)

Habe ich oder der Partner bereits eine neue Lebensorientierung eingeschlagen, die eine Gemeinsamkeit ausschließt? Wenn einer von uns beiden ausgezogen ist, dann ist dies ein unübersehbarer Trennungsimpuls. Wenn einer von beiden (oder gar beide)! über Jahre hinweg eine Stelle an einem weit entfernten Ort annimmt, vielleicht sogar mit Billigung des anderen, so stellt sich die Frage, ob insgeheim in der Beziehung bereits die zentrifugale, das heißt die nach außen und auf Abbruch der Beziehung gerichtete Tendenz dominiert. Wenn ich mich – oder der Partner sich – immer stärker abschotte, den Partner ausgrenze, dann liegt eine innere Kündigung vor. (6)

Haben wir Respekt voreinander? Schätze ich die Klugheit, die Moralität, das Engagement, das Aussehen und die Körperlichkeit des anderen? Bin ich stolz, mich mit ihm/ihr sehen zu lassen? Genieße ich die Überlegenheit des Partners? Lerne ich immer noch von ihm? Falls dies alles nicht mehr zutrifft, liegt die Anmeldung des Beziehungskonkurses nahe. (6)

Stimmt das Geben und Nehmen zwischen uns? Oder fallen meine Bedürfnisse chronisch unter den Tisch? Schaffe ich es nur, mit Kraftakten meine Interessen durchzusetzen? Bin ich meist der Gebende? Ist der Partner ein materielles oder emotionales Sparschwein? Bin ich an einen skrupellosen Machtmenschen geraten? Fühle ich mich häufig gedemütigt? Da ist es wohl Zeit, das sinkende Schiff zu verlassen. (6)

Würgt ein Partner Problemdiskussionen grundsätzlich ab? Das ist nicht zu verwechseln mit einem Menschen, der eher wortkarg ist und nicht gelernt hat, seine Gefühle zu äußern. Solche Menschen haben oft eine Seele aus purem Gold und sind von ozeanischer Tiefe und Hilfsbereitschaft. Aber wenn ein Mensch grundsätzlich alle Versuche seines Partners, Rückmeldung zu erhalten, abblockt, dann ist, wie der Süddeutsche zu sagen pflegt, „der Ofen aus". (6)

Sexualität ist meist, nicht immer, eine Art Gradmesser für den Sauerstoff des ehelichen Wohlbefindens. Hält die kritische Phase in deiner Beziehung hartnäckig an, so kommst du nicht daran vorbei, dir folgende unbequeme Fragen zu stellen: Berührst du deinen Partner noch gern? Fasst er dich zärtlich an? Fühlt ihr euch beide voneinander erotisch angezogen? Bist du noch immer in seinen/ihren Körper verliebt? Schmust ihr noch gerne? Haltet ihr noch die Hand? Krault ihr euch den Nacken? Umarmt ihr euch spontan? Oder löst in dir schon der Gedanke an solche Zärtlichkeiten eine Gänsehaut aus? Falls alle Glut erloschen ist, liegt die Vermutung nahe, dass ihr euch definitiv fremd geworden seid. (6)

Sträubt sich dein Partner gegen jede Veränderung? Liebe heißt, so sagt man, den anderen so zu akzeptieren, wie er ist. Das ist jedoch nur die eine Hälfte der Wahrheit. Gewiss kann ich aus meinem rundlich-kleinen Ehemann keinen John Travolta oder aus meiner knabenhaft-schlankbusigen Frau keine Marilyn Monroe machen; gewiss muss ich andere Hobbys, fremde Neigungen und unterschiedliches Temperament grundsätzlich akzeptieren. Aber gibt es darüber hinaus nicht so etwas wie Paar-Evolution und Paar-Synthese auf einem fortschreitenden Weg? Die Ideologie des „Nimm-mich-wie-ich-bin" verdeckt in Wahrheit oft seelische Faulheit und Penetranz. (6)

Eine Partnerschaft einzugehen heißt, sich dem Chemismus von Aktion und Reaktion, von Änderung und Entwicklung auszusetzen. Das ist der Unterschied zwischen Partnerschaft und friedlicher Koexistenz. Friedliche Koexistenz herrschte zum Beispiel, nach dem Ende des Kalten Krieges, zwischen den konträren Gesellschaftssystemen Ost und West. Das war keine Liebe, sondern nüchterner Realismus … Eine Liebesbeziehung ist dagegen etwas grundsätzlich anderes als nur friedliche Koexistenz unvereinbarer Gegensätze. Beziehung ist Dialektik, wechselseitige Durchdringung, Formung und Formbarkeit durch einander. Wer sich diesem Prozess mit dem Alibi-Spruch „Nimm-mich-wie-ich-bin" entzieht, der spricht ein Todesurteil über die lebendige Beziehung. (6)

Hat dein Partner deine letzte Grenze überschritten? Du hast deine Forderungen glasklar und ultimativ ausgesprochen, er/ sie ignoriert sie weiterhin. „Wenn du mich noch einmal mit den Kindern allein lässt, gehe ich." „Wenn du mich noch einmal mit Sex erpresst, dann hast du mich zum letzten Mal gesehen." „Wenn du mich noch einmal betrügst, beende ich die Beziehung." „Wenn du mir weiterhin kein ordentliches Haushaltsgeld gibst, verlasse ich dich." „Wenn du bis Jahresende keine Alkohol-Entziehungskur gemacht hast, lasse ich mich scheiden." „Wenn du noch einmal mit deiner Mutter gegen mich koalierst, haue ich ab." Diese Grenzlinien markieren das definitive Ende einer Beziehung. Wenn du sie allerdings selbst nicht ernst nimmst, dann gleichst du einem Staat, der im Ernstfall sein Territorium nicht verteidigen kann. Du machst dich lächerlich. (6)

Gibt es grundsätzlich unüberwindliche und lebenshemmende Differenzen zwischen meinem Partner und mir? Wohlgemerkt, Unterschiede der Lebensanschauung und -führung sind das würzende Salz in der Beziehung. Es wäre schrecklich eintönig, wenn wir uns in der Partnerschaft miteinander wie das geklonte Schaf Dolly und sein Gen-Muster verhielten. Gegensätze ziehen sich an. Aber wenn du dich in deinem Partner überhaupt nicht mehr wiederfindest, wenn dich alle seine Interessen kalt lassen, wenn dich seine Lebensansicht, seine Lebensziele und Mentalität nur vor den Kopf stoßen, ist es dann nicht Zeit, zu dir zu stehen und dir endlich dein eigenes Glück zu suchen? (6)

Gibt es Verletzungen, die du deinem Partner einfach nicht verzeihen kannst? Oder Kränkungen, die dein Partner dir nicht nachsehen kann? … Wo Vergebung nicht gewährt werden kann, ist eine Beziehung vergiftet. Es ist so, als ob man eine Giftmülldeponie unter seinem Haus liegen hätte. Wo es keinen Rückweg zur Verzeihung gibt, da gibt es wohl auch keinen Weg zurück zueinander. (6)

Natürlich meldet sich bei dem Gedanken an die Trennung auch brunnentiefe Traurigkeit. Diese Trauer braucht mich jedoch nicht abzuhalten. Sie ist eine natürliche Reaktion auf den bevorstehenden Verlust. Sie zeigt mir, dass vieles auch gut war in der alten Beziehung. Die Trauer bringt die erschütternde Einsicht, dass ein ganzer Lebensabschnitt zu Ende geht. Sie konfrontiert mich mit meiner Endlichkeit, mit der Unumkehrbarkeit alles Lebendigen. Was einmal war, wird nie wieder sein. (6)

Ängste peinigen mich, die ich nie für möglich gehalten hätte: Die Angst zu verarmen. Die Angst, nie wieder einen Partner zu finden. Die Angst, unwiederbringlich Heimat zu verlieren. Die Angst, den größten Fehltritt meines Lebens zu begehen. Die Angst, als Verlassender ein moralisches Schwein zu sein. Die Angst vor göttlicher Strafe. Die Angst vor der Abwendung der Kinder. Angst, wohin ich blicke. Aber auch Klarheit und Neubesinnung. Endlich werde ich wieder zum Architekten meines Lebens. Wie eine jubelnde Lerche über das Feld steigt die Freiheit in mir hoch. Unglückliche Paare sperren sich gegenseitig in Kerker ein, wie das orientalische Sprichwort sagt: „Bindet zwei Vögel zusammen. Sie haben vier Flügel. Sie können aber nicht fliegen." (6)

Wenn ich in meiner Praxis Frauen oder Männer vor und nach der Scheidung erlebe, dann nehme ich oft etwas ganz Aufregendes wahr, was ich vorher meist nur mit einer gewissen inneren Hemmung anzusprechen wagte: Aus der übergewichtigen Endvierzigerin wird plötzlich eine schlanke junge, bei der jedem Mann das Wasser im Mund zusammenläuft. Der fahlgesichtige Kettenraucher mit schlaffer Bierwampe mutiert, als ob ein Wunder geschehen wäre, zum straffen Jogger, mit frisch durchbluteter Haut und neuem Glanz in den Augen. So ein Scheidungsmutant hat nämlich etwas kapiert: An meiner Scheidung und der früheren Sex-Misere war ich nicht ganz unschuldig. Wer sollte mich Trampel denn mit hechelnder Zunge begehren? (6)

Um es immer wieder zu sagen: Die Trennung demonstriert mir, dass ich meine Sache auf mich nehmen muss, dass ich letztlich, bei aller Verbundenheit mit den Menschen, allein bin. Ich kann auch nicht länger Bildungs- und Berufsdefizite an den Partner delegieren. (6)

Natürlich bringt mir die Scheidung nichts, wenn ich das Geschehene nicht begreife und nicht durcharbeite. Wenn ich zum Beispiel sofort zu einem neuen Partner renne, sozusagen von einem warmen Bett ins andere springe. Wir Männer neigen oft dazu, unsere Trauer wegzulachen oder, wie es ein gebildeter Mann in meiner Beratung drastisch formulierte, „wegzuficken". Das Nichtbewältigte meldet sich wieder. (6)

Wer sich während der Ehe chronisch in Außenbeziehungen wiederfindet („es passiert einfach"), für den bedeutet die Scheidung die Möglichkeit, endlich Konsequenzen zu ziehen und Klarheit in sein Leben zu bekommen. (6)

Jeder von uns erlebt und gestaltet die Qual einer Trennungssituation auf seine eigene Weise. Man könnte formulieren: Sage mir, wie du dich trennst, und ich sage dir, wer du bist. Der eine macht einen schnellen, gleichsam chirurgischen Schnitt in das Fleisch der alten Verhältnisse, der andere zögert jahrelang herum. Der eine mobilisiert immense Aggressionen, der andere leidet passiv und zum Steinerweichen. Der eine lässt sich das Fell über die Ohren ziehen, der andere jongliert meisterhaft mit seinen finanziellen Interessen. Der eine versteinert förmlich psychisch, der andere fließt vor Weinen fast auseinander. (6)

Andererseits suchen die meisten, wenn sie in der Trennungsoperation stecken, das Gespräch mit Vertrauten, aber oft auch mit dem Fremden. Ich habe noch nie so viel mit Geschiedenen gesprochen wie in dem Moment, als es mich selbst betraf, als mich Schmerz- und Schuldgefühle wegzuspülen drohten. Mir hat das außerordentlich geholfen. Vor allem begriff und spürte ich durch diese Gespräche, dass ich das Recht auf ambivalente Gefühle habe, auf Befreiungsgefühle einerseits und eine lange Trauerzeit andererseits. Jeder wird von einem anderen Schlüsselsatz, der ihm geschenkt wird, bis ins Herz getroffen sein und über ihn Dankbarkeit empfinden. (6)

Es gibt keinen „Trockenkurs" für Beziehungen. Die Liebe lernen wir in der Liebe. Gerade indem wir scheitern, werden wir beziehungsfähig. Scheidungen sind sozusagen die Lebensschulen unserer Beziehungsausbildung. Wir dürfen dabei auch von denen lernen, die uns in diesem Weg vorausgegangen sind und „überlebt" haben. (6)

Die Fähigkeit zum Alleinsein und sich etwa als Frau nicht ewig durch den „Besitz" eines Mannes zu definieren, ist unerlässlich. Das soll jedoch nicht zum anderen Extrem des totalen Rückzugs führen ... Am schwierigsten ist es wohl, die unvermeidlichen Schuldzuweisungen an den Ex-Partner abzubauen. Sie sind zunächst ja unerlässlich wichtig, um das eigene angeschlagene Selbstwertgefühl zu stabilisieren. Mit den chronischen Schuldzuweisungen stilisieren wir uns aber langfristig nur zum hilflosen Opfer. Wir lehnen damit die Verantwortung für uns selbst ab. Wir leugnen das Realitätsprinzip. Alles ist nur so gekommen, weil der Partner so ein Satansknochen war! Wir nehmen uns damit die Chance, die Trennung als einen Wachstumsschub für uns zu nutzen. (6)

Kinder dürfen nicht zur „Lösung" eigener Probleme missbraucht werden. Wir dürfen sie nicht in Geiselhaft nehmen, sie nicht instrumentalisieren gegen den Partner, sie ihm abspenstig machen, ihn damit erpressen, sie gegen ihn aufhetzen. Ich mag meinem Ex-Mann die Augen auskratzen wollen, er bleibt doch immer der Vater meiner, nein, unserer Kinder. Sie haben ein Grundrecht, einen Vater zu besitzen. Ich mag meine Ex-Frau ein „Flittchen" oder ein „kaltes Biest" schimpfen – für meine Kinder ist sie die Mutter und damit die Urinstanz ihres Lebens. Das darf ich ihnen nicht nehmen. (6)

Die rücksichtslose Inanspruchnahme von Rechtsanwälten richtet oft verheerenden Schaden an. Die Situation wird juristisch bis zur Unerträglichkeit angeheizt, die Forderungen steigen maßlos, nicht selten muss unüberlegt ein Haus verkauft und das potenzielle Erbe der Kinder verramscht werden. Andererseits sind gerade Frauen, die nicht einmal die Gehaltsstreifen ihres Mannes oder die Düsseldorfer Unterhaltabelle für Kinder kennen, auf handfeste juristische Hilfe bei ihrem nackten Überleben dringlich angewiesen. Hier bietet sich ein goldener Mittelweg an, der leider immer noch viel zu wenig bekannt ist: die Mediation. (6)

Die Technik und Profession der Mediation kam in den achtziger Jahren von den USA nach Deutschland. Es ist ein Trennungskonzept mit Hilfe eines Fachmanns, der Therapeut oder ein psychologisch geschulter Jurist ist. Im Vorfeld wird sich das Paar mit Hilfe des Mediators über die wichtigsten Dinge, die geregelt werden müssen, einig: die Unterhaltszahlung, die Teilung von Vermögen und Hausrat, das elterliche Sorgerecht, das Umgangsrecht. Anliegen der Mediation ist es, ohne Hinzuziehung der teuren Anwälte und ohne Kalten Krieg im Vorfeld bereits eine außergerichtliche Lösung zu finden. Der Mediator ergreift nicht Partei. Sein alleiniges Interesse ist es, dass das Paar schafft, was es vielleicht jahrelang nicht geschafft hat, sachlich die Konflikte auszudiskutieren, klar Wünsche zu äußern und wie in einem Tarifstreit Vereinbarungen zu treffen, mit denen beide anschließend leben können. (6)

Leider gehört Terror, besonders in der Form des Psychoterrors, häufig zur Ära nach der Scheidung ... Vor allem Männer haben einen Hang zu unkontrollierten und gewalttätigen Aktionen. Ein Weltbild ist in ihnen zusammengebrochen. Der Hass gilt der Frau, die ihnen durch ihren Weggang wehtut. Aber sie hassen zugleich auch sich selbst, weil sie sich zum ersten Mal in ihrem Leben schwach erleben. Jahrelang spielten sie die Rolle des beinharten Siegertypen. Jetzt zieht ihnen die „Alte" plötzlich den Boden unter den Füßen weg. Das schreit nach Rache. Noch einmal versuchen sie zu zeigen, wer der Herr im Haus ist. Ich habe in der Praxis gestandene Männer erlebt, die auf eindringliches Fragen zugaben, ihre Frau in dieser Situation geschlagen zu haben. Fast immer bagatellisierten sie dann dieses strafrechtliche Delikt mit den verharmlosenden Worten: „Ich habe ihr eine Ohrfeige gegeben." (6)

Gegen Trennungsterror muss man vorbeugen. Sich eine eigene Wohnung besorgen. Die Hilfe der Eltern oder guter Freunde organisieren. Sich juristisch gut beraten lassen. Den Terror des Ex-Partners öffentlich machen, um damit Bundesgenossen zu sammeln. Bei akuter Gefahr sich nicht scheuen, die Polizei zu holen. Man braucht einen randalierenden oder angetrunkenen Partner nicht in die neue Wohnung zu lassen. Den Chef über die private Situation verständigen, damit einen der/die Trennungsterrorist/in nicht in der Firma anschwärzt. (6)

Wem nach der Trennung nichts anderes einfällt, als eine psychologische Kriegsführung gegen den früheren Partner zu starten, der weigert sich, seinen Anteil am Konflikt und seine Probleme zu analysieren und zu bewältigen. In jeder Partnerschaft ist auch die Möglichkeit ihres Endes angelegt. Erwachsen sind wir geworden, wenn wir mit dem Ende einer Beziehung umgehen können. Alles andere ist infantile Realitätsverweigerung. Wer umgekehrt auch nur einen kleinen Schritt nachgibt und sich auf Erpressungen einlässt, der hat schon verloren. (6)

Man darf sich keine Illusionen machen: Die Auseinandersetzung mit dem alten Partner, das Lecken der Wunden also, die Vorwürfe, die Eingeständnisse, der Schmerz, das Nichtvollendete – das alles tut weh. Es ist ein Prozess voller Zwiespältigkeit. (6)

Ich glaube, es ist ein wunderschönes und unbeschriebenes Kapitel, wie sehr sich manche Ex-Partner oft noch großartige Hilfe leisten. Da sorgt sich zum Beispiel die Frau bei ihrem Weggang noch liebevoll darum, dass ihr Mann bei der Teilung des Hausrats genügend Porzellan, Geschirr, Bettwäsche und Dinge des Alltags bekommt. Es wird nicht um jeden Dreck gestritten, sondern großzügig zugeteilt. Eine Frau, so erinnere ich mich, schickte ihrem Ex-Mann sogar nach dem Umzug über fünfhundert Kilometer einen teuren, hochmodernen Fernsehapparat zurück, an dem sein Herz hing. Dazu wäre sie überhaupt nicht verpflichtet gewesen. Umgekehrt half ihr der Mann, ohne dass ein Gang zum Rechtsanwalt notwendig gewesen wäre, weit über die rechtlich gebotenen Grenzen hinaus, finanziell beim Ankauf eines Hauses in ihrem neuen Wirkungsort. Manche Partner bringen es sogar fertig, sich beim Auseinandergehen ein Abschiedsgeschenk zu machen. (6)

Wie wenig andere Ereignisse in unserem Leben lehrt uns die Trennung, über die Brüchigkeit unserer Existenz nachzudenken. Man kommt beim Sterbeprozess einer Beziehung nicht umhin, eine persönliche Lebensphilosophie zu entwickeln. Warum bin ich hier auf dieser Erde? Was will ich aus meinem Leben machen? Wie gehe ich mit Endlichkeit und Tod um? Was bedeuten mir Bindungen? Bin ich überhaupt liebenswert, so wie ich mich jetzt gebe? Stecke ich in einer Sackgasse meines Lebens? Was muss ich in mir entwickeln? (6)

Verlassen und Verlassenwerden – das hat mit der Treue zu sich selbst zu tun. Es gibt nicht nur die Treue gegenüber dem anderen. Im Laufe eines Lebens verlassen wir Menschen, und wir werden selbst verlassen. Wir lösen uns von vielen Dingen. Das ist der Preis des Lebens. Immer wieder müssen wir auch Menschen und Verhältnisse aufgeben, die wir lieben. Das verlangt die Treue zu unserer Entwicklung. Scheidungen sind, so gesehen, oft ein innerer Sieg. In Trennungen ordne, kläre und schütze ich mein Leben, gebe ich der Entwicklung Platz. (6)

So wie die Trennung eine grundlegende Existenzerfahrung ist, so weist sie dialektisch auf die unerschöpfliche Fähigkeit des Menschen hin, sich wieder neu mit anderem Leben zu verbinden. Denn ein Leben ohne menschliche Beziehung ist nicht lebenswert, und es ist nicht gut, dass der Mensch allein sei. (6)

Trennung bedeutet, sich neuen Boden für ein menschenwürdiges Leben zu schaffen. Trennung bedeutet, sich vom anderen loszureißen, aber auch, den anderen gehen zu lassen. Wenn überhaupt, ist dies oft die einzige Möglichkeit, das Gute, was in der gemeinsamen Beziehung war, zu bewahren. (6)

Hier wäre nun der Zeitpunkt, um Verzeihung zu bitten, Verzeihung zu gewähren und Dank zu sagen. Wo ich um Verzeihung bitte, da akzeptiere ich die dunkle Schattenpersönlichkeit in mir. Da mache ich mich nicht zum Opferlamm und zum Märtyrer einer Ehehölle, sondern ich respektiere die Kompliziertheit und Schmerzhaftigkeit in der Beziehung. Jede Beziehung ist Menschenwerk, Laubsägearbeit, wenn man so will. Das Grundmaterial ist nicht immer das beste, die Werkzeuge sind oft wenig geeignet, der Sachverstand mangelhaft. (6)

Wenn ich die Ex-Partnerin, den Ex-Partner um Verzeihung bitte, dann gestehe ich etwas von meiner Menschlichkeit ein. Denn Menschlichkeit ist immer auch Schwäche, Eigenart, Unreife und Unvermögen. Mit der Akzeptanz dieser dunklen Seiten in mir betrete ich die Erwachsenenebene. Nur Kinder beschuldigen immer den anderen. (6)

Indem ich umgekehrt Verzeihung gewähre, gebe ich mir die Erlaubnis, mich von dem Ex-Partner zu lösen. Ich nehme Abstand von meinem Groll und dem „Museum meiner Verletzungen". Ich demonstriere meine Blessuren nicht mehr wie ein Kriegsveteran, sondern ich nehme sie an und setze sie in Beziehung zu all dem Guten, das ich von meinem Partner empfangen habe. (6)

Nichts hilft schließlich mehr, aus einer Beziehung mit aufrechtem Gang herauszugehen, als der Dank. Im Dank stelle ich die richtigen Proportionen her. Ich mache meinen Partner und unsere Beziehung nicht länger zum Schrott. Ich entwerte unsere alte Liebe nicht, sondern ich rufe mir in Erinnerung, welchen Reichtum ich auch der alten Partnerschaft verdanke. Sie hat mich geformt. Ich wurde beschenkt. Ich habe viel gegeben. Es war ein wichtiger, aus meiner Biografie nicht mehr wegzudenkender Lebensabschnitt. Ich trenne mich vom anderen *und* ich nehme das Schöne von ihm in mein Herz hinein. Geschiedene sind verwundete Menschen und tun gut daran, sich gegenseitig von der Schuld loszusprechen und sich die Wunden mit den Pflastern der Dankbarkeit zu versorgen. (6)

Als Geschiedene sind wir verwundet. Ziel unserer „Heilung" kann nur bedeuten, wieder gesund zu werden, indem sich die Wunden schließen, das heißt, indem wir über uns selbst wieder frei verfügen und uns entwickeln können. Vergebung ist, und da liegt die religiöse Analogie nahe, ein Vorgang der „Lossprechung", der „Erlösung" von den Verstrickungen der gescheiterten Liebe und der eigenen gefesselten Persönlichkeit. Versöhnung zählt deshalb zu den psychodynamisch schwierigsten und reifsten Leistungen des Menschen. (6)

Indem ich mich mit mir selbst versöhne, muss ich den anderen nicht mehr verfolgen. Ich kann weiter akzeptieren, dass der andere/die andere wie ich selbst ein Wesen der Widersprüche ist, ein „compositum mixtum" von Gut und Böse. Ich gebe zwei Illusionen auf – die Täuschung über mich selbst wie über den anderen. So wie ich den anderen, vor allem im Honeymoon der Liebe, idealisiert und seine Schattenseiten vergoldet habe, so gehe ich jetzt, beim Abschied, durch eine Phase der Desillusion, der Ent-Täuschung. Ich gewinne ein realistisches, das heißt differenziertes Bild über ihn wie über mich. (6)

Ein Abschiedsfest wird nicht jedermanns Sache sein, weil es überfordern kann. Fast immer empfehle ich jedoch in der Therapie einen *Abschiedsbrief*. Diesen Abschiedsbrief kann man real seinem Partner zuschicken. Man kann den Brief aber auch, wenn die Situation noch zu wund oder bösartig ist, imaginär, das heißt für sich schreiben und ihn bei sich aufbewahren. So ein Abschiedsbrief dient der Klärung. Es ist eine kostenlose Therapiestunde. Vermutlich werde ich dabei noch einmal in Tränen ausbrechen und der Magen wird sich umdrehen, aber es geht mir danach besser. (6)

In einen Abschiedsbrief lege ich alles hinein, was mir auf der Seele liegt: Meinen Zorn, meine Wut, meine Enttäuschung, meine Fassungslosigkeit. Ich finde aber auch Worte für all das, was gut zwischen uns war. Was ich mitnehme. Wofür ich mich bedanken möchte. Was mich geformt hat. Was ich an dem anderen bewundere. Was er mir vorgelebt hat. Was ich an ihm verstehen kann. Was ich ihm wünsche. Was ich mir wünsche. Welcher Lebensabschnitt hinter mir liegt und welcher mir bevorsteht. (6)

Wenn wir dem Ex-Partner ein Abschiedsgeschenk machen, beschenken wir uns letztlich damit selbst. Mit diesem Geschenk zieht etwas in die neue Wohnung und das Herz des früheren Partners mit. Ich bin bei und in ihm anwesend. Ich habe ein kleines Stück Wiedergutmachung geleistet, das mich selbst befreit. Der Mensch, den ich einmal geliebt habe, ist immer noch beschenkenswert. (6)

Scheidungskinder sind fast immer geschädigt. Das ist eine Tatsache. Das spricht jedoch nicht gegen die Notwendigkeit von Scheidung. Denn wenn ein Paar an einer Ehe festhält, die längst nicht mehr lebbar ist, dann kann auch diese eine, vielleicht noch schlimmere vergiftete Kindheit für Söhne und Töchter bedeuten. (12)

Die Liebe bedeutet auch die Fähigkeit, eine Trennung auszuhalten und nach der Trennung weiterzuleben. (25)

Verzeihen und Versöhnen

Widersprüchliche und unverarbeitete Gefühle etwa zu unseren Eltern können unser ganzes Leben, wie die Radioaktivität des Reaktors von Tschernobyl die Ukraine, vergiften: Gesundheit, Wohlbefinden, berufliche Zufriedenheit und die Architektur unserer wichtigsten menschlichen Beziehungen. Ständig erlebe ich, dass Ehen bedroht sind oder zerbrechen, weil einer oder beide von ihren unbegriffenen seelischen Kindheitswunden negativ geprägt sind. Wer Dauerkämpfe mit

Ehepartner, Kindern, Schwiegereltern, Verwandten, Freunden, Kollegen oder Vorgesetzten führt und das Leben zum Kampfplatz seiner Neurosen macht, der sollte sich einmal das Museum seiner kindlichen Verletzungen ansehen und ausräumen. (12)

Meist, und das hängt mit unserer Elternvertreibung zusammen, lassen wir auch unsere eigene Schattenpersönlichkeit nicht zu. Denn wenn ich einmal akzeptiere, dass auch ich prüde, kleinkariert und autoritär bin, dann müsste ich von meinem hohen Sockel unerbittlicher Staatsanwaltschaft heruntersteigen. Ich müsste mich bei ihnen entschuldigen und mir selbst verzeihen können. Ich müsste auch den Eltern eine Schattenpersönlichkeit (C. G. Jung) zubilligen. Das Nichtverzeihen ist Unfrieden in Permanenz. Es ist Realitätsverleugnung. Es ist Überheblichkeit. (12)

Ich selbst konnte zum Beispiel meinem Vater trotz gründlicher Therapie letztlich nicht die Scheidung verzeihen (dabei hatte meine Mutter auf der Trennung insistiert), bis ich selbst mit über fünfzig Jahren nach zwei Jahrzehnten Ehe in die gleiche Situation wie er kam. Jetzt musste ich vom hohen Ross meiner Arroganz heruntersteigen. Eigentlich hatte ich geschiedene Männer insgeheim als instabile Typen verachtet. Mir würde das nie passieren, glaubte ich in meiner Hybris. In der Situation der eigenen Scheidung hätte ich so gerne noch einmal mit meinem Vater gesprochen, seine Wahrheit und seine Gefühle von damals erfahren, auch seinen Rat erbeten. Ich bin ihm noch einmal ganz nahegerückt. Leider hat er das Geheimnis seiner Scheidungsgefühle mit ins Grab genommen. (12)

Der Unfrieden gegenüber den Eltern erfordert einen hohen Preis – das ständige Abfließen von Energie. Ich warte, als sei ich ein hilfloses Opfer. Ich warte, dass die Eltern sich ändern oder sich entschuldigen. Natürlich warte ich vergebens. Solange ich darauf hoffe, dass meine Mutter oder mein Vater den ersten Schritt tut, quälen mich meine versteckten Wutgefühle. Ich komme von den Negativfiguren des seelischen Marionettentheaters, dessen geheimer Regisseur ich selbst bin, nicht los. Ich koche vor Rache. (12)

Wie oft erlebe ich, dass Klienten mit einer neurotischen Elternbeziehung unter Magengeschwüren, hohem Blutdruck und Herzkrankheiten, manchmal auch Migräneattacken und verringerter Vitalität leiden. Unfrieden bedeutet Wut. (12)

Im Unfrieden gedeiht kein Mensch, keine Gesellschaft, keine Kultur. Wenn ich Friede mit einem anderen schließe, schließe ich Frieden mit mir selbst. Ich vermag aber erst dann, und das ist die Paradoxie, Frieden mit einem Verletzer zu schließen, wenn ich selbst stark genug geworden bin und mich liebe: Weil ich mich liebe, möchte ich nicht mehr in der Lieblosigkeit leben. Zum Friedensschluss gehört Einsicht in die Dramaturgie des Lebensdramas, Selbstkritik, Großzügigkeit und Mut. (12)

Verzeihen heißt nicht, einfach Nachsicht zu üben. Wenn meine Mutter oder mein Vater gefühllos und kalt waren, dann sage ich mit meinem Verzeihen nicht, es war gar nicht so schlimm. Doch, es war schlimm. Es hat jahrelang gequält. Es hat mein Leben verändert. Kurz, ich kann so lange nicht verzeihen, wie ich selbst die Verletzung verdränge, bagatellisiere, leugne, beschönige oder rechtfertige. Wofür soll ich dann überhaupt Verzeihung geben? Indem ich die Verletzung bagatellisiere, verrate ich noch einmal das verratene innere Kind in mir. (12)

Verzeihen ist eine Reise, ein Prozess. Ich kann verzeihen aus dem Gefühl, endlich befreit und gesund geworden zu sein. Längst leite ich meine Identität nicht mehr davon ab, was mir in der Vergangenheit angetan wurde. Besteht zum Beispiel meine Persönlichkeit, die des alten Mathias, wirklich in ihrer Hauptschicht aus den Internatserfahrungen? Das wäre ja lächerlich, gemessen an der Breite des Lebensstromes, der mich zu meinem Heute hingetragen hat. Das heißt, immer dann, wenn ich verzeihe, weise ich der Vergangenheit den ihr angemessenen Platz zu. Das mitgeschleppte emotionale Gepäck der Verletzungen hat sich als anachronistisch, als nicht mehr zeitgemäß erwiesen. Das Unerledigte habe ich bearbeitet, den Schmerz kann ich zurücklassen, das alte Drehbuch werfe ich über Bord meines Lebensschiffes. (12)

Natürlich ist eine gewisse Strecke von Empörung und Wut gegen die Eltern oder etwa gegen den Expartner als Abgrenzung wichtig, aber es muss eine Übergangsstrecke bleiben, sonst wird mein Verhalten neurotisch. (12)

Jetzt kann ich sagen: Ich wurde verletzt. Ich habe überlebt und viel daraus gelernt. Ich lebe. Ich bin in Ordnung. Für die Verletzungen, die mir die Eltern zufügten, bin ich nicht mehr verantwortlich. Ich war ohnmächtig, jetzt bin ich meiner mächtig. Ich bin kein Opfer mehr. Ich habe das Steuer in der Hand. Ich kann mein Leben gestalten, wie ich es möchte. Ich bin ein erwachsener Mensch. Ich darf wütend sein, aber ich bin kein Hampelmann meiner Wut … Ich habe meinen Hass und Groll aufgegeben, ich habe meinen Eltern verziehen, obwohl sie mich verletzt haben. Ich bin ihnen aber auch dankbar. Sie sind Menschen wie ich, mit Licht und Schatten. Ich bin nicht ihr Richter. Es war auch eine immense Arbeit von ihnen, mich zwanzig Jahre auf den Weg ins Leben zu begleiten. Vieles habe ich von ihnen positiv mitgenommen. Ich verstehe jetzt auch, wo sie sich selbst im Wege standen. Wie es zu den Verletzungen kam. Das nimmt nichts von ihrer Schwere, aber meine Erkenntnis rückt die Proportionen zurecht. (12)

Die Reise des Verzeihens ist schon deswegen wichtig, weil die meisten von uns eines Tages in die Situation kommen, die alten Eltern zu pflegen oder ihre Pflege zu organisieren. Wie sollen wir das machen, wenn wir unversöhnt sind? Einen Vater wickeln, wenn ich ihn hasse? Eine Mutter an den intimsten Stellen waschen, wenn ich sie, Wut im Herzen, ablehne? (12)

Nicht vergessen und doch vertrauen auf die eigene Kraft und Lebendigkeit, das ist der Gewinn der Reise des Verzeihens. Jeder kann verzeihen. Lernen wir die Kunst des Verzeihens, denn es ist die Kunst der Befreiung, für die ich mich entscheiden kann. Ich muss den Menschen, der mich verletzte, *davonkommen* lassen, damit ich selbst *davonkommen* kann. (12)

Wo ich „negative" Energien loslasse, das ständige Schürfen an meiner Wunde des Gekränktseins, gewinne ich Energien für positive Entwicklungen. Vergeben bedeutet nicht, die Streitigkeiten und Meinungsverschiedenheiten zu bagatellisieren und die Eltern wie Heilige zu behandeln. Es heißt vielmehr, dass ich durch den Akt des Verzeihens mein Verhältnis zu den Eltern ändere, dass ich sie wieder liebe, anstatt einen Dauerflunsch zu ziehen und übel zu nehmen. (12)

Ich kann eine andere Meinung als meine Eltern haben und sie dennoch mögen. Ich kann mitunter noch Traurigkeit und Zorn bei mir spüren und mich ihnen doch nahe fühlen. Ich lerne, ihre unterschiedlichen Meinungen, die oft im Erfahrungsstoff einer anderen Generation wurzeln, zu respektieren. Wenn ich meinen Eltern verziehen habe, wachen liebevolle Empfindungen von selbst wieder auf. Die Vergangenheit ist nicht länger ein Albtraum. Ich löse meine Verspannung in dem Moment, in dem ich meine Verteidigungsstellung verlasse. Wo ich die Liebe zu meinen Eltern wieder zulasse, gewinne ich meist auch wieder ein liebendes Verhältnis zu der Welt. Ich lasse Intimität zu, kann meinen Abstand, meine Verpanzerung und mein Kontrollbedürfnis abbauen. Wie *Hans mein Igel* im Grimmschen Märchen lege ich meine Igelshaut ab. Ich bin dann zwar nackt und verletzlich, aber ich bin auch wieder offen für Häutungen. (12)

Die *via regis*, der Königsweg der Versöhnung, ist ein Brief an Mutter oder Vater. Die Eltern können tot oder lebendig, der Brief fiktiv oder real sein, darauf kommt es nicht an ... Wichtig ist allein, dass es ein *heilender* Brief wird, so ehrlich und rückhaltlos wie möglich. Den Brief sollte ich in einem geschützten Raum schreiben, das heißt an einem ruhigen Wochenende, ohne sonstige Belastungen und in guter gemütsmäßiger Verfassung.

Wichtig ist es auch, dass jemand da ist, der mich auffängt. Denn die Dynamik des Schreibens ist nicht zu unterschätzen. Fast alle meine Klienten berichten mir, dass sie beim Schreiben geweint haben, schrien oder Bücher auf den Boden schmissen, dass sie litten wie die Hunde, aber sich am Ende frei fühlten. Es ist ein Prozess der Erschütterung und inneren Reinigung. Den Brief kann ich auch symbolisch zustellen: Ich verbrenne ihn und streue die Asche in den Wind, ins Meer, auf das Grab des Adressaten. (12)

Ich tat dies selbst gegenüber meinem geschiedenen Vater und schrieb etwa zehn für mich aufwühlende Seiten. Ich klagte meinen Vater an. Ich schleppte ihn vor das Tribunal meiner Seele und konfrontierte ihn Punkt für Punkt mit all seinen „Untaten". Dabei weinte ich zum Steinerweichen. Fast noch mehr geweint habe ich, als ich Vaters schöne Seiten würdigte, seine Klugheit, seine gleichbleibende Freundlichkeit, seine ärztliche Kompetenz, Sportlichkeit, Musikalität (er war ein guter Klavierspieler), seine Heiterkeit im Umgang mit Patienten und Freunden. Ich entschuldigte mich auch bei ihm, dass ich fast ein Leben lang mit der „geliehenen Stimme" meiner – enttäuschten – Mutter über ihn gesprochen und ihm damit den Zugang zu meinem Herzen verwehrt hatte. Der letzte Satz des Briefes an meinen Vater lautete: „Ich liebe dich." Über diesen Satz, der mir sozusagen herausrutschte, der in Wahrheit jedoch von meinem Unbewussten diktiert worden war, habe ich selbst am meisten gestaunt ... Ich bin bis auf den heutigen Tag versöhnt mit meinem Vater. In meiner Praxis habe ich ein großes Foto von ihm, teuer gerahmt, aufgehängt. Ich sehe Vater täglich mit Wohlgefallen. (12)

Ein guter Weg zur Versöhnung mit den Eltern kann die *Familienaufstellung* sein ... Aber die Familienaufstellung ersetzt nicht die „Mühen der Ebene" (Brecht) einer Therapie, die Zeit braucht. Psychotherapie ist immer auch detektivische Arbeit, langsames emotionales Aufbrechen, ein Entwicklungsprozess mit Rückschlägen, Stagnation, Auf- und Durchbrüchen. Generell möchte ich Vorsicht allen therapeutischen Blitzverfahren gegenüber anraten, die wie eine chemische

Großreinigung die sofortige Entfernung seelischer Flecken versprechen. (12)

Man mag mich totschlagen und der Verliebtheit in die Körpertherapie bezichtigen, aber ich lasse nicht ab von dem Gedanken, dass eine kraftvolle Umarmung immer noch das stärkste Argument in der Liebe ist: Umarme deinen „Gegner", bis er sich ergibt ... Natürlich ist das mit dem In-den-Arm-Nehmen nicht immer einfach. Aber wer von uns hätte das nicht auch schon gelernt, gegenüber dem Partner, Freunden oder mit den eigenen Kindern. Wir alle verfügen doch über ein hohes Maß an Körpersprache. Ich möchte die Eltern sehen, die sich auf Dauer der Umarmungsstrategie zu entziehen vermögen. Insgeheim sehnt sich doch jeder Mensch nach Körperkontakt. Er muss seine Sehnsucht vielleicht erst spüren lernen. Man muss halt einen Vater, eine Mutter bitten, „darf ich dich einmal in den Arm nehmen". Naturgemäß kann man ihnen nicht mit der übergriffigen Naivität eines Neufundländers einfach sabbernd auf den Schoß springen. Die Annäherung ist vielmehr wie eine Therapie und braucht zarte Fingerchen. (12)

Ach, hätte ich es doch auch geschafft, meinen Vater vor seinem Tod so zu umarmen. Ich war noch nicht so weit. Die Geschichte zwischen Eltern und Kindern ist ein langer Prozess, der mit dem Tod der Eltern oft noch nicht zu Ende ist. Diese Geschichte ist Lebendigkeit pur, aber auch ein Drama von Irrungen und Wirrungen ... So steht es um die Dynamik der Eltern-Kind- und Kind-Eltern-Beziehung. Wir sind miteinander *verstrickt*. (12)

Irren ist menschlich. Um Verzeihung bitten ist noch menschlicher. Verzeihen ist am menschlichsten. Ein Präsident Clinton hat sich für die Rassentrennung entschuldigt und für das Unrecht, das den schwarzen Bürgern Amerikas von den Weißen angetan wurde. Der südafrikanische Ex-Präsident De Klerk bat öffentlich um Entschuldigung für das grausame Apartheidsystem am Kap der Guten Hoffnung. Die Evangelische Kirche Deutschlands gab nach dem Krieg ein Reuebekenntnis für ihre Unterstützung des nationalsozialistischen Regimes ab. Papst Johannes Paul II. bat um Verzeihung seiner Römischen Kirche für die Kreuzzüge, die Inquisition, den Sklavenhandel, aber auch für die Verketzerung von Calvin, Luther und Zwingli. (20)

Wenn Partner im Alltag nicht mehr zueinander finden und sich die lebensnotwendigen Formen einfacher Zuwendung verweigern – Berührungen, Küsse, Kosewortc –, dann beruht dies oft darauf, dass sie Groll gegeneinander hegen. Verletzungen in der Vergangenheit wurden nicht aufgearbeitet. Man kann sich nicht versöhnen. Die Partner verfügen über keine Rituale des gegenseitigen Verzeihens und der Wiedergutmachung. So schwären selbst kleine Wunden und Kleinstverletzungen vor sich hin. Sie verhindern Berührung und Wiederannäherung. (35)

Wo wir nicht verzeihen, auch in Kleinigkeiten nicht, bewegen wir uns in einer, wie die Psychologie sagt, *symmetrischen Eskalation*, das heißt der eine schießt, der andere schießt zurück. So geht es ohne Ende. (35)

Beim Verzeihen gibt es drei Möglichkeiten. Der um Verzeihung Gebetene kann auf die Bitte um Verzeihung antworten: „Ich kann dir nicht verzeihen." Das ist dann das Ende einer Beziehung. Wer meint, diese harte Wahrheit in sich zu spüren, der muss auch so konsequent sein, sich und den anderen aus der Beziehung zu entlassen. Es ist unzumutbar, an der Seite eines Partners weiterzuleben, der einem nicht verzeiht.

Die Antwort kann aber auch lauten: „Ich kann dir noch nicht verzeihen." Das bedeutet: „Lass mir noch Zeit. Es tut alles noch so weh. Ich brauche noch eine gewisse Zeit lang deine aktive Reue und Wiedergutmachung." Damit kann der andere, wenn es ihm ernst ist, eine Zeit lang leben. Er hat das Recht, danach zu fragen, wie lange die „Probezeit" etwa dauern wird und was *konkret* der gekränkte Partner an Verhalten respektive Wiedergutmachung erwartet.

Die dritte Antwortformel ist die klarste. Sie gibt sofortige Hoffnung. Sie lautet: „Ich verzeihe dir." Dabei muss der um Verzeihung Bittende wie der Verzeihung Gewährende klar und ohne Vorbehalt sein. Ein „Ja, aber" ist nicht erlaubt. (35)

Paare tun gut daran, mit Wiedergutmachungen zu arbeiten. Der Mann hat wieder einmal den Samstagmorgen beruflich blockiert und die Frau mit den Kindern zu Hause sitzen lassen. Er entschuldigt sich und bietet, weil es wiederholt geschehen ist, Wiedergutmachung an: Dafür nimmt er sich einen Wochentag frei und geht mit den Kindern in den Zoo. Jetzt spürt die Frau seinen guten Willen und kann verzeihen. Oder die Frau war wegen ihres Heilpraktikerkurses wochenlang nur kurz angebunden und abweisend. Jetzt offeriert sie ihm einen gemeinsamen Kurzurlaub ohne Kinder – und ohne Lehrbücher! Er lächelt wieder. Der Rechtsfriede ist wieder hergestellt. War man garstig zueinander, so kann man als Paar auch mit einem kleinen Versöhnungsritual den Zwist versinnbildlichen und beenden: Beide werfen eine Brennnessel von einer Brücke ins Wasser. Dann küssen sie sich die alte Brennnesseligkeit von den Lippen. Das tut gut. (35)

Nicht anders verlief auch der feierliche Auszug meiner Klienten Laura und Henning (Namen geändert) aus dem „Museum der Verletzungen". Ich hatte beide gebeten, sich zur letzten Sitzungsstunde je einen Verzeihenssatz zu überlegen. Sie kamen festlich angezogen. Sie stellten sich in respektvollem Abstand gegenüber. Henning sagte: „Laura, ich bitte dich um Verzeihung, dass ich deine Depression nicht ernst genommen habe und mich mit Karin ablenkte." (Karin war eine flüchtige platonische Liebelei). Laura antwortete: „Ich verzeihe dir."

Dann bat Laura: „Henning, ich bitte dich um Verzeihung, dass ich dir einen Seitensprung unterstellt habe. Entschuldige, dass ich glaubte, du hättest mich aus Mitleid geheiratet." Henning: „Ich verzeihe dir."

Beide brachen in Tränen aus. Beide lachten. Museum der Verletzungen geschlossen. (35)

DAS DUNKLE IN UNS

Schatten

Der Schatten ist nach C.G. Jung oft das Negative, Abgespaltene unserer Identität, unserer „zweiten Persönlichkeit", oft aber auch ein durchaus positives, noch nicht realisiertes Element in unserem bewussten Leben. Den Schatten zulassen, ihn zu erkennen und zu akzeptieren, heißt, seinen Würgegriff zu sprengen. Das bedeutet, meine Persönlichkeit in ihrer Ganzheit zu leben. (16)

In jedem von uns steckt, etwas übertrieben gesprochen, ein Dr. Jekyll und ein Mr. Hyde, eine Außenpersönlichkeit und ein Selbst – eine Maske für den Umgang mit der Welt und ein geheimes, nächtliches Ich, das wir vertuschen. Wer möchte schon gerne Lüsternheit, aggressive Impulse, Hass, Eifersucht, Wut, Geiz, Lüge, Engstirnigkeit zugeben! Und doch liegen sie ganz dicht unter unserer Haut, nur unter einer millimeterdünnen Tarnung verborgen. (16)

Wie entsteht eine solche Schattenbildung in unserem Leben? Antwort: durch Erziehung, Normen, durch Imitation. Jede Kultur steckt sozusagen andere Dinge in den Sack des Schattenbereiches. In der antiken Sklavenhaltergesellschaft ist es Freiheit und Individualität des Individuums, seine unverzichtbare Seelenhaftigkeit. Im Christentum verschwindet die Sexualität im Sack ... Im gleichen Maße, wie sich das bewusste Ich in der zwei Jahrzehnte währenden Erstdressur unseres Lebens entwickelt, so wächst auch das unsichtbar Verdrängte, der Sack, der Schatten. Ich und Schatten gehören unzertrennlich zusammen. (16)

Der Schattenbereich unserer Seele ist, pathetisch gesprochen, unsere „Hölle" und unser „Himmel". Hier hausen Zorn, Aggression und Schäbigkeit, aber auch noch nicht entwickelte Anlagen und Begabungen. Der Schatten ist die verlorene Tiefe der Seele, ist dunkle Energie, aber auch das bislang noch nicht gewagte Schöpferische in uns. (16)

Wir leben, ob wir das wahrhaben wollen oder nicht, in einer kollektiven und einer privaten Schattenwelt. In einer konservativ-christlichen Familie mussten wir etwa Atheismus, Mischehe und Homosexualität verachten lernen, in einem großbürgerlichen Milieu begegnen wir Arbeitern und Menschen aus der Unterschicht mit Herablassung, als Norddeutsche halten wir Süddeutsche für etwas trottelig, als Süddeutsche empfinden wir Norddeutsche als emotionale Eisbären. Hier ist es wichtig zu fragen: Was ist mein Familienschatten? Was durfte in unserer Familie nicht sein? Durfte ich nicht „langweilig" sein? Durfte ich nicht „frech" sein? War es inakzeptabel, krank zu sein? Galten Schwarze, Juden, Türken als Menschen zweiter Klasse? War ein Mann ohne Wehrdienst oder Kriegsteilnahme ein Schwächling? War nur eine Frau mit vielen Kindern eine richtige Frau? Galt die Hausfrau und Mutter als die höchste Form des Weiblichen oder umgekehrt, war lediglich eine berufstätige Frau das Ideal? (16)

Ob Individuum oder Gesellschaft, alle kämpfen wir gegen unseren Schatten an, obwohl er uns doch ein Psychogramm des unbewussten Teils unserer Persönlichkeit geben könnte. Je mehr wir den Schatten ins Unbewusste zurückdrängen, um so mehr übt er seine Macht und schillernde Faszination aus. Das Böse, das in uns ist, projizieren wir auf die böse Welt. Von dort schaut die eigene Fratze auf uns zurück. Nicht der Schatten ist das Problem, sondern seine Verdrängung. (16)

Die Ehe, respektive die Beziehung, gleichgültig ob unter hetero- oder homosexuellen Paaren, ist ein einziges „Schattentheater". Jeder trägt gleichsam den Schatten des anderen. Ich habe Aspekte innerlichen Seins, die du nicht hast, die du nicht haben willst oder nach denen du dich insgeheim sehnst. Du hast Potenzen, die ich nicht besitze, die ich verdränge, die meine Persönlichkeit möglicherweise abrundeten … Tatsächlich lebt der Zornige den nicht gelebten Zorn seines Partners ständig aus – der braucht sich nicht um seine Konfliktfähigkeit zu bemühen –, der chronische Steh-auf-Mann und seine still depressive Frau handeln, jeder auf seiner Seite, sozusagen mit den verleugneten Anteilen des eigenen Ichs: Du hast das Ressort Depressivität, ich habe das Ressort Lebensfreude. Jeder sieht am anderen das, was er in sich selbst unterdrückt – und kann wie ein Don Quijote gegen Windmühlen ankämpfen, sein Leben lang. (16)

Selbstverständlich drücken auch viele Krankheiten unseren Schatten, das Verdrängte aus, was uns Angst macht, unter die

Haut geht, das Herz brechen lässt, auf den Magen schlägt, die Luft nimmt, Durchfall beschert, das Herz schneller schlagen lässt. Eine Krankheit zu verstehen bedeutet oft, unsere Schatten anzunehmen. Warum lebe ich meine Wut nicht? Was fresse ich in mich hinein? Was macht mir (Bluthoch-)Druck? (16)

Nicht nur die Welt draußen ist der Träger des Bösen, auch ich habe das Potential zum Bösen in mir. Ich schimpfe über den ökologischen Raubbau an der Natur und die Gedankenlosigkeit der Politik, privat fahre ich noch immer einen Wagen ohne Kat und rase mit 180 km über die Autobahn. Ich schimpfe über die Kostenexplosionen im Gesundheitswesen und belaste gleichzeitig mich und meine Krankenkasse durch mein Übergewicht, mein Rauchen, eine falsche Ernährung, meinen Alkohol- und Kaffeekonsum. Ich schimpfe über die Politiker, aber privat bin ich zu faul, um mich auch nur in einer Bürgerinitiative zu engagieren. (16)

Schatten: Wo ich als angemaßter König auftrete, trage ich meine Nase hoch. Ich nehme Menschen grundsätzlich nur unter mir wahr. Ich bin hochmütig. Ich bin besserwisserisch. Ich dulde keine Auseinandersetzung. Ich toleriere keine andere Meinung. Ich lasse mich nicht belehren. Ich versteinere und entwickele mich nicht mehr. In der Partnerschaft demütige ich den anderen und bin selbst unerreichbar und unangreifbar. Mir fehlen Barmherzigkeit, Selbstkritik und Menschenliebe. (39)

Schatten: Warum nehme ich, wenn die Eitelkeit mich beherrscht, die Bewunderung anderer Menschen so maßlos wichtig? Augenscheinlich ist es, dass ich in dieser Eitelkeitssucht mein Zentrum nach außen verlege, das heißt mir meine Wertigkeit nicht selber bescheinige, sondern sie ausschließlich von anderen Menschen abhängig mache. Ist da nicht ein krankhafter und krankmachender Kompensationsprozess im Gang? (39)

Schatten: Vorschriften, die absolut sind oder sich überlebt haben, können mich terrorisieren. Nichts hemmt mich mehr am Leben als falsch gewordene Vorschriften und destruktive Ideale der Vergangenheit. Ich habe mir Meinungen, Ideologien, grobe Vereinfachungen und Fanatimus in Sachen Moral, Benimm, Essen, Trinken, Wohnen und Sexualität, Beziehung und Arbeit überstülpen lassen. Jetzt leide ich darunter, dass ich mit meinem Eigen-Sinn in diesen Fremdbotschaften nicht vorkomme. (39)

Die Bann-Botschaften aus der Kindheit überziehen das Leben mit eisigem Raureif und lassen oft mein weiteres Wachstum erstarren. Unsere Bann-Botschaften lauten etwa: „Du schaffst das nie!" Oder: „Tu das nicht, du bist viel zu dumm dazu", „Ein Junge weint nicht", „Sei perfekt", „Setz dich selbst an die letzte Stelle". Diese Botschaften treiben uns einerseits zu verblüffenden Leistungen an wie alle Peitschenschläge des Neurotischen. Aber sie enden oft in seelischen Sackgassen. (39)

Wir dürfen einen Schatten haben, aber wir müssen ihn erkennen. Sonst hat der Schatten uns. (44)

Angst

Was tun mit der Angst? Darf ich Angst haben? Muss ich Angst haben? Oder ist die Angst vor der Angst das Problem? Es gibt kaum eine Therapie, in der ich nicht den lähmenden Ängsten eines Menschen begegne. Aus meinem eigenen Leben weiß ich, dass ich immer dort in meiner Entwicklung stagnierte, wo ich vor meiner Angst weglief und zum Beispiel eine notwendige Trennung im Privaten oder im Beruflichen nicht vorzunehmen wagte. (10)

„Ich weiß", so sagte einmal die 42-jährige Sophie (Name geändert) in meiner Sprechstunde, „dass ich diesen Mann, der mich demütigt und einschüchtert und meine Kinder lieblos behandelt, verlassen muss. Das ist mir im Kopf ganz klar. Alle meine Freunde reden mir zur Trennung zu. Ich bin sogar Beamtin und damit finanziell unabhängig. Aber ich spüre eine gnadenlose Angst, dass ich mit diesem Schritt mein ganzes Leben zerstöre und niemals wieder einen Mann finden werde."

Zwei Jahre später sprach mich Sophie, die inzwischen die Trennung gewagt hatte, auf einer der großen, über tausendköpfigen Tagungen unserer Gesellschaft für Gesundheitsberatung (GGB) in der Stadthalle von Lahnstein wieder an: „Du hattest damals gesagt, ich solle nicht so viel theoretisieren, sondern es ausprobieren. Du fügtest das englische Sprichwort hinzu: ‚The proof of the pudding is the eating.' Ich musste lachen. Wenn ich rauskriegen will, ob die Männer mir noch schmecken und ob ich den Männern schmecke, muss ich es ausprobieren, dachte ich. Gesagt, getan. Ich zog mein Kleines

Schwarzes an und ging mit meiner Freundin in einer Szenen-
kneipe zum Tanzen. Gleich an diesem Abend biss ein männlicher Karpfen an. Von da an gings bergauf. Seit einem halben
Jahr bin ich wieder verliebt. Es ist ein toller Mann. Meine Kinder mögen ihn. Wir bleiben zusammen!" (10)

Ein fundamentales Angsterlebnis ist für viele von uns der Eintritt in die erste Klasse der Grundschule gewesen. Nicht umsonst gaben uns die Eltern auf diesem Weg ein mächtiges Anti-
depressivum mit, die obligatorische Schultüte mit ihren rauen
Mengen schädlicher Fabrikzuckereien. Wer von uns hat nicht
Angst vor Schularbeiten, Schulprüfungen, Schulklausuren und
Schulnoten gehabt? Wir hatten Angst, keinen Freund zu finden
und einsam in der Klasse dazustehen. Die Pubertät machte
Angst. Vielleicht wollten wir noch gar keine Frau werden, vielleicht überforderte uns das künftige Mannsein. Als die Pubertät vorbei war, wurde die Angst oft noch größer. (10)

Wie viele Männer haben mir in der Therapie berichtet, welche
bodenlose Angst sie empfanden, als sie zum ersten Mal in ihrem Leben mit einer Frau schlafen mussten(!). Einer erzählte
mir, dass er am Vorabend dieser Welturaufführung in seiner
Verzweiflung einen anatomischen Atlas zu Rate zog. Oder die
Angst beim Abitur, bei den Ausbildungsprüfungen, bei der
Führerscheinprüfung, im Staatsexamen, bei Vorstellungsge-
sprächen, die Angst vor den Eltern, die Angst vor Lehrern, die
Angst vor Vorgesetzten, die Angst in der Krankheit, die Angst
in der depressiven Verfassung, die Angst vor der Eheschließung und Familiengründung, die Angst beim Aufnehmen hoher Hypotheken für den Hausbau, die Angst bei beruflichem
Wechsel, die Angst vor dem Alter. (10)

Ein Leben ohne Angst gibt es nicht. Die Angst ist ein Existenzial, eine Grundbefindlichkeit des Lebens. Sie spiegelt unsere Abhängigkeit und letztlich das Wissen um unsere Sterblichkeit wider. (10)

Angst ist ubiquitär, sie ist allerorten vorhanden und begleitet uns von dem Tag an, als wir uns evolutionär aus dem Primaten zum bewussten Homo sapiens entwickelten. Jahrtausende haben wir uns vor Donner und Blitz, Sonne- und Mondfinsternissen, Erdbeben und Flutwellen gefürchtet, weil wir deren wissenschaftliche Ursache nicht erkannten. Die Objekte der Angst haben sich historisch gewandelt. Heute fürchten wir uns nicht mehr vor der Pest, aber vor Aids, nicht mehr vor dem Kindbettfieber, wohl aber vor Alzheimer, Krebs und Verkehrsunfällen. Erstmalig in der Geschichte haben wir auch Angst vor den zerstörerischen Kräften, die wir selbst entfesselt haben, von der Atomspaltung bis zur Genmanipulation. Erstmals erleben wir kollektiv, dass der „Fortschritt" auch ein Rückschritt sein kann. (10)

Unsere Angst hat jedoch immer zwei Gesichter. Sie ist notwendig oder irrational, sie kann uns aktivieren oder lähmen. Die Biologie hat uns mit einer notwendigen, instinktiven Angst ausgestattet. Ohne sie wären wir verloren. Wenn wir über keine Angstgefühle verfügten, so gingen wir auf dem Dachfirst spazieren. Wir schwämmen kilometerweise ins offene Meer. Wir kletterten ohne Sicherungsseil in jede Steilwand. Wir verhielten uns als Autofahrer lebensgefährlich im Verkehr. Wir überhörten die Signale unseres Körpers wie Schwäche, Unterkühlung, Überforderung. Wir wären hirnlos in unserer Tollkühnheit. (10)

Wir Therapeuten haben den ungemütlichen, etwas holprigen Spruch: „Da, wo die Angst ist, geht es lang." Angst tritt in unserem Leben vor allem da auf, wo wir mit dem Neuen konfrontiert sind. Das nicht Gekannte und nicht Gekonnte, das Unerprobte und erstmals zu Praktizierende macht uns Angst. Das Leben selbst aber ist eine Mischung von Repertoiretheater und Neuaufführung. Wie Schauspieler zittern wir bei jeder Premiere. Das ist natürlich und angemessen. Der Mensch als „das nicht festgestellte Tier" (Nietzsche) zahlt diesen hohen Preis für sein Bewusstsein. (10)

Alte, vertraute Bahnen zu verlassen ist immer schwer. Wir suhlen uns lieber im alten vertrauten seelischen Sumpf unserer Charaktermacken und Beziehungsverschrobenheiten. Es fällt uns so schwer, einmal aufzustehen, das bisherige Milieu kritisch zu betrachten, es gegebenenfalls zu verlassen und hinter den sieben Bergen nach dem neuen Glück zu suchen. Wo ich meine Angst nicht annehme, sie reflektiere und eine schöpferische Antwort auf sie finde, flüchte ich vor der Freiheit, die in der Angst wie eine Perle im Leib der Auster verborgen liegt. (10)

Entwicklung bedeutet in unserem Leben fast immer auch Angstüberwindung. Laufen zu lernen, die haltende Hand der Mutter loszulassen, allein in den Kindergarten zu gehen, die neue Welt der Schule mit ihrer Konkurrenz und Herausforderung zu bestehen, Fahrrad fahren, Schwimmen, Schlittschuhlaufen lernen, vom Dreimeterbrett zu springen, die Angst vor dem anderen Geschlecht zu überwinden, sich für eine Berufsausbildung zu entscheiden, sich vom Elternhaus abzunabeln, die erste Bude suchen, erstmals das eigene Haushaltsbudget zu verwalten, den Heimatort zu verlassen, eine feste Bindung einzugehen, ein erstes, zweites oder drittes Kind zu wagen, ein

Haus mit Fremdfinanzierung zu bauen, als Frau in den Wech-
seljahren wieder in den Beruf einzusteigen, die eigenen Kinder
loszulassen, vom Berufsleben sich nobel zu verabschieden, die
Einschränkungen des Alters zu akzeptieren, sich mit dem eigenen Tod auseinanderzusetzen, Phasen der Einsamkeit und
Trauer zu überleben … Das alles und noch viel mehr sind
Entwicklungsängste. Wir brauchen uns ihrer nicht zu schämen. (10)

Die Angst, so viel ist gewiss, gehört wie der Schatten des Körpers zu meinem Leben. Hinzu kommt die Weltangst, die Sorge
um den Zustand der Welt. Wer die Angst als einen Bestandteil
der *condition humaine* bejaht, der muss auch der Krisenhaftig-
keit des menschlichen Lebens ins Auge sehen. (39)

Minderwertigkeitskomplex

Das psychische Exil des unerwünschten Kindes ist ausweglos.
Sein verborgener Liebreiz, seine Besonderheit, wenn man will,
die Faszination seiner Sperrigkeit wird nicht wahrgenommen
und gewürdigt. Das Kind wird nicht zu seiner je eigenen Stärke
ermutigt. Die Wunde des Ungeliebten brennt in ihm. Das Kind
zieht unbewusst einen verhängnisvollen Fehlschluss: „Weil
ich nicht geliebt werde, bin ich nicht liebenswert." Es ist die alte
Geschichte: Wer nicht geachtet wird, fühlt sich nicht achtens-
wert. Wer nicht leben darf, der wird gelebt. Groß geworden
haben diese Menschen mit der unsichtbaren Wunde der Ungeliebten eine Aura der Melancholie und der Unerreichbarkeit

um sich. *Keiner liebt mich* lautet ihr geheimes Credo. Oft strampeln sie ein Leben lang und bringen übermenschliche Leistungen, um anerkannt zu werden. Oft verzehren sie sich als Helferpersönlichkeiten in depressiver Selbstaufgabe.

Wenn mir immer gesagt wurde: „Du kannst nichts, du bist nichts, aus dir wird nie etwas", dann verinnerliche ich auf die Dauer das Bild des hässlichen Entleins in mir. Ich verhalte mich erpressbar und unterwürfig. Die Sorge um mein Aussehen wird zu einer regelrechten Obsession von mir. Ich leide, wie die Psychologen sagen, an einer *Dysmorphophobie*, an meiner eingebildeten Hässlichkeit. Sarah (Name geändert), die achtzehnjährige Tochter einer meiner Klientinnen, fiel wegen ihrer *zu kleinen Brüste* in Depressionen. Sarah rief mehrfach täglich weinend aus ihrem Internat an und forderte von der Mutter, ihr eine Brustimplantation zu finanzieren. (31)

Es bleibt ein Verbrechen, was so vielen Kindern dieser Welt an Entmutigung und Verstümmelung zugefügt wird. Es wird ihnen das Wichtigste verwehrt, was jedem Menschen als Grundausstattung und Mitgift des Lebens mitgegeben werden muss: das *Urvertrauen*. Der deutsch-amerikanische Psychologe und Erforscher des Lebenszyklus Erik Erikson hat diesen Begriff entwickelt. Wer von seiner Mutter und seinem Vater in den ersten Monaten und Jahren seines Lebens Geborgenheit erfährt, der gewinnt ein Urvertrauen zur Welt. Er spürt: Die Welt ist gut und ist mir zugeneigt. Die Bedürfnisse werden gestillt. Ich bin wichtig. Ich bin liebenswert. Ich kann mich auf meine Eltern bedingungslos verlassen. Mit dieser tiefen emotionalen und kognitiven Erkenntnis startet das Kind in das Abenteuer des Lebens mit dem optimistischen Kampfruf: „Hoppla, da bin ich!" (31)

Je mehr wir gepeinigt werden, desto auswegloser klammern wir an unseren Peinigern. Nichts ist schwerer, als uns einen Ruck zu geben und die Depressivität über Bord unseres Lebensschiffes zu werfen, indem wir das Depressogene im Milieu, die seelisch herunterziehende Umgebung verlassen, anstatt die fälligen Lebensentscheidungen auf das *Später* zu vertagen. Manche wagen nie den Aufbruch. Sie vertrösten sich auf *später*. Doch das Leben ist jetzt, hier und heute, in dieser Sekunde. (31)

Entscheidend ist, dass das hässliche Entlein, also jeder Jugendliche mit Minderwertigkeitskomplex, nach einer ganzen Kindheit und Jugend voller Abwertung, Demütigungen und Schlägen den Aufbruch wagt. Alle Märchenhelden und Märchenheldinnen, ob *Hänsel und Gretel*, ob *Hans mein Igel* oder *Eisenhans*, ob *Schneewittchen* oder der *Froschkönig*, müssen den Aufbruch wagen. Das verlangt das Märchen wie das Leben unerbittlich von ihnen. Denn jedes Märchen ist eine Entwicklungsgeschichte und nicht das Protokoll eines Stubenhockers. Das Märchen schickt den ängstlichen Helden, die verzweifelte Heldin durch schwere Krisen hindurch in Bewährungen und Prüfungen und langwierige Umwege. (31)

Die Fähigkeit, Menschen und Milieus zu verlassen, offenbart uns etwas von dem Schöpfertum unseres Lebens. Eine der schwersten Lektionen, die wir lernen müssen, ist die Entschlossenheit, uns von Menschen und Verhältnissen zu lösen, die uns nicht gut tun. (31)

Alle Geschöpfe mit der Wunde des Ungeliebten sind Obdachlose des Lebens, zutiefst im Innern Bettler. Solche Menschen betteln und strampeln um Zuneigung, bis zur Selbstaufgabe. Sie haben nie gelernt, sich selbst liebevoll zu bemuttern und zu bevatern. Sie haben sich selbst nicht zum Freund. Für ein bisschen Zuwendung tun sie alles. Sie sind erpressbar. Sie sind manipulierbar. Sie sind ausbeutbar. Sie sind Fremdlinge in der Welt. Ein derart geschädigter Mensch hat nie das donnernde *Vivat, das Er soll leben!* vernommen. (31)

Von der Wunde des Ungeliebtseins können wir uns nur selbst erlösen. Das schließt jedoch nicht aus, dass wir uns dabei Hilfe und Unterstützung holen. (31)

Trotz seiner Angst und Selbstabwertung geht das hässliche Entlein in Andersens Märchen jedoch in den Kontakt mit den vermeintlich unnahbaren und so unermesslich überlegen scheinenden königlichen Schwänen. Die Kontaktaufnahme ist eine gewaltige Leistung. In allen Therapien, in denen es um die Rückzugstendenzen und Kontaktverweigerungen eines Menschen mit Minderwertigkeitsgefühlen geht, kommt einmal die entscheidende Herausforderung, die der Patient selbst bestehen muss: Die Gründe für seine Ängste und Vereinsamung sind ausführlich und verständnisvoll durchgearbeitet, die neuen Lebensschritte erörtert worden – jetzt muss er das Begriffene in die Tat umsetzen und auf einen Menschen zugehen. Er muss ihm die Freundschaft oder Sympathie antragen, seine Wünsche äußern, eine Beziehung zu ihm aufbauen, indem er ihm konkret einen Spaziergang, einen Kinobesuch, ein gemeinsames Abendessen vorschlägt. An diesem Punkt kann ich dem Hilfesuchenden nicht mehr helfen. Das muss er selbst tun. (31)

Was soll der junge Schwan sich länger mit dummen Enten, eingebildeten Gänsen, einfältigen Katern, zickigen Katzen, verständnislosen Bauernkindern und mürrischen Küchenmägden herumschlagen? Hier, endlich, unter den gleichgesinnten

Schwänen, hat der Ausgestoßene seine Gruppe, die ihm angemessene Welt gefunden! Weil er durch die Angst geht, kann er
jetzt auch bemerken, dass seine Angst grundlos war, dass er ein
Opfer seiner Projektionen war. (31)

Das hässliche Entlein fürchtet sich, weil es, wie die meisten von
uns, seine Projektionen über die drei Schwäne stülpt. Indem wir
andere Menschen großreden, machen wir uns selbst klein. Natürlich sind die königlichen Vögel auch nur Vögel. Natürlich
sind Menschen, denen ich mich unterlegen fühle, auch nur
Menschen. Das heißt, sie kochen mit Wasser wie ich. Sie haben
ihre Schwächen. Sie haben selbst ihre Hässliche-Entlein-Seite,
eine verborgene Achillesferse, ihre Ängste und Unterlegenheitsgefühle. Ich habe noch nie einen Menschen getroffen, der
sich nicht auf irgendeinem Gebiet minderwertig fühlte, es sei
denn, es handelt sich um einen Größenwahnsinnigen, der natürlich mit seiner Überheblichkeit auch nur kompensiert. Wenn
ich selbst andere Männer erlebe, dann beneide ich sie beispielsweise um ihre Sportlichkeit, ihr handwerkliches Multitalent,
ihre Computer-Kenntnisse oder ihr Klavierspiel, weil ich auf
diesem Gebiet ein Ignorant bin. Als ich in der ersten Gruppentherapie meines Lebens, aufgefordert von einer kundigen Therapeutin, gerade diese „königlichen Vögel" von Männern in der
Runde zu fragen wagte, worum sie *mich* beneideten, äußerten
sie, zu meiner Verblüffung, neidvolle Gefühle gegenüber meiner Belesenheit und Fröhlichkeit. Dass vor allem Fröhlichkeit
ein schöner Charakterzug ist, auf den ich stolz sein darf, war mir
bislang noch überhaupt nicht in den Sinn gekommen. (31)

In uns lebt mit anderen Worten sowohl ein hässliches Entlein
als auch eine Schwanenkraft. Das eine darf ich annehmen,
nach dem anderen muss ich unbeirrt suchen. (31)

Mit der Annahme unserer Schattenseiten schließen wir Frieden mit uns selbst. Der große Bürgerkrieg gegen uns selbst nimmt ein Ende. Angst und Verkrampftheit dürfen weichen. Unsere Durchschnittlichkeit, unsere gelegentliche Hässlichkeit und Langweiligkeit, unser Schmerz und unser Leid und unsere Bestechlichkeit und unsere Gebrechlichkeit, ja auch das Hässliche, sie alle gehören zu uns, aber sie sind die Kehrseite des Guten und Schönen, das ebenfalls so reich in uns ist und durchaus repräsentiert wird. Die seelische Energie, die wir auf die Theaterinszenierungen unseres falschen Selbst verwandt haben, können wir jetzt in unsere Kreativität und Lebensfreude investieren. Unser *inneres Kind* wird quicklebendig. Es findet, wie Andersens wundersam gewandelter Schwan, Kraft, neue Ausstrahlung und starke neue Weggefährten. (31)

Eifersucht

Die Eifersucht zielt auf die Aufmerksamkeit, die Exklusivität, das Monopol einer Liebe. Aber gibt es das überhaupt? Ist das überhaupt wünschenswert? Können wir einen anderen Menschen besitzen? Kann ein anderes Wesen, ob Mensch oder Tier, nur mich im Sinn haben? Vor allem aber: Warum brauche gerade ich diesen Absolutismus der Liebe? Was besagt diese suchtmäßige Besitzgier über meine seelische Situation? (21)

Die Eifersucht macht uns klein, überempfindlich und „nachempfindlich". Wir können Verletzungen, die Jahrzehnte zurückliegen, nicht vergessen. Wir benehmen uns wie Neurotiker, die aus der Gefangenschaft der Seele handeln. Wir leben im Unfrieden mit uns selbst. Wir spionieren, verdächtigen und verfolgen. Wir verlieren uns in groteske Verhaltensweisen und verstricken oft noch überdies den Partner in ein unwürdiges Spiel. (21)

Nicht jede Eifersucht ist psychopathologisch. Wir dürfen durchaus eifersüchtig sein. Wir müssen dabei allerdings zwischen der normalen und der krankhaften Eifersucht unterscheiden. (21)

Die Eifersucht stellt in vielen Fällen eine angemessene Reaktion dar. In dem Augenblick, in dem ich zusammen mit einem Partner ein Paar bilde, verteidigen wir unsere Paarbeziehung mit dem Mechanismus der Eifersucht. Sie bedeutet Aufmerksamkeit, Beobachtung, Warnsignal und Selbstregulation.

Stell dir, liebe Leserin, lieber Leser, einmal die folgende Situation vor: Dein Partner füßelt unter dem Tisch bei einem Weinfest mit einer anderen Frau, einem anderen Mann. Wirst du dich vergnügt zurücklehnen und sagen: „Ich gönne ihr/ihm das Vergnügen. Vielleicht will er/sie auch mit ihm/ihr schlafen. Ich sollte ihr/ihm vielleicht frische Bettwäsche mitgeben." Ein solcher Gedankengang wäre absurd. Du bist, im Gegenteil, alarmiert. Du sagst dir: „Ich muss auf der Hut sein. Da spinnt sich etwas an. Wir haben ohnehin seit Monaten eine schlechte Sexualität. Wir gehen lieblos miteinander um. Jetzt ist es so weit. Da tut sich etwas. Wir müssen uns dringend aussprechen. Aber jetzt mache ich erst einmal Rambazamba, dass es nur so kracht." (21)

Manchmal provozieren wir auch bewusst die Eifersucht unseres Partners. Hand aufs Herz, liebe Leserin, lieber Leser, hast du

noch nie deinen Partner bewusst eifersüchtig gemacht? Um
ihn aus seinem Tiefschlaf zu wecken? Um dein Selbstwertgefühl zu steigern? Um etwas Pfeffer in die Beziehung zu bringen? Das sind so Tricks, manchmal im Wortsinn „unter der
Gürtellinie", aber sie sind wirksam. In beiden Fällen kann die
Eifersucht als ein Warnsignal Mann oder Frau veranlassen, sich
stärker dem Partner zuzuwenden, die vernachlässigte Kleidung zu ändern, die Ruppigkeit einzustellen. Eifersucht fungiert hier als Signal für eine gefährlich gewordene Distanz oder
Desorientierung. Die *normale Eifersucht* kann eine Medizin gegen den Wärmetod in der Liebe sein. Die Eifersucht ist ge-
spannte Aufmerksamkeit, eine höhere Sensibilität, die uns in
die Lage versetzt, subtile Lügen in der Beziehung wahrzunehmen. Natürlich ist die normale Eifersucht oft auch eine handfeste, angemessene Reaktion auf das verletzende Agieren des
Partners. Er tanzt den ganzen Abend demonstrativ mit einer
anderen Frau. Oder sie zieht unserer lahmenden Ehe eine pri-
ckelnde Außenbeziehung vor. (21)

Umgekehrt wird ein Schuh daraus: Der Nie-Eifersüchtige ist
ein Neurotiker. Er ist genauso krank wie der pathologisch Eifersüchtige, der jeden Schritt seines Partners argwöhnisch beob-
achtet. Eifersucht gehört unabdingbar zu unserem Gefühls-
leben. Wo sie fehlt, sollten wir uns kritische Fragen stellen.

Wer jegliche Eifersucht leugnet, verpanzert sich. Er riskiert
dabei die Gefahr, seelisch zu erfrieren. Die verdrängende Eifersucht kann auch fürchterliche, explosive Folgen zeitigen. In
den Eifersuchtsdramen, die wir wöchentlich den Gerichtsre-
portagen der Zeitungen entnehmen, schält sich sehr oft ein
verhängnisvolles Muster heraus: Da schluckt ein Mann – und
fast immer handelt es sich um Männer – monate- und jahrelang seine Eifersucht herunter. Er gibt sich nach außen cool, bis

er eines Tages, zum Platzen voll destruktiver Emotionen, in Sekundenschnelle dekompensiert, das heißt die Fassung verliert, zur Gewalt greift und Amok läuft. „Der Hass auf meine Ex-Frau und ihren neuen Mann", so las ich in einer Gerichtsreportage, „war so groß geworden, dass ich lieber das Leben beider auslöschen wollte, als deren Glück einen Tag länger aushalten zu müssen". Der Mann schlug seine frühere Frau mit einem Spaten tot. (21)

Der *krankhaft Eifersüchtige* agiert nicht aus der Stärke, sondern aus der Schwäche. Er ist beherrscht von seinem *Minderwertigkeitskomplex*. Der jeweils andere ist grundsätzlich attraktiver, schöner, klüger als ich. Mein Minderwertigkeitsgefühl ist Ausdruck meiner noch unreifen Persönlichkeitsentwicklung … In der Eifersucht will ich dieses Minderwertigkeitsgefühl kompensieren, indem ich vom Partner absolute Sicherheit erwarte. Absolute Sicherheit aber gibt es nicht. Eine Beziehung ist ein fortwährender Suchprozess … Ich darf des anderen nicht zu sicher sein, sonst behandele ich ihn wie ein Möbelstück oder wie mein Auto. Ich verfüge über ihn. Er ist mir so selbstverständlich geworden, dass ich die Achtsamkeit vor ihm verliere, seine Pflege versäume. (21)

Wenn ich von Minderwertigkeitsgefühlen beherrscht werde, sperre ich den Partner in einen Käfig. Er soll sich für keinen anderen Menschen mehr interessieren. Ich darf sein Leben überwachen und rund um die Uhr kontrollieren. Längst bin ich in eine seelische Sackgasse geraten. Es ist die Sackgasse der Sucht. (21)

Als Eifersüchtiger wünsche ich mir meinen Mann oder meine Frau als Nachfolger der allmächtigen, alles befriedigenden

Mutter der Kindheit. Ich wünsche mir die symbiotische, die klammernde Verbindung und umfassende Versorgung. Ich möchte gleichsam noch einmal an der Mutterbrust nuckeln, möglichst von morgens bis abends. (21)

Die Eifersucht ist, wie alle Süchte, kein solipsistisches (ichbezogenes) Geschehen, das nur den Betroffenen in den Fängen hält. Es ist vielmehr ein krankes Beziehungsmuster. Die drei Grundmaximen dieser neurotischen Beziehungsstrukturen könnte man so formulieren: Wenn ich keine Macht über dich habe, fühle ich mich machtlos. Wenn ich dich nicht kontrollieren kann, gerate ich außer Kontrolle. Wenn ich mir deiner nicht sicher bin, bin ich mir meiner selbst nicht sicher. (21)

In unseren Eifersuchtsgefühlen als Erwachsene werden kindliche Gefühle des Ausgegrenztseins und der Ohnmacht reaktiviert. Das sind frühere Dramen, und sie lassen etwas von der Schwere der Eifersucht ahnen. Über die Elterneifersucht auf den Vater oder die Mutter hinaus ist die Urkonstellation die Geschwistereifersucht. (21)

Der Eifersüchtige und sein Partner bilden ein Gespann, das sich freiwillig mit Handschellen aneinander gefesselt hat. Beide kommen nicht auf die Idee, die Fesseln zu lösen. Beide haben Angst, dann allein zu sein. Beide müssten sich für einen eigenen Weg entscheiden durch Einsamkeit und Unsicherheit hindurch. Die Partner von Eifersüchtigen kommen mir oft vor wie die *Co-Abhängigen* des Alkoholikers. Sie ziehen von der Diktatur des Süchtigen oft makabren Gewinn: Sie haben ein bislang vernachlässigtes Bedürfnis nach Wichtigsein und Beachtetwerden, so dass sie selbst der negativen Dauerbeschäftigung des Partners mit ihrer Existenz etwas Positives abgewinnen. Vor allem aber: Beide müssen sich nicht entwickeln. Beide verharren im alten psychodynamischen Sumpf. (21)

Partner von Eifersüchtigen, die die Tragikomödie jahrelang mitspielen, sollten sich selbst einmal kritische Fragen stellen: Was mache ich mit meinem Aushalten seiner/ihrer Eifersucht? Was bringt es mir? Verharre ich in einer infantilen Position? Wie steht es mit meiner Ich-Stärke? Warum habe ich nicht gelernt, Grenzen zu setzen? Warum zementiere ich durch mein Gewährenlassen die (Eifer-) Suchtkrankheit des Partners? Warum packe ich meine eigenen Probleme nicht an? (21)

Kann man Eifersucht heilen? Ja, aber der Prozess ist schwer und verlangt den ganzen Einsatz der Persönlichkeit. (21)

An der Eifersucht zu arbeiten bedeutet letztlich, an sich selbst zu arbeiten. Ich stehe vor der Aufgabe, mein in der Kindheit verletztes Selbstwertgefühl zu heilen. Diese Aufgabe kann mir kein anderer abnehmen. (21)

Ich rate jedem Partner eines krankhaft Eifersüchtigen Folgendes. Er muss vor den Eifersüchtigen hintreten und ihm die Wahrheit sagen: „Deine Eifersucht ist eine Krankheit. Du musst etwas dagegen tun. Geh in eine Männergruppe, in eine Frauengruppe. Mach eine Therapie. Die Eifersucht ist allein dein Problem. Ich lasse mich in Zukunft nicht mehr in endlose Diskussionen verstricken. Ich erlaube dir nicht mehr, über mich diktatorisch zu bestimmen. Ich steige aus dem Spiel aus. Meine Solidarität gilt dir, aber nicht deinem eifersüchtigen Verhalten. Wenn du deine Eifersucht nicht bewältigst, werde ich im Zweifelsfall gehen. Schon gar nicht mehr nehme ich deine körperliche oder verbale Gewalt hin. Noch ein Vorfall, und du hast mich gesehen." (21)

Gegen die Eifersucht, die dunkle Schwester der Liebe, gibt es letztlich nur zwei Medikamente: die wiedergefundene Liebe zu sich selbst und die Freiheit – für sich und den anderen … Die krankhafte Eifersucht zu bewältigen heißt nachzureifen, selbst erst eine runde Persönlichkeit zu werden, den eigenen Minderwertigkeitskomplexen eine Seebestattung an der tiefsten Stelle meines Seelenozeans zu bescheren und ein für allemal das Gefängnis der Selbstabwertung und Hörigkeit zu verlassen … Jetzt, der krankhaften Eifersucht entronnen, lebe ich meine und deine Freiheit, unsere offene Zukunft. Meine Sucht ist tot! Es lebe mein neues Ich! Jetzt wird es spannend. (21)

Einsamkeit

Einsamkeit, das wissen wir alle, kann schrecklich sein … Ich gerate seelisch aus der Fassung. Dauert der Zustand lange an, so kann ich wie beim Fehlen von Nahrung oder Wasser sterben. Eine scheinbar unüberwindbare Kluft hat sich zwischen meinem Selbst und der Welt aufgetan. Einsamkeit ist oft die Wurzel aller psychischen Probleme. Ich bin unfähig, tieferen Kontakt zu anderen zu pflegen. Ich habe den liebenden Kontakt mit mir selbst verloren. (10)

Die Einsamkeit ist aber auch eine Art Lebenselixier, eine Art Medium jeglicher Persönlichkeitsentwicklung. Auch wenn der

Anlass oft schmerzhaft ist, gibt mir die Einsamkeit Raum zum Nachdenken. Wie viele Frauen haben mir schon gestanden, dass sie das „leere Nest" beim Auszug der Kinder in der Lebensmitte zwang, sich mit unausweichlichen Fragen über sich selbst und ihre Partnerschaft zu konfrontieren. Künstlerinnen und Künstler, Denker und Erfinder brauchen Orte der Abgeschiedenheit, Ateliers, Dachstuben, Ferienhäuser. In der Einsamkeit transzendiere, übersteige ich meinen gegenwärtigen Seinszustand … Einsamkeit ist wie eine Medizin. Ob sie gut oder schädlich ist, darüber entscheidet die Dosis. (10)

Tatsächlich ist die *positive Einsamkeit* eine Art Innenphase und Inkubation zugleich. Indem ich ganz bei mir bin, brüte ich wie eine Glucke etwas Neues aus. Ich entferne mich von der Welt und den anderen Menschen, um mir Fragen zu beantworten, die ich nur selbst lösen kann. Ich gehe in eine Erfahrung, die mir die Außenwelt nicht bieten kann … Ohne Einsamkeit können wir nicht leben. Sie ist eine Realität unseres Lebens. Sie ist Bestandteil der wichtigsten Reifungsprozesse. Wo wir dem schneidenden Schmerz der Einsamkeit ausweichen, da verharren wir als Nesthocker in der Familie, da bleiben wir an einer nicht mehr lebbaren Beziehung kleben. Da sind wir selbst die Hexe, die uns nicht gehen lassen will. In der Einsamkeit haust das *principium individuationis*, das Gesetz der Ichwerdung. In letzter Instanz bin ich alleine und muss meine existenzielle Einsamkeit – vor allem in großen Entscheidungen – annehmen. (10)

In der heutigen *Erlebnisgesellschaft* ist Einsamkeit wenig gefragt. Bis in den „Club Méditerranée" verfolgen uns die Angebote der Animateure und Freizeitindustrie. Wir lassen uns rund um die Uhr von Radio und Fernsehen berieseln, beschallen und mit Bildern zustopfen. Dabei kommt uns oft das Ich abhanden. (10)

Einsamkeit kann also auch Medizin sein. Auch wenn Einsamkeit oft schmerzhaft ist, so gibt sie mir Raum zum Nachdenken. Moses, Buddha, Jesus und Mohammed ziehen sich in die Einsamkeit zurück, um erleuchtet zu werden. In der Einsamkeit sind wir ja mit der eigenen *Schattenpersönlichkeit*, dem Dunklen, Gefährlichen und Gefährdenden der eigenen Seele konfrontiert. Einsamkeit ist der Bestandteil unserer wichtigsten Reifungsprozesse und Ich-Werdung. Vor meiner letztlich existenziellen Einsamkeit kann ich nicht ausweichen. (31)

Übergewicht

Seelisch Lahme sind wir Essgestörten allemal. Die Esssucht droht noch, wenn wir sie längst überwunden zu haben glauben. Ich bin mir sicher, dass meine Süßigkeits- und Esssucht in einer schweren Lebenskrise wieder versuchen würde, durch verschiedene Hintertüren in mein schwankendes Ich-Gebäude zu gelangen.

Wenn du dich, liebe Übergewichtige, lieber Esssüchtiger, vor dem Spiegel von allen Seiten nackt betrachtest und feststellst, dass dein Körper keine schönen, harmonischen Proportionen mehr hat, sondern unförmig geworden ist, wenn du dir Rettungsringe angefressen hast, ein speckiges Gesicht und dicke Schenkel, dann sei ehrlich zu dir selbst und mach dich auf einen neuen Weg. Ich weiß aus eigenem Erleben – den Therapien, die ich selbst durchlebt habe, meinen Lehrjahren bei Dr. Max Otto Bruker und natürlich aus der Lebensberatung mit meinen Klienten –, wie man erfolgreich aus dieser trostlosen Sackgasse des Körpers und der Seele wieder herauskommt. (15)

Mit Psychotricks und Wunderpillen ist es allerdings nicht getan. Du wirst, wenn du heil werden willst, nicht um eine gründliche Inventur deiner bisherigen Lebensweise herumkommen. Du wirst nicht länger der allgegenwärtigen Nahrungsmittelindustrie aus der Hand fressen dürfen. Du wirst dich zu einer konsequenten vollwertigen Umstellung deiner Ernährung entscheiden müssen – und möglicherweise auch dazu, deine seelische Einstellung zu dir selbst und zu deinem Körper zu überdenken. (15)

In den USA klettert mittlerweile die Fettleibigkeit an die Spitze der Todesursachen, noch vor dem Rauchen. Wer den Film *Super Size Me* gesehen hat, den ergreift bei jedem Anblick einer McDonalds-Filiale die Panik. Dreißig Tage ernährte sich der Amerikaner Morgan Spurlock exzessiv und ausschließlich vom Angebot des Fastfood-Riesen McDonald's. In diesem Monat nahm der Filmemacher nicht nur elf Kilo zu, sondern er legte sich Herzbeschwerden, Kurzatmigkeit, verheerende Leberwerte und so gravierende Magenbeschwerden zu, dass ihm die Ärzte dringend den Abbruch des selbstmörderischen Experiments anrieten. Spurlock brauchte über ein Jahr, um sich von dieser fabrikatorischen Ganzkörperattacke zu erholen. (15)

Das krankhafte Übergewicht, medizinisch *Adipositas* genannt, ist längst ein weltweites Problem, vergleichbar mit der ökologischen Katastrophe. Die Weltgesundheitsorganisation WHO definiert die Krankheit als eine Art Seuche und nennt sie das gravierendste Gesundheitsproblem der Gegenwart. Sie spricht von einer „chronischen Krankheit, die in Industrie- und Entwicklungsländern auftaucht, bei Kindern und Erwachsenen". Die Situation ist ebenso paradox wie beschämend: Achthundert Millionen unterernährten Frauen, Männern und Kindern in Armutsstaaten stehen über eine Milliarde Übergewichtige, vor allem in den reichen Industriestaaten, gegenüber. (15)

Aus dicken Kindern werden oft dicke Erwachsene. Nur bei einem verschwindend kleinen Anteil der Kinder ist Übergewicht genetisch bedingt. Aber auch dieser „Defekt" hat seine Ursache in der Fehlernährung vorangegangener Generationen. Entscheidend ist die Fehlernährung, falsche Esserziehung, der Fernsehkonsum. Die Bildschirmkids mampfen genau das, was ihnen die TV-Werbeblöcke anpreisen: Pizzas, Pommes, Schokoriegel. Sie bewegen sich zu wenig. Immer häufiger leiden Jugendliche an adipösen Folgeerkrankungen wie Bluthochdruck, Diabetes und Fettstoffwechselstörungen. (15)

Die Deutschen essen falsch – und davon zu viel. Die falsche Ernährung fällt nicht einfach vom Himmel. Sie wird produziert. Sie bringt den Herstellern milliardenschwere Profite. Haribo macht Kinder froh – die Aktionäre ebenso. (15)

„Currywurst mit Pommes" ist unangefochten das beliebteste Gericht in deutschen Kantinen. Das hat eine Befragung von 100 000 Tischgästen ergeben, berichtet das Catering-Unternehmen Apetito. Kann denn Essen Sünde sein? Statistisch gesehen: Ja. Sogar eine Todsünde. Übergewichtige sterben früher. (15)

Mit dem Diätenwahn ist den lästigen „Hüfttaschen" und „Reiterhosen" nicht beizukommen. Es gibt zwar jede Menge Propheten, warum aber ist noch kein Diätwunder vom Vatikan anerkannt. Die Zahl der Diäten ist immens. Kein Wunder, ihre Propagandisten verdienen weltweit Millionen an ihnen … Viele dieser Diäten bringen leichtes Geld von Leichtgläubigen. Diätextremisten neigen dazu, einem Abspeckmessias nachzulaufen, wie dem Diätguru Ulrich Strunz oder dem Modezar und Millionär Karl Lagerfeld, der sich gewaltsam zur Hungerharke heruntergequält hat. Bei Strunz soll der Diätler ein Eiweißkonzentrat gleich mitkaufen. Lagerfeld offeriert angeblich unerlässliche Nahrungsergänzungsmittel, die man über seine Homepage zum Preis von 480,– Euro für die Zwei-Monate-Kur (!) bestellen kann. Außerdem empfiehlt er den häufigen Genuss von Krustentieren, sprich Austern und Hummern. Damit ist der übergewichtigen Hartz-IV-Empfängerin in Wanne-Eickel wohl kaum geholfen! (15)

Andere wiederum vertrauen auf das Medikament *Xenical*, das die durch die Nahrung aufgenommenen Fette unverarbeitet wieder durch den Hinterausgang passieren lässt. Die „Nebenwirkungen" sind Blähungen, üble Gerüche, Unwohlsein und „unwillkürlicher Abgang von öliger Flüssigkeit aus dem After". (15)

In den Kellern deutscher Haushalte befinden sich unterirdische Folterwerkstätten mit Cross-Trainern, Trimmrädern, Rudergeräten, Gewichten, Laufbändern und Steppern. Im Weltmaßstab dürften es Milliarden Euro sein, die Abnehmwillige für das Heimtraining, kurzlebige Modesportarten oder für den Besuch im Fitnessstudio ausgeben. (15)

Können Fettabsaugen und Magenverkleinerungen das Problem Übergewicht lösen? Natürlich nicht. Eine mehrere Kilo schwere „Fettschürze" am Bauch operativ abzunehmen oder Fett abzusaugen, wie es in Hunderten von Schönheitskliniken hierzulande geschieht, löst die zugrunde liegende Essstörung nicht ... Krankhaftes Übergewicht ist eine ernährungsbedingte Krankheit. Die Umstellung der Ernährungsgewohnheiten ist daher unverzichtbar. Wenn Menschen diese Anstrengung scheuen, dürfen ihnen verantwortungsbewusste Ärzte nicht aus Gründen des Opportunismus oder des operativen Geldumsatzes nachgeben. (15)

Die Fehlernährung ist die eine körperliche Seite der Fettsucht. In seinem Buch *Idealgewicht ohne Hungerkur* gibt Dr. M. O. Bruker einen wichtigen Hinweis auf die andere, lebensbedingte und damit seelische Seite der Fettsucht: „Fressattacken bei Fettsüchtigen weisen darauf hin, dass zusätzlich eine Lebensberatung stattfinden muss." (15)

Sehr oft entsteht die Sucht bereits aus einer mangelnden Bedürfnisbefriedigung des Kindes. Ein Kind lernt früh, sich oral zu holen, was es seelisch nicht bekommt – Schokolade statt Streicheln, Fressorgien an Stelle von Kommunikation. (15)

Essgestörte Kinder und fettsüchtige Erwachsene lieben sich selbst nicht. Das ist ein Teufelskreis: Wer sich nicht liebt, holt sich vermeintlich „Liebe" durch Essen. Tatsächlich aber versucht er, den emotionalen Hunger durch einen körperlich spürbaren Genuss zu sättigen. Das kann nicht gelingen ... Um von seinen Gefühlen nicht weggeschwemmt zu werden, betäubt er sich wiederum mit „Fressen" – es ist ein Teufelskreis. „Manchmal heule ich vor lauter Einsamkeit", sagte mir Marianne (Name geändert), eine übergewichtige Singlefrau in der Praxis. „Aber dann stürze ich mich auf den Eisschrank und richte mir sechs Butterbrote mit dick Majonäse darauf, dann versiegen meine Tränen." (15)

Esssüchtige errichten nach außen eine Fassade. Bei aller aufgesetzten Lustigkeit und allem munteren Smalltalk lassen sie doch keinen Menschen an ihre zuckende Seele heran. Dazu schämen sie sich viel zu sehr. Sie fühlen sich einsam in ihrem Leid und in ihrem demütigend erfolglosen Kampf um das Schlanksein. Von der Umgebung werden sie meist als motivationsschwach, träge und undiszipliniert, meist sogar als unappetitlich betrachtet. Die Ratschläge in der Umgebung mutieren im Laufe der Jahre zu Schlägen. (15)

Natürlich kann auch ein sexueller Missbrauch im Kindesalter in das zwanghafte Essen als Trost treiben. Die massive körperliche Verpanzerung, die selbst gewählte Unattraktivität, dient nun als Schutz gegen sexuelle Begierden. Eine Patientin offenbarte mir: „Immer wenn mein Onkel mich, die Dreizehnjährige, missbrauchte, schenkte er mir anschließend eine Tafel Schokolade. Die erste schmiss ich noch weg, die anderen aß ich sofort danach mit Heißhunger auf. Schokolade und Kannen voller Kakao wurden mein Überlebensmittel bis vor wenigen Jahren." (15)

Das Schlimme ist, die Droge Essen lauert überall. Der Alkoholkranke kann auf Wasser oder Tee, Apfelsaft oder Traubensaft ausweichen. Er verbannt einfach, jede vierundzwanzig Stunden seines Lebens neu, den Alkohol aus seiner Reichweite. Der Esssüchtige muss aber essen. Er muss jedoch lernen, *im* Essen Stopp zu sagen. (15)

Für Esssüchtige ist das Essen ein Symbol. Es steht oft für die für sie unerreichbare Liebe. Sie essen in *regressiver* Art. Das heißt, um ein Gefühl der Fülle und des Wohlbefindens zu haben, wie ein gestilltes Baby mit einem vollen, zufriedenen Bauch an der Brust der Mutter. Im tiefsten Grund der Seele haben Esssüchtige Angst, erwachsen zu werden und Verantwortung für sich zu übernehmen. Wenn ich mit esssüchtigen Frauen und Männern spreche, so stoße ich fast immer auf Selbsthass und Wut gegen das Leben. Sie leiden an dieser Wut, aber sie weigern sich, diese einzugestehen und sich zu verändern. Eine Bulimikerin äußerte mir gegenüber wütend: „Ich könnte die ganze Welt zukotzen." (15)

Esssüchtig war auch die englische Königin Viktoria. Nur einen Meter sechsundfünfzig klein wog die Mutter von neun Kindern 140 Kilo! Kaum vierzigjährig konnte sie keine Treppe mehr steigen. Ingenieure bauten spezielle Lifts für sie in ihre Schlösser ein. Diener transportierten den weiblichen Koloss mit Rollstuhl und Sänfte. Queen Viktoria war nach dem Tod ihres geliebten Mannes, Prince Albert, ein einsames, liebesleeres menschliches Wesen, getrieben von einem unstillbaren Hunger. Als ob wir die Liebe essen könnten! Ein esssüchtiger Mensch ohne Liebe lebt und isst sich dennoch seelisch tot. Statt zu essen wird er sich auf die Liebe zu sich selbst und zur Welt aufmachen müssen, wenn er seelisch und körperlich überleben will. (15)

Gesundheit ist ein Informations- und Bildungsproblem: Schlanke Konsumenten sind statistisch betrachtet überdurchschnittlich gut informiert, sportlich und kulturell aktiv und gestalten diszipliniert ihren Lebensentwurf. Als Vertreter des klassischen Mittelschichtmilieus mit Facharbeiter-, Fachhochschul- oder Universitätsabschluss, als Angestellte und Beamte frequentieren sie gleichermaßen die Naturkostläden wie Fitness- und Wellnessangebote. Sie verstehen Essen als Genuss, Kommunikation und Selbstdarstellung. Sie registrieren aufmerksam die industriellen Nahrungsmittelskandale. Ihr Fernsehkonsum ist deutlich geringer als bei sozial Schwachen, ihr Ernährungs- und Gesundheitsstatus ist signifikant besser, und sie betreiben deutlich stärker Krankheitsprävention, also Gesundheitsvorsorge. (15)

Eltern und Kinder einkommensschwacher Haushalte essen mehr Fertiggerichte als Gutverdiener, mehr Süßigkeiten als Obst und Gemüse. Sie trinken mehr Alkohol und Kaffee als Wasser. Aber es gibt auch eine Spaltung zwischen Frauen und Männern. Frauen sind ernährungsbewusster als Männer. Sie bevorzugen Obst, Gemüse und Milchprodukte – womit auch immer die letzteren vermischt sind. Männer genehmigen sich mehr Fleisch und Alkohol. (15)

Wenn Essen ins Fressen übergeht, dann muss ich mich unbequemen Fragen stellen: Esse ich, wenn ich wütend bin? Esse ich bei Anspannung und Krise? Esse ich aus Langeweile? Esse ich heimlich? Verstecke ich mittlerweile Nahrungsmittel? Belüge ich mich selbst und andere darüber, wie viel ich gegessen habe? Täusche ich mich über meine Erscheinung? Bin ich zuckersüchtig? (15)

Wenn ich Essen nur noch in mich hineinstopfe, so eröffnen sich in der letzten und tiefsten Schattenarbeit viele neue Fragen wie bei jeder Sucht: Haben mir meine Eltern Liebe gezeigt? Wie waren meine Geschwisterbeziehungen? Gab es „kritische Lebensereignisse" wie der frühe Tod eines Familienangehörigen? Gab es Suizid, Alkoholabhängigkeit, physische Gewalt, Verwahrlosung, Verschickung in ein Internat? Wie ist meine heutige Beziehung zu meinem Partner? Zu meinen Kindern? Habe ich eine Freundin, einen Freund? Fühle ich mich an meinem Arbeitsplatz anerkannt und geborgen? Macht mein gegenwärtiges Leben Sinn? Wie sehe ich mich selbst? Liebe ich mich? (15)

Wenn ich die heilenden Fragen an mich stelle, Antworten finde und in den berühmten fünf psychologischen Schritten meine Ängste *erinnere, beweine, bewüte, begreife* und *beende*, erlebe ich wieder die kindliche Fülle des Lebens. Ich fühle dankbar, dass die Symptome meiner Ess- und Seelenstörung dahinschmelzen wie ein Schneemann in der Frühlingssonne. Wie viele Patienten, die diese Wandlung in der eigenen Seelenarbeit, der ambulanten Therapie oder einer der menschlich großartigen Fachkliniken wie der Hochgrat-Klinik in Wolfsried/Allgäu oder den Psychosomatischen Kliniken von Bad Herrenalb und Grönenbach erlebten, berichten mir mit überwältigender Dankbarkeit und strahlenden Augen von dieser „Reinkarnation" mitten im Leben. (15)

Ein Dreißigjähriger hat im Schnitt vierzigtausend Mahlzeiten und damit ein permanentes Wiederholungstraining absolviert. Dabei fahren sich viele bequeme, aber ungesunde Verhaltensweisen ein: das Nutella-Frühstück am Morgen, das vitalstoffarme Mittagessen in der Kantine oder in der Imbissbude nebenan, das abendliche Knabbern von Chips und Gummibärchen auf dem Fernsehsofa. (15)

Einer der wichtigsten Lernschritte ist es, aus den alten Essfehlern zu lernen und den Körper rein ernährungsphysiologisch richtig, das heißt vollwertig zu sättigen. Ebenso wichtig ist es jedoch, bei Leere- und Stressgefühl, Niedergeschlagenheit und Verdruss, die allesamt zu unserem Gefühlsrepertoire gehören, die Seele zu sättigen, das Kind in sich zu belohnen. Das geht eben nicht mehr mit Essen, sondern mit Zuwendungen der feineren Art: Musik hören, einen Spaziergang machen, mit dem Hund herumalbern, die Katze streicheln, lesen, barfuss durchs Gras gehen, genussvoll eine Apfelsine schälen und die kleinen Stücke essen, ein Telefonat mit der Freundin, mit dem Freund führen, ein Bad nehmen, ins Kino gehen, sich schön anziehen, eine Kerze anzünden. Sich selbst ein Geschenk machen. (15)

Als Hilfestellung käme einmal eine Ernährungsberatung in Frage. Viele der rund fünftausend ausgebildeten Gesundheitsberater GGB bieten dies in Deutschland, Österreich, Italien und der Schweiz an. Das Dr.-Max-Otto-Bruker-Haus in Lahnstein bietet die Ausbildung zum ärztlich geprüften Gesundheitsberater GGB in vier Kursen an (Grundkurs, Aufbaukurs, Praxiskurs, Examenskurs). (15)

Eine ambulante Therapie dauert meist in Folge der schwachen Stundenfrequenz, der mangelnden Kontrolle und der Beibehaltung des störungsstimulierenden Milieus länger. Oft ist der Aufenthalt in einer Klinik für einen Übergewichtigen das Mittel der Wahl ... In der therapeutischen Gemeinschaft lernen Esssüchtige wieder „laufen". Hier existieren eine hohe heilende Kompetenz und multiple Erfahrungsschätze, wie sie kein Einzeltherapeut zu erbringen vermag. Als Susanne (Name geändert) aus der Hochgrat-Klinik zurückkam, deutlich schlanker, mit gewachsenem Selbstbewusstsein und dadurch auch Fähigkeit zur Selbstkritik, meinte sie zu mir: „Den Menschen dort ging es ähnlich wie mir. Sie haben mir einen Spiegel vorgehalten und mir liebevoll in den Hintern getreten – in die richtige Richtung." (15)

Essen soll eine Freude sein. Nichts läge mir ferner als eine grämliche Körnerphilosophie. Nicht auf die Quantität, sondern auf die Qualität des Essens und des Lebens kommt es an … Lernen wir, jeden Tag wie ein Fest zu erleben. Dann brauchen wir die Sucht nicht. Und die Sucht missbraucht uns nicht mehr. (15)

Sucht

Wenn ich meine eigene Suchtanfälligkeit ansehe, dann sind es gleich drei Dispositionen, die mir ins Auge springen. Als ich vor vielen Jahren in Einzel- und Gruppentherapie begann, wieder lebendig zu werden, meine Verkopftheit abzulegen, meine Minderwertigkeitskomplexe anzuschauen und liebenden Kontakt mit mir und anderen Menschen zu lernen, stieß ich schnell auf meine Essstörung. (14)

Ich hatte chronisch etwa zehn Kilogramm Übergewicht. Das störte meine Eitelkeit empfindlich. Spät am Abend stieg ich von meiner Bibliothek in unsere Küche hinunter und räumte den Kühlschrank leer. Oft trank ich auch noch schnell eine Flasche Wein weg. Ich fühlte mich einsam in meinen Bücherwänden. Zwanzigtausend Bücher können Freunde sein, aber sie können einen auch kalt anstarren. Damals sagte mir mein kluger Gruppentherapeut Harry: „Mathias, du musst lernen, einen Menschen zu umarmen und nicht den Kühlschrank!" Es dauerte Jahre, bis ich, auch durch die Umstellung auf vollwertige Ernährung, mein Essen regulieren, meine hartnäckige Süßigkeitssucht und meinen Alkoholmissbrauch hinter mir lassen konnte. (14)

Damals habe ich in der Frage des abendlichen „Fläschchens" Wein etwas Einfaches gemacht, was ich heute noch, vor allem männlichen Patienten rate. Ich habe ein Jahr lang keinen Schluck Alkohol getrunken, keinen Sekt, keinen Aperitif, auch keine Likörpraline gegessen. Bereits nach einer Woche merkte ich, wie mein Kopf wieder klar war, wie ich gut durchschlief und wie ich gezwungen war, am Abend mich mir selbst zu stellen. Ich sah mich jetzt gezwungen, auf meine Überforderung und privaten Probleme eine Antwort zu finden. Ich war übrigens als Mann erstaunt über die Erfahrung, dass ich eine ganze Nacht durchfeiern kann, ausgelassen und fröhlich, ohne einen Tropfen Alkohol. Manchmal staune ich noch heute darüber. Als das Jahr der totalen Alkoholabstinenz vorbei war, habe ich aufgepasst. (14)

Aus meiner therapeutischen Erfahrung, aber auch aus der seelischen Durcharbeitung meines eigenen Lebens, bin ich mir sicher, dass süchtiges Verhalten ein Existenzial, eine Grundbefindlichkeit der menschlichen Existenz darstellt. Es ist, so würde C. G. Jung formulieren, ein Teil unserer „Schattenpersönlichkeit". So gesehen geht es darum, den Begriff „Sucht" aus dem düsteren klinischen Umfeld des Pathologischen herauszunehmen und das Suchtverhalten als eine allgemeine und ubiquitäre (allgegenwärtige) Gefährdung, Krisenanfälligkeit und Warnzeichen unserer Seele zu verstehen. Denn wo immer wir in ein süchtiges Verhalten verfallen, entfernen wir uns von uns weg, gehen wir lieblos mit uns um. In diesem Sinn ist die Reflexion über die eigene Suchtanfälligkeit ein Weg zu mehr Klarheit im Leben. (14)

Wo beginnt die Sucht? Das ist schwer zu beantworten. Ab wie viel Stück Torte bin ich esssüchtig? Ab wie vielen Arbeitsstunden pro Tag bin ich arbeitssüchtig? Wichtig ist, dass ich hellhörig für mich werde. Dass ich mich nicht bestrafe, sondern das „kleine Kind" in mir, das maßlos wird, ernst nehme. Dass ich mit ihm in den inneren Dialog trete, seine Bedürfnisse erspüre. (14)

Droge Arbeit – ich muss zugeben, das Problem dieses Suchtverhaltens habe ich gewaltig unterschätzt. Zwar tauchen in meiner Praxis immer wieder einmal Klienten auf, vor allem Männer, die über ihre Arbeitswut klagen. Aber sie tun es meist nebenbei. Sie sind offenkundig stolz auf ihre immense Leistungsfähigkeit und Aufopferung für den Beruf. „Ich glaube, ich arbeite mich noch zu Tode", sagte mir einmal ein Berliner Architekt, der eigentlich wegen seines Alkoholproblems gekommen war. (14)

Die *Arbeitssucht* ist oft gekoppelt mit Geltungssucht. Damit hat die Workaholicexistenz oft auch mit der schmerzhaften Psychogenese des Individuums, seiner Ich-Werdung, zu tun. Nicht selten ist es die Identifikation mit einem hart arbeitenden Elternteil. Es ist der – oft unbewusste – Wunsch, in den Augen dieses Vaters, dieser Mutter endlich Anerkennung zu finden, auch wenn das große Vorbild schon gestorben sein mag. Manchmal ist es auch die Rivalität unter Geschwistern. Da geht es um Selbstbehauptung, kindliche Ohnmachts- und Unterlegenheitsgefühle. In der Besessenheit der Arbeitssucht versucht der oder die Traumatisierte, es dem Bruder oder der Schwester „zu zeigen". (14)

Die Therapie mit Arbeitssüchtigen gestaltet sich, wie mir Kollegen und Kolleginnen von psychosomatischen Kliniken berichten, schwierig. Denn die Arbeitssucht ist eine ungewöhnliche Sucht. Sie erhält die höchste gesellschaftliche Anerkennung. Wer wird schon einen erfolgreichen Menschen als süchtig bezeichnen wollen? Vor allem kommt der Umstand hinzu, dass unsere hochindustrialisierte Gesellschaft, insbesondere die deutsche, krankmachende, arbeitssüchtige Züge trägt. Ganze Institutionen und Firmen sind arbeitssüchtig konstelliert. (14)

Viele Arbeitssüchtige bezahlen ihre chronische Überforderung mit dem Leben. Das gilt nicht nur für Manager und „höhere Kreise", sondern genauso für den Fabrikarbeiter und die Verkäuferin, den Heimwerker und die perfektionistische Hausfrau. Wer sich selbst mit seinen Schwächen nicht annimmt, der muss perfektionistisch agieren. Alles muss perfekt sein, das heißt wörtlich, total, ohne einen Abstrich gemacht werden. Wer sich liebenswert fühlt, kann sich selbst auch verzeihen, darf Schwächen einräumen, ja, er liebt sich gerade wegen seiner Dummheiten und Unzulänglichkeiten. Der Arbeitssüchtige ist sich selbst der größte Feind und Kritiker. Für keinen hat er so wenig Wohlwollen wie gegen sich selbst. (14)

Arbeitssüchtige bieten dem Arzt meist nur ihre Symptome an, Erschöpfung, depressive Verstimmung, Kreislaufschwierigkeiten, *Burnout,* vor allem Schlaflosigkeit; die letztere steht für das dominante Kontrollbedürfnis des Arbeitssüchtigen. Über die Sache selbst sprechen sie nicht. Es fehlt ihnen die Krankheitseinsicht. Dabei verlangt Arbeitssucht eine psychotherapeutische Hilfestellung. Dazu ist am besten eine psychosomatische Klinik geeignet. Hier findet sich der Süchtige von der Gruppe akzeptiert und liebevoll konfrontiert (loving confrontation). Hier kann er seine suchtmachende Kindheitsgeschichte erinnern, nachfühlen und durcharbeiten. Hier kann er im Rahmen des Gruppensetting neue Lernschritte ausprobieren. (14)

Beziehungssucht: Wenn die *Wunde der Ungeliebten* (Peter Schellenbaum) in uns brennt und wir uns als wertlos, isoliert und lebensunfähig empfinden, so neigen wir dazu, uns den Partner als „Sklaven" unseres Suchtverhaltens anzuheuern. Wir sind beziehungssüchtig. Mit der Droge Partner suchen wir, unserer Lebensnot zu entrinnen. (14)

Für Frauen ist die gute Beziehung das entscheidende Thema ihres Lebens. Das ist gut so, und davon können viele Männer mit ihrer notorischen Beziehungskargheit und Angst vor Nähe etwas lernen … Aber von der weiblichen Beziehungsfähigkeit führt oft ein kurzer Weg zur Beziehungssucht, zu einer Haltung, sich ausschließlich über den Mann zu definieren. In der Psychologie nennt man das *das Phänomen der weiblichen Leere*. Weil Frauen sich selbst oft nicht genug schätzen und ihren inneren Reichtum nicht akzeptieren, klammern sie sich kompensatorisch an einen Mann und versuchen über ihn Wert zu erhalten. Damit geben sie sich auf. Sie machen sich selbst zum Opfer. (14)

Sexsucht: Alles, aber auch wirklich alles kann zur Sucht werden. Auch die Sexualität. Die Übergänge zur Sexsucht sind fließend. Der klassische Sexsüchtige ist ununterbrochen, oft mehrfach täglich, auf der Suche nach einem Sexualpartner, sei es in der

Realität oder virtuell: die Zahl der Männer, die sich Abend für Abend Pornos vom Computer herunterladen, dürfte in die Hunderttausende gehen. (14)

Helfersucht: Der Helfersüchtige lebt zwischen den Polen „Defizit" und „Omnipotenz" ... Oft war der Helfer ein tief geschädigtes Kind, das früh sich selbst verriet und als kleiner Helfer der bedürftigen Mutter oder dem „armen" Vater beisprang. Erwachsene Helfer wurden als Kind viel zu früh aus der Symbiose, dem Verschmolzensein mit der Mutter, dem Vater, gerissen. Der Helfer trauert dem verlorenen Paradies nach und kompensiert den Verlust durch Hilfeleistungen für andere. Er tut an anderen exakt das, was er für sich selbst nicht zu holen wagt.

Das ist die eine, defizitäre Seite des oft depressiv getönten Helfers, beziehungsweise der Helferin. Die andere Seite ist die hohe Potenz des Helfers, seine Grandiosität und, nicht zu vergessen, seine Macht. Wer hilft, der übt Macht über sein Mündel aus, der hält es in der Entmündigung. Gleichzeitig stilisiert der Helfer sich selbst zu einem Übermenschen, immer stark, von Problemen nicht angefochten. (14)

Wer sich rund um die Uhr als Helfer für andere verzehrt, gibt sich selbst auf. Nicht umsonst hat der Ärztestand unter den akademischen Berufen die höchste Drogen- und Suizidrate. Helfen ist eine großartige Fähigkeit, aber als Gegenpol verlangt sie Eigenliebe, robuste Vertretung der eigenen Interessen, Wahrung des Selbst. (14)

Nicht nur Lehrer, Sozialarbeiter und Krankenschwestern, Ärzte und Therapeuten sollten ihre Helfermotivation kritisch durchdenken. Das Nur-Geben ist eine Falle. Die Tragik des helfersüchtigen Menschen besteht darin, dass er früher nicht genug bekommen hat und jetzt das, was er selbst dringend bedürfte, mit vollen Händen abgibt, bis sein Vorratssack leer ist. Dann jammert er und fühlt sich, im Sinne des Burnout-Syndroms, ausgebrannt. Dann offenbart mancher seinen verborgenen Groll. „Manchmal", so sagte mir ein hingebungsvoller Internist und „Seelenarzt" in der Sitzung, „manchmal könnte ich alle meine Patienten totschießen". (14)

Kaufsucht: Das zwanghafte Konsumverhalten ist eine moderne Krankheit. Kaufen, kaufen, kaufen – solange das Geld reicht. Die Frauen unter den Kaufsüchtigen sind offensichtlich in der Überzahl; man schätzt ihren Anteil auf rund achtzig Prozent. Der quälende Zwang zu kaufen bleibt meist unbemerkt. Erst wenn die Umwelt reagiert, wenn die Einkäufe nicht mehr finanziert werden können und das Konto hoffungslos überzogen ist, offenbart sich die Abhängigkeit. Jugendliche sind für diese Life-Style-Sucht heute besonders gefährdet, weil sie einer noch stärkeren Markenfixierung als ihre Eltern unterliegen. Die Kleidermarke ist für sie ein Persönlichkeitsmerkmal ... Die Kleidermarke ist eine Eintrittskarte in die jugendliche Clique, ein soziales Symbol, sie gibt dem Träger anscheinend Sicherheit und Orientierung in dieser Welt. (14)

Shopaholics nennen amerikanische Psychotherapeuten ihre dem Kaufrausch verfallenen Patienten. Typische Symptome von Kaufsüchtigen sind der Zwang, unkontrolliert Dinge einzukaufen, die sie nicht brauchen und oft auch nicht bezahlen können. Es ist ein zunehmend innerer Druck, der erst beim Klingeln der Kasse schwindet. Da gibt es die vorübergehenden Glücksgefühle beim Kauf und der Kater, die Schuldgefühle danach. (14)

Die Kaufsucht ist vor allem kompensatorisches Verhalten. Das heißt: Probleme im Beruf oder in der Familie, unerfüllte Erwartungen an den Partner, Enttäuschungen, Krankheit oder unbefriedigte sexuelle Bedürfnisse werden durch die Kaufräusche abreagiert. Ist es am Anfang noch ein reiner „Frustrausch", wie ihn wohl jeder von uns kennt, verselbständigt sich langfristig die Sucht. Das Kaufen wird zum Lebensprogramm. Kaufen, wenn es mir schlecht geht. Kaufen, wenn es mir gut geht. Das schreckliche Dilemma des Kaufsüchtigen lautet: „Ich will nur haben. Wenn ich es habe, ist es unwichtig geworden." (14)

Fernsehsucht: Fernsehsucht ist, das beobachte ich, als Sucht in den Köpfen nicht präsent, obwohl sie fast in allen Ehen irgendwann einmal zum ärgerlichen Thema wird. Als Paartherapeut erlebe ich es permanent: Der Einzige, der manchmal in den stummen Ehen noch spricht, ist der Fernsehapparat. Fast immer erholt sich das „sprachlose Paar", wenn es auch nur einmal in der Woche einen fernsehfreien Abend einlegt und diesen zum Sprechen, Spielen oder Kuscheln nutzt. (14)

Als der frühere Bundeskanzler Helmut Schmidt in den siebziger Jahren zu einem einzigen fernsehfreien Abend pro Woche aufrief, blieb dies folgenlos. Es war offensichtlich zu schwer. Die Abhängigkeit von der „Glotze" ist kollektiv und überwältigend. Statistisch gesehen sieht der durchschnittliche Deutsche nach Angaben der ARD (2010) mittlerweile 256 Minuten Fernsehen am Tag, besser gesagt am Abend, das zehnjährige Kind neunzig Minuten täglich. (14)

Damit will ich nicht in die übliche Schelte über das Fernsehen einfallen. Richtig genossen ist es eine grandiose Bereicherung des Lebens. Wir müssen uns und unsere Kinder allerdings zur

Fernsehdisziplin und Fernsehkultur erziehen. Es lohnt die Mühe, schon am frühen Morgen das Fernsehprogramm zu studieren und auszuwählen, anspruchsvolle Programme wie *Arte, 3Sat,* die öffentlich-rechtlichen Medienanstalten und die meist ambitionierten Länderprogramme zu bevorzugen und die Kabelprogramme mit ihren entnervenden Werbeblöcken zu boykottieren. Zehntausende engagierter Journalistinnen und Journalisten arbeiten für das Fernsehen. „Das Fernsehen", so lautet ein Medienspruch treffend, „macht Kluge klüger und Dumme dümmer". (14)

Handy-Sucht: Ich habe es schon erlebt, dass so ein Handy-Süchtiger mitten in der Therapiesitzung nach dem schnarrenden Handy griff und haltlos drauflos schnackte. Hinter der Handy-Sucht, die so kommunikativ und offen erscheint, verbirgt sich oft ein bloßes Dabeisein-Wollen, ein Aufpolieren der eigenen Bedeutsamkeit, Wichtigtuerei und nicht bearbeitete Einsamkeit. Womit nichts gegen den spielerischen Umgang mit diesem raffinierten Hightech-Produkt gesagt sein soll. Wenn wir labil sind und ohnehin, wie meine Arztmutter zu sagen pflegte, zur „Mauldiarrhoe", zum „Mauldurchfall", neigen, dann unterstützt die Handy-Sucht noch unseren allgegenwärtigen Redefluss aus Unsicherheit und nicht gestilltem Kontakthunger. Die Handy-Sucht, so viel ist sicher, ist ein Millionenphänomen. (14)

Computersucht: Genauso können sich vor allem Männer vor dem Computer verlieren. Wie viele Frauen berichten mir in der Praxis, dass der Mann sie und die Kinder vernachlässigt, um Abend für Abend hinter seinen Computer zu „flüchten". Wovor flüchten diese Männer? Das ist längst nicht mehr die Privatklage enttäuschter Frauen. (14)

Spielsucht: Spielsucht ist ein Männerleiden. Rund fünfund-
neunzig Prozent der Betroffenen sind männlich, meist unter
dreißig Jahre alt. Der Fachverband Glücksspielsucht spricht
von schätzungsweise 150 000 betroffenen pathologischen
Spielern. Die gehobene Klientel geht in die Spielbanken, der
kleine Mann sucht die „Daddelhallen" auf, um in den Gro-
schengräbern seine soziale Existenz zu vernichten.

Trotzdem hat auch heute noch in Deutschland kein Opfer
der Daddel-Automaten ein Recht auf Therapie. Mit der Diagnose Glücksspielsucht ist hierzulande nichts zu holen. Der Staat
steht wie immer bei dem Suchtgeschehen diskret dabei und
hält die Hand auf: Milliarden Euro werden gegenwärtig jährlich bei legalem Glücksspiel umgesetzt, davon gehen satte Pro-
zente als Vergnügungssteuer in die Staatskasse. Die unbe-
schränkte Verfügbarkeit der Automaten produziert Süchtige
am laufenden Band. (14)

Natürlich ist es nicht allein die Maschine, die süchtig macht.
Der Glücksspielautomat trifft auf Menschen, die oft arbeitslos
und voller Versagensgefühle sind, die „süchtig" auf das „große
Glück" warten, die gestörte Familien haben und innerlich leer
sind. Wer erst einmal jahrelang in die Sucht gefallen ist, der
reißt seine Familie in die Misere mit: Durchschnittlich fünf-
zehntausend Euro Schulden haben Spielsüchtige angehäuft.
Wen wundert es dann, dass Partnerschaft und Familie zerrüt-
tet sind, der Suizid des ruinierten Spielers droht. Wer länger
spielt, verliert. Zwar nicht immer, aber immer öfter. (14)

Süßigkeitssucht: Inzwischen hat sich in der Suchtszene der Begriff des *Schokoholics* eingebürgert. Eine bedeutende Rolle
spielt bei dieser Sucht der in der Schokolade enthaltene Fabrikzucker. Zucker kurbelt die Bildung des „Glücksbotenstoffs" Se-

rotonin an, der im Gehirn für unser emotionales Gleichgewicht und Glücksgefühl wichtig ist. Als weitere „Muntermacher" enthält die Schokolade rauschartige Stoffe wie Koffein und Theobromin. Eis, Torten, Marsriegel versetzen den Schokoholic in eine Art von euphorischem Zustand; dieser hält allerdings nicht lange an und endet, wie beim Alkoholiker, mit einem Kater und mit Scham. Die Süßigkeitssucht ist eine Art Fress-Porno. (14)

Dabei ist die Gier nach Süßem bislang offiziell nicht als Sucht anerkannt. Tatsächlich steht sie auf einer Stufe mit Alkohol oder Nikotin. Auch hier sind die Ursachen meist Einsamkeit, Depression und Liebesersatz. Wie gefährlich die Süßigkeitssucht aus medizinischer Sicht ist, liegt auf der Hand – schwere Essstörungen, Diabetes, arterielle Schäden. Der (raffinierte) Fabrikzucker »raubt« bei seiner Verarbeitung im Körper das lebensnotwendige Vitamin B1 und ist damit der Hauptverursacher von ernährungsbedingten Zivilisationskrankheiten. (14)

Sucht, wenn sie sich äußerlich noch so harmlos in Form eines Marsriegels oder einer Schwarzwälder Kirschtorte darstellt, ist im Kern oft eine seelische Erkrankung. Deshalb kann eine Behandlung, die lediglich die körperliche Abhängigkeit beseitigt, dann keinen dauerhaften Erfolg haben. Die Auflösung der seelischen Abhängigkeit setzt die Bearbeitung ihrer – unbewussten – seelischen Grundlagen voraus. (14)

Esssucht: Wenn mir eine übergewichtige Frau oder ein übergewichtiger Mann in der Praxis gegenübersitzt, werde ich immer hellhörig. Ich stelle zwei Fragen: „Was isst du? Wie isst du?" (Was den physischen und psychischen Hunger in dieser Sucht ausmacht, erläutere ich unter der Rubrik *Übergewicht* in diesem Buch). (14)

Nikotinsucht: Der Tabak bildet zusammen mit dem Alkohol die am weitesten verbreitete Droge. Trotzdem werden Pfeifenrauchen und Zigarettenkonsum in der Regel unterschlagen, wenn von Abhängigkeit und Sucht die Rede ist. (14)

Raucher weisen eine deutliche Suchtstruktur auf: Sie sind anfällig für Mehrfachabhängigkeit. Für Menschen, die gerade mit dem Alkohol aufgehört haben, stellt Nikotin eine besondere Gefahr dar: So ging es auch meinem lieben Freund Hermann. Er war nasser Alkoholiker. In der Suchtklinik Bad Fredeburg wurde er trocken. Er blieb es eisern. Hermann war ein hochbegabter Schreiner und Zimmermann und schrieb in seiner Freizeit Prosa und Gedichte, oft auf Plattdeutsch. Nach dem Alkoholentzug unternahm er gleich eine dreifache Suchtverlagerung: chronischer Griff zu Süßigkeiten, Koffeinsucht (bis zu zwei Kannen Kaffee pro Tag), Nikotinsucht. Er rauchte regelmäßig vierzig, oft aber auch sechzig Zigaretten am Tag. An einem kalten Märztag teilte ihm sein Arzt die Diagnose Lungenkrebs mit. Im April gab er, nach fünfzig Jahren Raucherkarriere, mit Hilfe von Nikotinpflastern die Nikotinsucht auf. Im September starb er nach qualvollen Operationen auf der Intensivstation. Er wurde dreiundsechzig Jahre alt. Gerade hatte er die Rente beantragt. (14)

Alkoholsucht: Beim Elend Alkohol kann man kaum übertreiben. Die Realität ist weit schlimmer noch als der Augenschein. Das kann jeder Krankenhausarzt, Internist oder Röntgenologe bescheinigen. Insbesondere katapultiert der kombinierte Alkohol- und Tabakkonsum das Krebsrisiko in dramatische Höhen. Wer etwa, wie so viele Polytoxikomane (Vielfachsüchtige), mehr als fünfundsiebzig Gramm Alkohol pro Tag oder mehr als vierzig Zigaretten täglich über einen Zeitraum von fünfundzwanzig Jahren konsumiert, der hat ein hundertvierzigfach erhöhtes Risiko, an Krebs zu erkranken! Dass der Alkohol selbst die Muttermilch vergiftet, das wollen nicht alle jungen Mütter wahrhaben. (14)

Ich kenne das Drama seit Jahren. Immer wieder geschieht es, dass sich meine Praxistür öffnet und eine Frau mit ihrem etwas zögerlichen Ehemann erscheint. Nach einigem hilflosen Gerede über die schlechte Sexualität („tote Hose"), die Sprachlosigkeit in der Beziehung und einigen zögerlichen Erklärungen des verlegen dasitzenden Mannes, dass „alles nicht so schlimm ist" und er nur seiner Frau zuliebe hierher gekommen sei, gibt sich die Frau einen Ruck. „Wir sollten einmal über deinen Alkoholkonsum sprechen", bemerkt sie meist stockend. Dann pflegt der Mann in die Offensive zu gehen: „Du mit deinen Vorwürfen wegen meiner paar Bierchen! Das ist ja lächerlich! Du gönnst mir nichts. Sicher, manchmal habe ich den Kanal voll, aber das ist bei meiner vielen Arbeit auch nicht verwunderlich. Ein Mann möchte sich von Zeit zu Zeit auch einmal einen Schwips antrinken. Das können Frauen nicht verstehen." Erwartungsvoll und komplizenhaft blinzelt mich der Mann an. Pustekuchen! Ich mache inzwischen kurzen Prozess. Ich habe nämlich keine Lust, mir eine von vornherein erfolglose Paartherapie zu organisieren, bei der einer der Partner suchtkrank und damit paartherapeutisch grundsätzlich unzugänglich ist: Entzug kommt vor Therapie. (14)

Selbsthilfegruppen der Alkoholiker setzen sich aus ganz normalen, nicht fehlerfreien und nicht vollkommenen Menschen aus allen Gesellschaftsschichten zusammen. Das sind keine Paradiese der Läuterung und des kultivierten Gesprächs, sondern quasi therapeutische Überlebensgemeinschaften, die gleichermaßen rückhaltlose Akzeptanz wie liebevolle Konfrontation bieten. Denn trockene Alkoholiker sind Experten ihrer selbst. Sie kennen ihr geheimen Schleichwege, ihre Ausflüchte, ihre Schuldprojektionen auf andere, ihr Selbstmitleid, aber auch ihren guten weichen Kern, Glaube, Liebe und Hoffnung. Der Gruppe fernbleiben und schmollen, das bringt nichts. In der Gruppe hat jeder die Chance, gerade in den unbequemen Begegnungen, sich der Wahrheit zu stellen und die Reifungsdefizite seiner Persönlichkeit auszugleichen. Denn psychotherapeutisch gesehen ist der Süchtige eher eine Ichschwache Persönlichkeit mit erheblichen Reifungsdefiziten. Den Frustrationen und Härten des Lebens, der inneren Angst und Depression ist der Trinker, die Trinkerin meist hilflos ausgeliefert. Er/sie hat ein begrenztes Lösungsrepertoire für die Krisen des Lebens.

Der Alkohol ist ein klassischer Krisendämpfer. Man nimmt die eigene Not und das Elend des anderen durch den Weichzeichner Alkohol nur verschwommen wahr. Irgendwann aber geht es so nicht mehr weiter. Die grausame Realität bricht durch die allabendlichen Rauschzustände durch. (14)

Tablettensucht: Rausch ohne Fahne auf Rezept. Das ist es. Rund zwei Millionen Menschen in Deutschland schlucken täglich Beruhigungsmittel. Ganz selbstverständlich greifen sie zu Tranquilizern, zu Stimmungsaufhellern und Sedativa wie Valium, Lexotanil und jenem verhängnisvollen Tavor, ohne das der so unglückselig geendete schleswig-holsteinische Ministerpräsident Barschel nicht mehr regieren konnte. Viele verdrängen ihre Probleme mit den „Rosa-Wölkchen-Pillen". (14)

Die Tablettensucht ist als Problemlöser ungeeignet. Sie mildert das Symptom, lässt jedoch die Ursache bestehen. Sie ist eine klassische Sucht, denn die Dosierung steigt mehr und mehr an. Immer öfter müssen die Betroffenen zu Beruhigungsmitteln greifen. Der Medikamentenkonsum steigt ins Uferlose. Tablettensucht ist oft preiswert, wenn sie mittels Krankenschein finanziert wird. Je nach Präparat und Person können Tranquilizer schon nach wenigen Wochen zu körperlicher oder seelischer Abhängigkeit führen. Vor allem in der Zehn-Minuten-Praxis vieler Ärzte werden die „rosa Pillen" zu viel und zu schnell verschrieben. Die Pille ist natürlich zeitsparender und billiger als die Psychotherapie, die selbst als Kurztherapie in der Regel nicht unter einem Jahr dauert. Aber der konkrete Mensch wird in seiner Angst und Unruhe allein gelassen. (14)

Heute verbraucht der deutsche Durchschnittsbürger circa zwölf Mal so viel Medikamente wie 1900. Siebzig Prozent aller Frauen und fünfundfünfzig Prozent aller Männer zwischen sechzehn und siebzig Jahren nehmen das ganze Jahr hindurch Arzneimittel ein, ermittelte das Allensbacher Institut für Demoskopie. Das Institut fand auch heraus, dass zehn Prozent der Medikamenteneinnehmer sieben(!) Medikamente zur gleichen Zeit schlucken. (14)

Das Milliardengeschäft der Pharmaindustrie floriert. Wo früher mit einer Schwitzkur, dem berühmten Wickel oder einem Heublumensack und viel Schlaf geheilt wurde, muss heute ein Antibiotikum, ein Penicillin her; dem Rheumaleidenden werden Batterien von Medikamenten verordnet, anstatt die schädliche Tier- und Eiweißmast zu stoppen; dem Neurodermitiker streicht man Kilos von Cortison-Salben mit ihren schädlichen Nebenwirkungen auf die ekzematische Haut, obwohl eine simple Ernährungsumstellung wahre Wunder täte. Jedes Fieber muss sofort mit einem Fieberpräparat gestoppt werden, anstatt den Temperaturanstieg als ein natürliches Heilmittel des Körpers zu begreifen. Dabei klingeln die Kassen der Pharmaindustrie. Besonders fröhlich klingen sie bei den schlaflosen Bürgern. Denn das sind Dauerkonsumenten der Barbiturate, meist auf Lebenszeit. Ein Schlafloser bringt den Pillendrehern Nacht für Nacht Profit. Damit sollen natürlich nicht die grandiosen Leistungen der Pharmakologie geschmälert werden. Aber der Tablettensüchtigkeit leistet die Pharmawerbung Vorschub. Auch ein Arzt, der jahrelang Beruhigungsmittel verschreibt, ohne den Patienten mit einer Ursachenforschung zu konfrontieren, versäumt seine Pflicht. (14)

Co-Abhängigkeit: Es klingt paradox, aber in der Suchttherapie wissen wir heute, die Suchtfamilie braucht den Kranken, um in gewohnter Weise weiter zu funktionieren. Süchtige und Co-Abhängige passen zusammen wie Schloss und Schlüssel. Angehörige sind in das Suchtgeschehen verstrickt. Zwar sind sie selbst nicht süchtig, aber sie haben eine andere Abhängigkeit, nämlich an den Partner und dessen Sucht. (14)

Im Suchtgeschehen spielt der oder die Co-Abhängige eine verhängnisvolle Rolle. Als Mitbetroffener wird der Co-Abhängige zum Komplizen des Süchtigen. Er vertuscht dessen Sucht nach außen, er tadelt, er bittet, er schmeichelt, er droht ihm, er macht ihm die Hölle heiß – aber er bleibt zäh wie eine Klette bei ihm. Er ist wie ein Zweikomponentenkleber. Er will und kann den Krankheitscharakter der Sucht seines Partners nicht akzeptieren. (14)

Oft ist der Co-Abhängige ein Wiederholungstäter. Er konzentriert sich auf seinen Partner, wie er sich als Kind um seinen suchtkranken Vater, seine kranke Mutter fixiert hat. Er/sie kümmert sich nicht um sich selbst, sondern übernimmt die – nicht übernehmbare – Verantwortung für das Leben des Süchtigen. Dieser bildet den Mittelpunkt seines/ihres Lebens. Der Co-Abhängige vermag etwas Entscheidendes nicht zu tun – die eigene Machtlosigkeit dem Krankheitsgeschehen Sucht gegenüber zu erkennen. Er will das Unkontrollierbare kontrollieren. Er ist besessen von dem Gedanken, er könne den Kranken von seinem Suchtmittel lösen, er sei der Arzt des Partners. Ein anderes Lebensziel gibt es längst nicht mehr. In diesem Sinne ist der Co-Abhängige „süchtig" danach, im Leben des anderen Schicksal zu spielen. Er kann sich selbst nicht die Erlaubnis geben, endlich sein eigenes Leben zu leben, den Suchtkranken im Sinn der „Hilfe durch Nichthilfe" vor die Alternative zu stellen: „Entweder du gehst auf Entzug oder ich gehe." (14)

Der Alkoholiker trinkt, weil er trinken muss und längstens alleine davon nicht mehr loskommen kann. Die Hände aus dem Leben eines Alkoholikers zu nehmen, ist natürlich außerordentlich schwer. Es schmeckt nach Verrat und ist doch keiner. Es ist, wie gesagt, Hilfe durch Nichthilfe. Es kann aber auch bedeuten, dass man den Süchtigen verliert. Auf jeden Fall ist es Loslösung und Trauer. Man muss eine Hand, die man lang gehalten hat, loslassen. Jetzt fehlt einem etwas. Auch wenn die Hand an einem zerrte, sie war vertraut. Das Loslassen bedeutet natürlich nicht, den Alkoholiker im Stich zu lassen. Es bedeutet vielmehr, dass man sich in seinen Gefühlen, seiner Verantwortlichkeit von ihm löst und sich nicht länger in seine Krankheit verstricken lässt. Das bedeutet Wiedergeburt, die Entdeckung der eigenen Identität, der Rückkehr ins eigene Leben …

Härte gegenüber dem Süchtigen ist die wahre Liebe. Wenn man ihn tröstet, vertröstet man ihn auch. (14)

Loriot rückt in seinem Cartoon-Band *Heile Welt* eine co-abhängig konstellierte Familie so ins Bild: Die Ehefrau trägt den Familienvater auf ihrem linken Arm, die drei Kinder stehen stramm in Reih und Glied rechts von der Mutter. (14)

Der Alkoholkranke braucht fachmännische Hilfe. Das ist die Einweisung in eine Entzugsklinik und die darauffolgende Seelenarbeit in einer Selbsthilfegruppe der *Anonymen Alkoholiker*, des *Kreuzbundes* oder anderer Einrichtungen. Bin ich als Partner mit dem Trinkproblem konfrontiert, so kann mir die Selbsthilfegruppe für Angehörige namens *Al-Anon* helfen. Die Adresse steht im örtlichen Telefonbuch. Wenn ich Geldprobleme wegen des Trinkers habe, sein Trinken mit Lügen decke, wenn ihm die Flasche wichtiger ist als ich, wenn ich ständig konsequenzenlos drohe, seinen Atem kontrolliere, wenn er mir jeden Urlaub durch Trinken verdirbt, wenn ich nach versteckten Flaschen suche, wenn ich gemeinsame Einladungen aus Scham ablehne, wenn ich ihm drohe, mir etwas anzutun, um ihn zu erschrecken, wenn ich mich bitter allein fühle, dann ist *Al-Anon* etwas für mich. (14)

Sucht – das hat doch nichts mit mir zu tun! Ich bin kein Alkoholiker! Ich bin nicht ess-brechsüchtig! Ich nehme keine Drogen! So wehren die meisten von uns ab. Süchtig sind immer nur die anderen. Aber ist mir süchtiges Verhalten wirklich fremd? Gibt es keine Abhängigkeiten und keine Zwänge in meinem Alltag?

Sexueller Missbrauch

Eine teuflische Vaterfalle für die Tochter errichtet der *miss-brauchende Vater*. Ich vermochte das epidemische Ausmaß dieser Vaterwunde früher nicht zu erkennen. Die Arbeit mit einigen von ihren Vätern sexuell missbrauchten Frauen hat mich eines Schlechteren belehrt. Im Frühjahr 2008 enthüllte der Fall Fritzl im österreichischen Amstetten in unfassbarer Weise die seelischen Abgründe eines Inzestes. Der väterliche Vergewaltiger hielt die Tochter zwanzig Jahre im Keller seines Hauses gefangen und macht ihr in dieser Leidenszeit sieben Kinder. Der schwer gestörte Mann führte, unbemerkt von seiner Umwelt, ein im Wortsinn unterirdisches Doppelleben. (5)

Im Märchen *Allerleirauh* ist es ein Königsvater, der von seiner Tochter nicht lassen kann. Hier will er sie allerdings nicht beschützen, sondern sie zu seiner Frau machen. Im Märchen heißt es, die Mutter sei gestorben. Die Symbolik ihres Todes steht jedoch psychologisch mehr für ihre emotionale Abwesenheit, als es seelisch um Leben und Tod ihrer Tochter geht.

Hat die Mutter vom sexuellen Missbrauch wirklich nichts gewusst? Oder war es ihr auf einer unbewussten Ebene gar nicht so unrecht? Hat sie die Tochter geopfert, um sich den Mann vom Leibe zu halten? Warum hat sie den Vater nicht zur Rede gestellt, ihn angezeigt, ihn verlassen? Hat sie die Tochter vielleicht eine Lügnerin genannt, weil sie sich das Trugbild ihres „guten" Ehemannes erhalten wollte? Hat sie gesagt, „du bist selbst schuld, warum hast du dich so aufreizend angezogen mit deinen High-Heels und deinem sündhaft kurzen Mini?"

Hat sie Angst, die Familie bricht auseinander und der männliche Ernährer fällt aus? (5)

Allerleirauh versteckt sich in einem Mantel von Tierfellen, das heißt sie lebt selbst nicht wirklich, sondern vegetiert wie ein Tier. Auch das Gesicht schwärzt sie sich, um ihre weibliche Schönheit, die ihr zum Verhängnis wurde, zu verdecken. Wie ein scheues Reh flüchtet sie vor den Menschen. Als ein jagender König sie mit einer Meute von Hunden aufspürt, sperrt sie sich gegen die Begegnung. Sie traut der Liebe nicht. Ihr Männerbild ist erschüttert. Genau das erlebt jede Psychotherapeutin und jeder Psychotherapeut in der Seelenarbeit mit sexuell missbrauchten Frauen: Sie haben Schwierigkeiten mit Öffnung und Hingabe. Sie sind emotional verbarrikadiert, verhärtet und zugleich voll unermesslicher Sehnsucht nach Liebe. Der erste Mann in ihrem Leben, der Vater, hat ihr Seelenleben schwer beschädigt. Sie sind oft jahrelang im Kern ihres Wesens beziehungsunfähig. Ihre Männer spüren das und sind ratlos. Not und Hilflosigkeit sind auf beiden Seiten des Paares groß. (5)

Allerleirauh und alle sexuell missbrauchten Frauen dieser Erde sind Überlebende. An ihnen beweist sich am nachdrücklichsten die Tatsache, dass die meisten kindlichen Traumatisierungen überwunden werden können. Das setzt allerdings viel Ehrlichkeit, Tapferkeit, Zähigkeit und die Bereitschaft, sich Hilfe zu holen, voraus. Ein so früh gekränktes Herz erholt sich schwer. (5)

In den Selbsterfahrungsgruppen bezeichnen sich die missbrauchten Frauen als *Surviver,* als *Überlebende.* So ist es, denn wenn sie sich ein Leben lang als Opfer deklarieren, machen sie sich zum zweiten Mal zum Opfer und lassen den Missbraucher am Ende gewinnen. (11)

Nur wenig vermag ein Kind ärger zu schädigen, als ein soge-
nanntes malignes Familiengeheimnis. Das ist das Wesen des
bösartigen Familiengeheimnisses, das wie ein Krebsgeschwür
metastasiert, die Familie unsichtbar auseinanderbringt und
den Betroffenen oft jahrzehntelang seelisch lähmt und möglicherweise noch den zukünftigen Partner in die destruktive
Dynamik einbezieht. (12)

Der sexuelle Missbrauch ist wie eine Geschwulst, die sich der
lebenden Zellen bemächtigt, sie umklammert und ihnen das
Leben raubt. Die Spätfolgen sind oft fürchterlich. Sie äußern
sich bei den Betroffenen als verpanzerte Emotionalität, blockierte Sexualität und Anorgasmie. Es dividiert darüber hinaus
Geschwister auseinander, wenn sie sich darüber nicht ausführlich und möglichst in einem geschützten therapeutischen
Raum ausgesprochen haben. (12)

Die Partner sitzen meist in der Falle. Schonen sie den missbrauchten Partner und verdrängen sie ihre eigenen seelischen
und erotischen Bedürfnisse, so verhungern sie auf Dauer. Be-
drängen sie den – missbrauchten – Partner, so treiben sie ihn
erst recht hinter das Panzerglas seiner emotionalen Abwehr.
Eine Hilfestellung, in der Einzeltherapie oder in der Selbsthilfegruppe, ist für das Missbrauchsopfer unerlässlich, aber auch
der Partner braucht fachliche Hilfe. Sonst steht er in Gefahr,
seelisch Amok zu laufen, gegebenenfalls die Beziehung auch
nicht mehr zu verkraften. (12)

Menschen, die einen sexuellen Missbrauch erlebt haben, fühlen sich oft innerlich wie tot. Sie haben zwar Sexualität, aber ir-
gend etwas stimmt für sie dabei nicht. Sie nehmen die Welt wie
durch eine Glaswand dar. Das heißt, sie berühren den Partner

in Wirklichkeit nicht. Sie lassen sich auch von ihm nicht wirklich an- und erfassen. Ein Wunder des kreativen Lebens ist es, wenn diese *Überlebenden* eines Tages aufbrechen, die Glaswand zerschlagen und wieder in die Liebe gehen. (22)

Ich erinnere mich noch gut, wie ich am Anfang meiner therapeutischen Arbeit einer Dornröschen-Frau von erschreckender Stacheligkeit begegnete. Silvia (Name geändert) war mager, körperlich eher männlich karg und litt unter Psoriasis. Vor allem aber war sie kratzbürstig und gelegentlich so fies und eklig, dass sie meine therapeutische Geduld massiv auf die Probe stellte. Ich habe an dem weiblichen Raubein Silvia viel gelernt, vor allem ein realistischeres Frauenbild. Warum sie ausgerechnet zu mir als männlichem Therapeuten kam, war mir anfangs unerfindlich. Denn sie hasste alle Männer und machte auch keinen Hehl daraus – „Ihr Männer seid doch alles Lumpen" oder „Männer sind wie Zugvögel – kaum sind sie hier, schon sind sie wieder fort" waren einige ihrer Kernsätze.

Silvia gab zwei Gründe für ihre Therapie bei mir an. Die Dermatologin habe ihr zu Verstehen gegeben, dass sie, Silvia, „austherapiert", also unheilbar hautkrank sei. Zum Zweiten sei ihr innerhalb von fünf Jahren bereits der dritte Mann getürmt. Die fünfundzwanzigjährige Silvia, Zugbegleiterin von Beruf, spürte Leidensdruck. Sie erklärte realistisch: „So kann es nicht weitergehen!" ... Bei der Fotoarbeit entdeckten wir plötzlich etwas Fatales. Bis etwa zum elften Lebensjahr zeigten die Amateurfotos Silvia als ein fröhliches, sich im Lächeln verströmendes Geschöpf von wonnigem Kinderspeck. Dann erschien sie auf einem Foto als Fünfzehnjährige, bei der Konfirmation aufgenommen, abgemagert, grau, wie desillusioniert und mit traurig-ernstem Gesichtsausdruck. Silvia schwieg zu diesem Foto. Ich bat sie, das Foto auf Posterformat zu vergrößern, es über ihrem Bett aufzuhängen und mit ihm zu sprechen.

Bei der nächsten Stunde war es dann so weit: Silvia brach in Tränen aus. Unter Schluchzen „gestand" sie mir, dass ihr älterer Bruder sie vom elften bis zum vierzehnten Lebensjahr sexuell missbraucht hatte. Das war das Geheimnis und der Abgrund ihres Lebens. Zu keinem, nicht einmal zu ihrer besten Freundin, hatte sie je darüber gesprochen. Seit dem Missbrauch hatte sich Silvia wie ein Igel in sich zusammengerollt und ließ keinen Menschen, schon gar nicht einen Mann, innerlich an sich heran. Silvia: „Mit manchen Männern habe ich einmal geschlafen und sie am nächsten Morgen aus meiner Wohnung geschmissen. So groß war mein Hass auf alles, was männlich ist."

Es war ein langer Weg mit Silvia. Das erste Mal kroch sie in einer meiner Selbsterfahrungsgruppen aus ihrer Dornenhecke heraus. Ich hatte die Männer in dieser Gruppe gebeten, Silvia, die mit geschlossenen Augen auf einer Matte lag, ganz zart wie ein Neugeborenes hochzuheben und sie lange auf den Armen zu wiegen, sie anschließend wieder auf die Matte zu legen, sie mit einer Hand zu berühren und der „neugeborenen" Silvia Worte der Liebe und Wiedergeburt zuzuflüstern. Silvia weinte. Diesmal vor Ergriffenheit. Seit dieser Stunde kehrte Dornröschen Silvia in die schöne Welt und auf den Planeten der Männer zurück … Silvia hat noch in der Therapie die drei Männer, mit denen sie befreundet gewesen war und die sie mit ihren Dornen verletzt hatte, schriftlich um Verzeihung gebeten. Sie reagierten alle drei nobel und erfreut. Besser noch: Der letzte Freund kam zurück. Es wurde, wie ich noch mitbekam, eine tiefe Liebe. (29)

Depression

Die Depression ist eine unsichtbare Krankheit. Einen Gelähmten kann man an seinem Rollstuhl erkennen, einen Asthmatiker an seiner Kurzatmigkeit, einen Rheumatiker an seinem schweren Gang. Die Depression ist wie der Tinnitus nicht unmittelbar sichtbar. Der Depressive löst beim nichtsahnenden Gegenüber Aggressionen, Enttäuschungen und Vorwürfe aus. Der Partner bezieht die Affektlosigkeit, die seelische Bleischwere und das notorische Desinteresse des Depressiven auf sich. Er fühlt sich bestraft. Dabei ist die Depression eine geheime Volkskrankheit. Experten schätzen, dass bis zu zwanzig Prozent aller Bundesbürger einmal in ihrem Leben an einer Depression erkranken. (3)

Was die Depression von anderen Krankheitsbildern unterscheidet, ist ihre Konturenlosigkeit und Vagheit. Meist dauert es lange, bis die Depression als solche überhaupt erkannt wird. Oft ist es auch „nur" eine anhaltende depressive Verstimmung, mit der sich der Betroffene irgendwie arrangiert. In den ersten drei Jahren meines geisteswissenschaftlichen Studiums geriet ich in den Teufelskreis von Isolation, Niedergeschlagenheit, Rückzug und verstärkter depressiver Gestimmtheit. Ich fand, gehemmt wie ich war, keinen richtigen Kontakt mit anderen Kommilitonen und trug viel Unbearbeitetes in mir herum. Weil ich jeden Abend von acht bis zwölf Uhr in meiner Studentenbude Literatur und Philosophie las und die fröhliche Welt draußen wie ein Maulwurf das Licht scheute, fand ich natürlich keine Freundin. Weil ich mich daher ungeliebt fühlte, sank ich noch stärker in Selbstabwertung und Einsamkeit. (3)

Nicht erkannte Depressionen lösen in der Familie oder am Arbeitsplatz Aggressionen aus. „Reiß dich zusammen", heißt es dann. Ein Flächenbombardement von Ratschlägen geht auf den Depressiven nieder. Er weiß damit nichts anzufangen, weil ja gerade die Aussichtslosigkeit und die Antriebslosigkeit seine Krankheitssymptome sind.

Achtzig Prozent aller Suizide ereignen sich als Endpunkt einer akuten oder chronischen Depression. Deshalb sollte man suizidale Äußerungen über Selbsttötung wie alle Symptome einer möglichen Depression lieber einmal mehr als einmal zu wenig ernst nehmen. (3)

Laien sind im Umgang mit Depressiven meist hilflos. Sie fühlen sich überfordert. Sie kennen sich mit der Krankheit nicht aus. Sie haben nie ein Buch über Depressionen gelesen. Das jedoch wäre die Voraussetzung für Einfühlung und Kompetenz. Denn der Depressive ist ein Gefangener in seinem dunklen Seelenkerker. (3)

Jede Depression hat ihre eigene Physiognomie und Entstehungsgeschichte (Ätiologie). Jede depressive Störung ist auch mit unterschiedlichen Ausdrucksformen gekoppelt. So geht die eine Depressive in den schützenden Rückzug und verkriecht sich unter der Bettdecke, während der andere Depressive sich in manische Aktivitäten rettet. Nicht zufällig ist eine der aufreibendsten Krankheitserscheinungen die *bipolare Depression*: Der manisch-depressive Patient stürzt sich bald in hektische Aktivitäten voller Grandiositätsgefühle, hysterischer Inszenierungen und Unberechenbarkeit, um wenig später in die pechschwarze Nacht der Depression zu verfallen und sich in die unterirdischen Daseinsgänge seiner geängstigten Seele zu verkriechen. Manisch-Depressive brauchen dringend

Medikamente und ein klinisches Setting. Es dauert meist lange, bis sie zur Krankheitseinsicht kommen. Selbst die Angehörigen können den Bewusstseinswandel nicht begreifen und machen dem Kranken moralische Vorwürfe. Ehen können daran zerbrechen. (3)

Die *endogene Depression* ist zerebral bedingt. Darüber gibt es umfangreiche Literatur, welche die Fehlfunktionen der Botenstoffe im Gehirn, der so genannten Transmitter, und die biochemischen Reaktionsweisen im Detail analysiert. Vieles ist noch unerforscht. Auch hormonelle Störungen können endogene Depressionen auslösen. (3)

Hinter nicht wenigen vermeintlich endogenen Depressionen (altgriechisch: *éndos – innen, génesthai – entstehen*) verbirgt sich eine nicht aufgearbeitete Lebens- oder Beziehungsgeschichte oder eine frühkindliche Traumatisierung. (3)

Am häufigsten ist die *reaktive Depression*. Um einen Terminus der Existenzphilosophie zu verwenden, möchte ich sie fast als eine Art *Existenzial*, also als eine *Grundbefindlichkeit* des Menschen, bezeichnen. Sie gehört zur *conditio humana*, zur seinsmäßigen, tragischen Ausstattung des Menschen. Denn die Welt ist euphorisierend *und* bedrückend. Reaktive Depressionen können durch schwere Krankheiten, durch Invalidität, durch Verlust des Arbeitsplatzes, durch den nicht verarbeiteten Tod eines geliebten Menschen, durch Schwierigkeiten mit einem Kind, durch Scheidung und vieles mehr ausgelöst werden. (3)

Die reaktive Depression ist somit, paradox gesprochen, eine „gesunde" Reaktion auf eine Überforderung. Denn der Depressive organisiert sich damit als „Krankheitsgewinn" eine Aus-

zeit, Rückzug und Schonung, Zeit zur Besinnung und Samm-
lung neuer Kräfte. Er signalisiert damit zugleich seiner
Umgebung, dass er einfach nicht mehr kann, dass das Leid zu
groß geworden ist. Er wirft seine Blendfassade weg ... (3)

Depression ist mehr als Trauer. Trauer bedeutet Abschied, vor-
übergehende seelische Verarmung und letztendlich die positive Verinnerlichung des Gestorbenen oder lebend Gegangenen
in das eigene Herz. Depression ist dagegen Trauer und Selbst-
verlust. Sigmund Freud markierte prägnant die Differenz: „Bei
der Trauer ist die Welt arm und leer geworden, bei der Melancholie ist es das Ich selbst." (3)

Ob somatogene Depression (*sōma – der Körper/génesthai –
entstehen*) im Gefolge einer bedrohlichen organischen Krankheit, ob biochemische Störungen im Gehirn oder psychosozia-
le Reaktionsbildung – die Depression spiegelt auf ihre Weise
die Gefährdung und Zerbrechlichkeit der menschlichen Existenz wider. Der Säugling beginnt nackt, schutzlos und weinend
sein Leben. Wie Tag und Nacht den Lauf der Erde bestimmen,
so gehören Licht und Dunkelheit zur Geworfenheit unserer
Existenz inmitten eines galaktisch kalten, sinnlosen Universums. (3)

Besonders gefährlich ist die nicht erkannte Depression bei Jugendlichen. Warum? Antwort: Sie stehen in der kompliziertes-
ten Individuationsphase ihres ganzen Lebens. Sie müssen vom
Kind zum Erwachsenen, vom Mädchen zur Frau, vom Jungen
zum Mann werden. Sie sind noch labil, schwanken zwischen
Identität und Konfusion. Sie müssen sich ablösen von den Eltern. Sie stehen vor der schwierigen Aufgabe, sich aus der Identifikation mit Mutter und Vater in die Deidentifikation und die

Schöpfung eines neuen Wertesystems zu begeben. Sie haben noch kein Lösungsrepertoire. (3)

Jugendliche leiden aber auch häufig unter einer *agierten Depression*. Man könnte auch sagen, hier herrscht anstelle der Depression die Aggression. In Wirklichkeit ist diese jugendliche Aggression nur ein Tarnmantel der Depression – Wut ist bekanntlich leichter auszuhalten als Trauer. (3)

Ähnlich dem Erwachsenwerden gehören Depressionen in der Lebensmitte (die „Midlife-Crisis"!) sozusagen fast schon zum Programm. Hier geht es, wie der Psychologe Erik Erikson in seiner Lebenszyklusforschung konstatiert, um die Polarität von generativer (zeugender) Fähigkeit versus Stagnation ... Wir spüren, nicht alle unsere beruflichen und privaten Blütenträume sind gereift. Da kann es schon zur depressiven Krise kommen. (3)

Das Alter birgt giftige depressive Gefahrenquellen. Da ist, für Männer oft besonders niederdrückend, das vorzeitige Ausscheiden aus der Arbeit und somit das Ende von Anerkennung und Lebenserfüllung. (3)

Aber die Depression ist auch eine der denkbar härtesten Belastungsproben für den Partner. Nicht selten zerbrechen Ehen daran. Sie tun das nicht, weil der Depressive ein Tyrann oder sein Partner hartherzig ist, sondern weil beide über das Wesen der Krankheit nichts wissen, sich überfordern und am Ende die Geduld verlieren. (3)

Meist schwanken die Depressionspartner zwischen den Extremen Aggression und Selbstaufgabe. Das ist nachvollziehbar.

Der Partner lebt gleichsam an der Seite eines Süchtigen, eines Leidenssüchtigen, der nicht loslassen kann von seinem Elend. Damit droht für den Partner das, was wir in der Suchttherapie die *Co-Abhängigkeit* nennen. Das heißt, der Partner verliert sich selbst aus den Augen und kreist nur noch wie ein Trabant um den Kranken. Der Partner wird selbst in einer gewissen Weise süchtig, indem er die Grandiositätsphantasie pflegt, den Depressiven heilen zu können. Er steht damit zugleich in der Gefahr, sein eigenes Lebensglück an den Kranken zu delegieren: „Wenn du nur wieder gesund bist, dann geht es mir auch wieder gut." Der solcherart Co-Abhängige entledigt sich damit der Verantwortung für sich selbst. (3)

Ein psychologisches Diktum besagt: „Die Depression ist eine Dame in Schwarz. Wenn sie an deine Türe klopft, weise sie nicht ab, sondern bitte sie an deinen Tisch und höre zu, was sie dir zu sagen hat." Das gilt natürlich im Wesentlichen für die reaktive Depression, ob sie sich nun akut oder chronisch, offen oder larviert manifestiert. Entscheidend ist dabei, ob der Betroffene die Depression als Depression anerkennt, sich mit ihr auseinandersetzt, sich Hilfe holt, Verantwortung übernimmt und Schlussfolgerungen aus dem Seelenkollaps zieht. Er muss die Ursachen, die die Depression, vielleicht unbewusst und über einen längeren Zeitraum, ausgelöst hat, ergründen und die Störquellen Stück für Stück ausräumen. (3)

Eine reaktive Depression zu analysieren heißt, in die Schrecken und Schatten der eigenen Seele hinabzusteigen und bestürzende Befunde an das Tageslicht zu befördern. Vor einer solchen strapazenreichen Seelenexpedition schrecken wir meistens zurück. Wir verdrängen lieber, als diese *Introspektion* (Innenschau) zu wagen. Wir gehen in die *Extraversion* (die Au-

ßengerichtetheit) der hektischen Aktivität oder in die Flucht-
bewegung der unzähligen Süchte. Wir verweigern uns der an
uns gerichteten Botschaft der Depression. (3)

Wie viele trockene Alkoholiker habe ich im Laufe meiner therapeutischen Jahre getroffen, die mir gestanden, dass sie nicht
in die Sucht hineingeschlittert wären, wenn sie von Anfang an
ihre depressive Befindlichkeit wahrgenommen hätten und
die notwendige Seelenarbeit angegangen wären. Das hätte jedoch geheißen, grundsätzliche depressogene (depressiv ma-
chende) Umstände zu verändern, sei es die Ehe, die mangelnde Sexualität, die unbefriedigende Arbeitssituation, den Minderwertigkeitskomplex, die Kontaktarmut und vieles andere
mehr. (3)

Die Depression als Botschaft und Appell zu verstehen heißt,
das seelische Leiden nicht lediglich als bloßes Störungsmuster,
Defekt und Panne zu sehen und zu pathologisieren. (3)

„Diesen Pharmadreck nehme ich nie, das ist ein Teufelszeug",
solche Sätze höre ich häufig von Klienten. Es sind gesundheitsbewusste, ökologisch interessierte Menschen, die nicht ohne
Grund unser ganzheitliches Gesundheitszentrum aufsuchen
… Sie sind in der Regel hochmotiviert und bereit, vorbeugende
Gesundheitsmaßnahmen zu ergreifen. Sie haben eine berech-
tigte Skepsis gegenüber skrupellosen Nahrungsmittel- und
Pharmakonzernen. Sie wollen gesund leben und nicht Opfer
der „Tablettenmedizin" werden. „Ich bin doch kein Dreckkü-
bel", sagen sie, „in den man den ganzen Chemiemüll hinein-
stopft". Ihre Einwände sind ernst zu nehmen. Es ist bekannt,
dass viele Mediziner, oft sogar Psychiater, aus Hilflosigkeit
oder Zeitmangel Psychopharmaka verschreiben. Sie lassen die

seelische Notsituation des Menschen außer Acht und vertrauen einfach auf die Zauberkraft der Medikamente. Dabei wissen wir inzwischen, dass so genannte Benzodiazepine wie Adumbran, Lexotanil, Tranxilium, Tavor oder Valium auf Dauer abhängig machen und die Persönlichkeit verändern können. Ich erinnere mich an einen früh verrenteten depressiven Angstpatienten, der seit zehn Jahren von seinem Arzt starke Antidepressiva verordnet bekam. Er war fast zur Bewegungslosigkeit erstarrt, von einer erschreckenden Trägheit und zu einem übergewichtigen Koloss mutiert. (3)

In der Gretchenfrage „Psychopharmaka oder Psychotherapie?" zeigen sich die Experten beider Lager oft tragisch gespalten. Die schulmedizinischen Vertreter der Psychiatrie beharren auf den organischen Ursachen der Depression und verschreiben dem Patienten häufig nach einem Kurzinterview, das heißt einer skandalös minimalistischen Anamnese, Medikamente, ohne die milieubedingten und seelischen Faktoren der Depression zu berücksichtigen. Psychotherapeuten, also Nichtärzte, wiederum neigen dazu, das Krankheitsbild nur zu psychologisieren. Sie haben in der Regel keine Kenntnisse in Psychopharmakologie und sind diesbezüglich hilflos. Sie sehen sich oft in Konkurrenz zu den Ärzten, denunzieren sie als „ignorante Pillenverschreiber" und fürchten insgeheim, der verschreibende Arzt könne sich in die therapeutische Beziehung einmischen. (3)

Die Medizin hat bei der Entwicklung von Antidepressiva längst eine leise Revolution vollzogen. Auch wenn die biochemischen Feinheiten der zerebralen Mechanismen vielfach noch ein Rätsel sind, so ist es doch unbestreitbar, dass die heute verwendeten Medikamente auf die Botenstoffe Serotonin und Noradrenalin im Gehirn einwirken. Diese Botenstoffe justieren, im symphonischen Konzert mit über einhundert anderen Botenstoffen, die Aktivität der Nervenzellen und damit unser Erleben und Verhalten. (3)

Die Antwort auf die Gretchenfrage muss also in vielen Fällen lauten: Psychopharmaka *und* Psychotherapie. (3)

Die Psychotherapie empfiehlt sich beim reaktiven Depressiven fast immer, weil er meist die versteinerten Denk- und Handlungsmuster seiner Persönlichkeit aufbrechen muss und zugleich Mut gewinnen darf, die depressogenen familiären oder beruflichen Umstände zu verändern. (3)

Welche Therapieform ist nun die richtige? Ich möchte darauf fast etwas salopp antworten: Hauptsache, es ist Therapie! Abgesehen davon, dass ich eine klassische Freudianische Psychoanalyse mit ihren mindestens zweihundert Sitzungen im Falle einer Depression für zu wenig interventiv und mit ihrer Couchsituation für demobilisierend und gefühlserkaltend halte, kann fast jede Therapie auf ihre Weise heilsam sein. (3)

Glaube, Liebe, Hoffnung bilden sozusagen das eucharistische Mahl, dass den Depressiven wieder kräftigen und auf die Beine stellen kann: der Glaube an den spezifischen Sinn und Auftrag des eigenen Lebens; die Liebe zu sich und den anderen; die Hoffnung auf einen Neuaufschwung des Lebens durch Hilfe und eigene Kraft. (3)

Wer durch das depressive Tal der Tränen geschritten ist und es verlassen hat, der wird krisenfester und vitaler geworden sein.

Er wird gegenüber Fremdleid toleranter und mitleidiger. Er hat die Chance, sein Leben reicher und besser zu gestalten. Er hat seine innere Landkarte für immer verändert. Als eine Art Überlebender ist er nunmehr dankbar für seine nackte Existenz. Er erkennt, das Gegenteil von Depression ist nicht himmelhoch jauchzende Freude, sondern die Kraft zur fortgesetzten Wandlung. Der symbolische Tod der Depression hat ihm das „Stirb und Werde" (Goethe) als das Grundgesetz des Lebens offenbart. Er versteht nun vielleicht das Gedicht des schlesischen Arztes Angelus Silesius (1624 – 1677):

> *Wer nicht stirbt,*
> *Bevor er stirbt,*
> *Der verdirbt,*
> *Wenn er stirbt.* (3)

Depression ist kein verhängnisvolles, hinzunehmendes Schicksal. Wir können sie angehen – seelisch und medizinisch. Wir brauchen dazu Wissen, Hilfe und Mut. Viele andere Frauen und Männer sind bereits diesen schwierigen Weg aus der Dunkelheit zum Licht vorausgegangen. Es ist möglich, und es lohnt sich, dafür zu kämpfen. (3)

Der Winterschlaf ist endlich zu Ende. Der Seelenfrühling stimmt sein jubelndes Lied an. Der Genesende kann wieder fliegen. Der Himmel lacht. Die erschöpfte Seele gewinnt wieder Kraft. (3)

Suizid

In der therapeutischen Arbeit mit meinen Klienten stoße ich erschreckend oft auf die Tatsache, dass sie das Drama einer Selbsttötung in der Familie oder gar einen eigenen Suizidversuch über Jahrzehnte hinweg nicht aufgearbeitet, nicht beweint, nicht bewütet, nicht begriffen und damit nicht beendet haben … Wir tragen diese Last ein Leben lang mit uns herum. Da ist ungelebte Trauer, aber auch Wut auf den, der uns sein Leben vor die Füße geworfen hat. Da sind Schuldgefühle, Selbstvorwürfe und manchmal auch ein geheimer, osmotischer Sog in bitteren Stunden, es ihm gleichzutun. (4)

Selbst heute inmitten einer aufgeklärten Gesellschaft ist der „Selbstmord" noch ein Tabuthema. Das liegt schon in der anstößigen Formulierung des Begriffes begründet. Hat hier wirklich jemand gemordet? Kann man sich selbst morden? Definiert nicht das Strafrecht den Mord als vorsätzliche Tötung eines Menschen aus „Mordlust", zur Befriedigung des Geschlechtstriebs, aus Habgier und aus anderen „niedrigen Beweggründen"? Nennt der Gesetzgeber nicht ausdrücklich die Attribute „heimtückisch", „grausam", „mit gemeingefährlichen Mitteln"? Dient der Mord nach dem Bürgerlichen Gesetzbuch nicht gar dazu, „eine Straftat zu ermöglichen oder zu verdecken"? Wir sehen hier schon: Das diskriminierende Wort „Selbstmord" ist nicht zu halten. Es beleidigt den, der diesen Notausgang aus dem Leben gewählt hat. (4)

Nicht selten vertuschen die Angehörigen den Suizid eines Familienmitglieds. Sie fürchten das Gerede in der Öffentlichkeit oder sie wollen die Kinder des so gewaltsam aus dem Leben Geschiedenen „schonen". (4)

Im *Katechismus der Katholischen Kirche* von 1992, der für über eine Milliarde Gläubige verbindlich ist, heißt es unter Ziffer 2325: „Der Selbstmord ist ein schwerer Verstoß gegen die Gerechtigkeit, die Hoffnung und die Liebe. Er wird durch das fünfte Gebot untersagt." ... Ist der Suizid wirklich ein „schwerer Verstoß gegen die Gerechtigkeit"? War es richtig, den Menschen, die sich aus der Not ihres Schicksals heraus selbst töteten, das christliche Begräbnis zu verweigern, ihre Leichen zur Abschreckung am Galgen aufzuhängen und ihr Vermögen zu konfiszieren, wie von der Amtskirche früher angeordnet? (4)

Auch der Begriff „Bilanzsuizid" ist nicht ohne Ambivalenz. Ist es wirklich nur eine sachliche Bilanz und Güterabwägung, sozusagen ein mathematisches Kalkül, das Menschen ein ihnen hoffnungslos scheinendes Leben beenden lässt? Uns allen sind der Schlafmitteltod Hannelore Kohls und der wahrscheinliche Fallschirmsuizid Jürgen Möllemanns unter die Haut gegangen. Lag nicht im Fall der Politikerfrau eine tragische Vereinsamung und Panik in Folge ihrer Krankheit zugrunde? War es nicht im Falle des Politikers ein moralisch-psychologischer Zusammenbruch, als die Staatsanwaltschaft vor dem Münsteraner Eigenheim stand, um mögliche Belege für Rüstungs- und Steuerschwindel per Hausdurchsuchung auszugraben? (4)

So viele Selbsttötungen, so viele Schicksale. Auch der Suizid gehört, paradox formuliert, zum Leben. Wir sollten den Menschen, der den Tod als *ultima ratio*, als letzten Weg der Vernunft, gewählt hat, nicht verurteilen. Wir müssen uns dem verstörenden Sachverhalt stellen. Hannelore Kohl ging, um noch einmal auf sie zurückzukommen, *bewusst* in den Tod. Der Spendenskandal ihres Mannes drohte das gemeinsame Lebenswerk zu zerstören. Die politischen Weggefährten wandten sich ab. Als die CDU-Generalsekretärin Angela Merkel, ein politisches Ziehkind Helmut Kohls, in einem spektakulären FAZ-Artikel sich von ihm distanzierte, sagte Hannelore Kohl zu ihr: „Du bist doch auch nicht anders als alle anderen." (4)

Hannelore Kohl musste sich gegen den – unbegründeten – Verdacht wehren, sie habe Schwarzgelder ihres Mannes über die Konten des von ihr geführten „Kuratoriums für Gehirngeschädigte" laufen lassen. Sie wurde beim Einkauf als „Spendenhure" angepöbelt. Sie bekam ihre lichtallergische Krankheit, von der sie annahm, dass sie unheilbar sei. (4)

Aus der Suizidstatistik des Statistischen Bundesamtes in Wiesbaden ergibt sich mit unerbittlicher Exaktheit folgendes Bild: Männer bevorzugen grausame Methoden wie Erhängen, Erdrosseln, Erschießen oder provozierte Kfz-Unfälle – während Frauen eher zu Giften greifen und sich die Schlagader öffnen. Männer sind selbst in der Wahl ihrer eigenen Todesart noch hoch aggressiv und geben sich mitleidlos. Männer „funktionieren" oft noch bis kurz vor ihrer Selbsttötung. Sie sind Schweiger, bauen eine Fassade auf, fressen den übermäßigen Groll in sich hinein und ziehen einsam und ohne ihre Gefühle zu offenbaren die finale Konsequenz. (Von etwas über 9000 statistisch gemeldeten Suiziden jährlich werden über 7000 von Männern verübt.) (4)

Der Alterssuizid ist ein besorgniserregendes gesellschaftliches Phänomen. Mehr als ein Drittel aller Menschen, die sich in der

Bundesrepublik das Leben nehmen, sind älter als sechzig Jahre, und die Tendenz ist steigend. Gerade bei alten Menschen gibt es das Phänomen der „stillen Suizide" ... Der „stille Suizid" artikuliert sich unauffällig. Da geht ein Diabetiker bewusst in die Unterzuckerung. Da meidet ein Nierenkranker die notwendige Dialyse. Da setzt eine Herzkranke stillschweigend ihre Medikamente ab. Da verweigert ein alter Mensch das Essen und hungert sich heimlich zu Tode. (4)

Warum nehmen sie sich das Leben? Weil sie in ein Pflegeheim sollen. Weil sie Angst haben, der Apparatemedizin hilflos und ohnmächtig ausgeliefert zu sein. Weil sie Angst vor der Abhängigkeit haben. Weil sie den Verlust des Partners nicht länger verschmerzen können. Weil sie, auch im Sterben, autonom bleiben wollen. Weil die Krankheiten zunehmen und der Körper sich immer stärker verweigert. (4)

Alte Menschen, die sich das Leben nehmen, tun das, weil das Leben längst nicht mehr da ist. Es ist zuerst ein *sozialer* Tod. Er ist um so weniger hinzunehmen, weil mit steigender Überalterung unserer Gesellschaft die Suizidraten, die in den vergangenen Jahren gesunken sind, wieder steigen könnten. (4)

Suizidhandlungen sind oft ambivalent. Einerseits sind sie vom Willen zur Erlösung von der Qual bestimmt, andererseits ist da noch ein letztes Gran Hoffnung auf die Wende. Gerade der jugendliche Suizident *will so nicht mehr leben*. Richtig leben möchte er schon, aber er weiß nicht wie. Bei einer guten Krisenintervent션, die aus einem Geist von Liebe und Wertschätzung erfolgt, wäre er durchaus zu Umkehr und Neubeginn bereit. (4)

Die suizidale Haltung ist, so könnte man überspitzt formulieren, eine „normale Krise" im Prozess des Erwachsenwerdens. Ein Jugendlicher ist selbst noch sehr ambivalent und verfügt erst über wenige Bewältigungsstrategien. (4)

„Wer sich einmal mit Selbsttötungsgedanken trägt, wird dies ein Leben lang tun", heißt es. Das ist falsch. Bei einer guten seelischen Aufarbeitung, gegebenenfalls mit Hilfe einer Therapie, heilt der Mensch wieder und wird sogar eine besonders hohe Resistenz gegen den Suizid entwickeln. (4)

„Wer viel über Suizid redet, der meint es nicht eigentlich und ist nicht ernst zu nehmen." Falsch. Bereits das wiederholte Sprechen über den eigenen Abgang ist ein markantes Indiz des präsuizidalen Symptoms. Wie könnte ein Hilferuf deutlicher formuliert werden, als durch das Aussprechen des eigenen Todeswunsches? Melisande Pulver, einziges Kind der weltberühmten Schauspielerin, sagte zu ihrer Tante Corinne, der Schwester von Liselotte: „Ich werde mir das Leben nehmen. So wie mein Freund. Er hat mir genau gesagt, wie man das macht. Man nimmt ein wenig Hasch – und springt dann. Mit Anlauf." 1992 sprang sie mit 21 Jahren vom Münster in Fribourg. (4)

Es ist ein Skandal, wie in den meisten Kliniken der eingelieferte Suizident zwar medizinisch ausgezeichnet behandelt, aber seine Seele im Stich gelassen wird. An den meisten Krankenhäusern ist noch nicht einmal ein Hauspsychologe vorhanden. Man muss sich das einmal vorstellen – allein in Hamburg werden Jahr für Jahr viertausend Menschen nach einem Suizidversuch eingeliefert! (4)

Heute noch landen die meisten Suizidenten nach kurzem Klinikaufenthalt wieder zu Hause. Dort erwarten sie meist hilflose Partner und Familienangehörige. Gewöhnlich wird über das Geschehene der unbarmherzige Mantel des Schweigens gelegt. Das geschieht nicht aus bösem Willen, sondern aus Ratlosigkeit und Angst. Ein kleiner Teil der Suizidpatienten wird nach dem Krankenhausaufenthalt in die Psychiatrie verwiesen, wo sie in der Regel hauptsächlich Medikamente und ein notorischer Personalmangel erwarten. Viele Patienten klagen, dass sie auf der psychiatrischen Station lediglich herumsaßen, brav ihre Pillen schluckten und vergeblich auf eine intensive Einzel- oder Gruppentherapie warteten. (4)

Der suizidgefährdete Mensch wie auch der Überlebende darf unter gar keinen Umständen sich selbst überlassen bleiben. Gespräch in der Familie, beim Therapeuten oder in einer der zahlreichen Selbsthilfegruppen und Krisenzentren sind eine Gnade. Dorthin sollten sich Betroffene und Angehörige auf den Weg machen. Es ist keine Schwierigkeit, sich die Adressen von Selbsthilfegruppen und professionellen Institutionen zu verschaffen. Da gibt es die Selbsthilfegruppen der *Emotions Anonymous (EA), Verwaiste Eltern, Regenbogen, Arbeitskreis Leben, Die Arche – Selbstmordverhütung in Lebenskrisen e. V., TECUM*, die *Deutsche Gesellschaft für Suizidprävention (DGS)*, die *Evangelische Jugendhilfe/Gruppe Geschwistertrauer, Neu-Land*, die *Telefonseelsorge Deutschland*, die Trauerseminare von *Jorgos Canacakis* in Essen und viele andere. (4)

Ein Suizidüberlebender erhält die einmalige Chance, an diesem Punkt seines Lebens eine ganze Fülle von Problemen aufzuarbeiten: Sein „broken home", sein strafendes Über-Ich, narzisstische Strukturen, labiles Selbstwertgefühl, stoffliche Süchte, ekklesiogene Neurosen (in Folge religiösen und sexuellen Missbrauchs durch Pfarrer), familiäre Suizidkonstellationen, Todessehnsüchte, defizitäre Männlichkeits- und Weiblichkeitsbilder, Verdrängung, Verleugnung, Rationalisierung und Bagatellisierung von Konflikten, Überverwöhnung, mangelnde Frustrationstoleranz, geminderte Bindungs- und Beziehungsfähigkeit, die „Wunde der Ungeliebten", Selbstisolation, Fluchttendenzen, charakterliche Schizoidität (Gefühlsverdrängung), Depressivität, Zwanghaftigkeit oder überstarke hysterische Persönlichkeitsanteile, problematische Geschwisterkonstellationen, labile Berufsidentität, Krisen in Folge von Lebenszyklusübergängen und vieles mehr. (4)

Ein Suizid ist keine Schande. Es ist vielmehr eine Schande, wenn die Familie einem Überlebenden sprachlos, ohne Beistand, ja sogar verurteilend gegenübersteht. Ein Suizidversuch oder ein vollendeter Suizid sollte niemals geleugnet werden. Es ist „überlebenswichtig", darüber zu reden, die Dinge beim Namen zu nennen, auch wenn das schmerzt. (4)

Darüber hinaus ist die Familie ja meist selbst ein Teil des Problems. Dem muss sie sich stellen. Beim Suizidversuch eines Erwachsenen ist fast immer eine Familientherapie oder eine Paartherapie geboten. Sie findet nur leider in den allerwenigsten Fällen statt. Natürlich ist es leichter, den Suizid zu leugnen und zu verdrängen. (4)

Wie schwer ist die Trauer bei der vollendeten Selbsttötung! Ein Mensch ist unwiderruflich gegangen. Er lässt die Angehörigen voller Fragen zurück. Die Suizidtrauer ist neben der Trauer um ein Kind wohl die schwierigste Form der Trauer. (4)

Wenn der Verstorbene in einem Abschiedsbrief Vorwürfe geäußert hat, so ist das sein subjektiver Standpunkt und kein Richterspruch. Er hatte seine Wahrheit, und ich habe meine. Ich darf diese Differenz stehen lassen. Nun stellt sich die Aufgabe, den Toten endgültig ins Herz zu schließen und herauszufinden, was von ihm in meinem Leben präsent bleiben soll. (4)

Der Trauernde braucht Ansprechpartner außerhalb der Familie und Menschen, die als Betroffene in der gleichen Situation sind. Sie sind die stärksten Verbündeten in der Trauerbegleitung. In den Trauergruppen passiert etwas für den Laien völlig Überraschendes: So viel getrauert wird, so viel wird auch unbändig gelacht, sich wieder am Leben gefreut, Freundschaft geschlossen. Selbst Albernheit, Lebensekstase, erotisches Wiedererwachen und aufbrechender Lebenshunger finden dort stürmischen Ausdruck. (4)

Wenn die Selbsttötung eines Angehörigen nicht gefühlsmäßig und intellektuell zum Ausdruck gebracht und verarbeitet wird, bleibt sie wie ein eingekapseltes Krebsgeschwür im Menschen. (4)

Wir sind zur Freiheit verurteilt, sagt Sartre. Der Passivität der Todessehnsucht, die wohl jeder von uns kennt, haben wir die schöpferische Aktivität gegenüberzustellen, solange es geht. Manchmal geht es nicht mehr, und das müssen wir respektieren. Wir dürfen den Suizid nicht als „Sünde" oder „Verrat" verurteilen. Das Leben ist mir in seiner Schönheit und Grausamkeit aufgegeben. Es ist ein Abenteuer, eine Chance, ein Glück, eine Herausforderung, eine Hymne, ein Kampf, ein Rätsel, eine Tragödie, eine Seligkeit, eine Undurchdringlichkeit. Das Leben ist das Leben, und es ist, nach Erich Kästner, immer lebensgefährlich. Es will von jedem von uns auf seine Weise mit all seinen Abstürzen, Irrtümern, Höhepunkten und Umbrüchen gewagt und gelebt werden. Unsere Aufgabe heißt: Leben lernen. (4)

AUSNAHMEZUSTÄNDE

Lebensmitte

In der Mitte meiner Biografie versickern unmerklich die vitalen Antriebskräfte meiner Jugend wie ein Rinnsaal im Boden. Falten tauchen im Gesicht auf, die Haare werden grau. Was habe ich aus meinem Leben gemacht, frage ich mich. Lohnt sich das ganze Strampeln? Was für ein Sinn steckt in meinem Leben? Manchmal fällt diese Zwischenbilanz, wenn ich ehrlich bin, düster aus. Eine vor sich hindümpelnde Ehe, ein Haus mit hohen Hypotheken, zwei Kinder, die bald das Haus verlassen, eine ramponierte Gesundheit, ein beruflicher Leerlauf – soll das alles gewesen sein? (16)

Wer konnte sich früher sein eigenes Alter und alt werden vorstellen! Plötzlich ist es so weit. Was unendlich schien, erfahre ich jetzt selbst, ganz persönlich, als endlich. Erstmals taucht der Gedanke an Rente und Pensionierung auf. Erstmals beginne ich, meine eigene Lebenserwartung zu prognostizieren. Zwanzig, höchstens dreißig Jahre sind es noch. Lohnen sich noch Immobilienkäufe? Wie werde ich meine Kinder versorgen? Wie will ich mein Leben nach dem Berufsende gestalten? Will ich an meinem bisherigen Wohnort weiterleben? Gibt es noch eine Sehnsucht in meinem Leben zu verwirklichen? (16)

Die zweite Lebenshälfte kann das Glück bedeuten, bei sich selbst anzukommen. Wir haben unser Lehrgeld bezahlt. Wir begreifen: Es gibt keinen Umweg um den Dschungel des Lebens. Wir müssen mitten hindurch. (16)

In der zweiten Lebenshälfte reiben wir uns aber auch schmerzhaft an der seelischen Hornhaut, die wir uns zum Schutz gegen die Härten der Außenwelt zugelegt haben. Wir igelten uns ein, nun spüren wir, wie die Stacheln sich nicht nur gegen außen, sondern auch gegen innen richten. (16)

Zweite Lebenshälfte – das bedeutet meist auch, sich in einer langjährigen Bindung wiederzufinden. Die Ehe erweist sich zäher als ein Zweikomponentenkleber. Die Familie wird unversehens zur Festung, die pulsierende Außenwelt ist hermetisch ausgeschlossen. Die Beziehung bekommt einen muffigen Geruch. Kein Wunder, wenn Meister Eros in diesem Gefängnis der Zweisamkeit zum Rentner altert. (16)

Die zweite Lebenshälfte ist eine Lebensstufe eigener Art und Würde. Sie ist Bewahrung und Aufbruch, Dankbarkeit für das Alte und Neugier auf das Neue. Ganz gewiss ist sie eine Phase erhöhten Bewusstseins und der reflektierten Seinsweise. (16)

Krisen

Krisen sind, rückwirkend gesehen, in den meisten Fällen notwendig. Sie lösen uns aus einem Zustand der Duldungsstarre. Das Alte geht nicht mehr, das Neue muss in unser Leben. Aber wir zittern vor Angst. (9)

Unser Krisen-Ich ist nicht nur eine Katastrophe, ein zitterndes Kaninchen. Es ist auch das künftige Ich. Es arbeitet sich unter Geburtsqualen an das Licht der Welt. (9)

Wenn mein Ich am Ende einer Krise wieder gestärkt ist, habe ich auch wieder die Voraussetzung für eine neue, stabile Selbstakzeptanz. Will mich jemand dennoch partout auf mein altes Ich festlegen und begrenzen, dann kann ich wie einst Konrad Adenauer sagen: „Ich bin, wie ich bin. Die einen kennen mich, die anderen können mich." (9)

Angst, Einsamkeit und Krise sind in unserem Sprachschatz negativ besetzt. Doch das ist nur die eine Wahrheit. Vom Entwicklungsgedanken des Lebens aus gesehen, dürfen wir auch von einem *Lob der Angst,* einem *Lob der Einsamkeit* und einem *Lob der Krise* sprechen. Angst, Einsamkeit und Krise sind die schmerzhaften Wehen und Geburtshelfer des Neuen in unserem Leben. (31)

Wie viel könnten wir von den Kindern lernen! Wir könnten die Impulse, die sie aus einer Welt mitbringen, von der wir nur noch eine geringe Ahnung haben, freudig begrüßen. Wir könnten herausfinden: Was will uns jedes neugeborene Wesen bringen? Im Grunde genommen werden wir betäubt von denen, die schon länger in dieser Welt sind und die sich „erwachsen" nennen. Sie spüren diese Impulse nicht mehr in sich. Man könnte überspitzt sagen: Wir landen unter Toten, die selbst nicht wissen, dass sie tot sind. (32)

Wir müssen wieder die Ursprünglichkeit finden, mit der wir unser Leben auf dieser Welt angetreten haben. Wir sind mit immensem Reichtum auf die Welt gekommen. Wir haben die Wunder des Lebens – die in jeder Blume, in jedem Insekt sind – mit uns gebracht. Wir haben dies wieder vergessen, weil es in uns ausgelöscht wurde. Wir Erwachsenen sind so stolz über die großartigen Entdeckungen, die wir gemacht haben, aber dabei haben wir uns selbst in unserer Kindlichkeit und unserem ursprünglichen Auftrag verloren. (32)

Heilung gibt es nur in der Begegnung. Der Mensch ist dem Menschen nicht nur ein Wolf, wie das römische Sprichwort sagt. Der Mensch ist dem Menschen auch Medizin. (32)

Psychosomatische Krankheiten

Was ist Krankheit? Diese Frage stellt sich immer im größeren kulturellen Kontext … Die Antike, vor allem die griechische Kultur, ist von einem optimistischen Menschenbild beseelt. Der Mensch ist das Maß aller Dinge. Sein Leib ist schön. Er wird in seiner Nacktheit in Form von vollendeten Statuen gewürdigt. Es gilt der Satz: *mens sana in corpore sano* – ein gesunder

Geist in einem gesunden Körper. In der Medizin des Hippokrates (460 – 377 v. u. Z.) wird die Gesundheit als leib-seelische Gesamtharmonie des Menschen mit sich selbst, seinem Leib und seiner Seele angesehen. Krankheit ist eine Störung dieser Harmonie. Sie ist fast immer vom Menschen verursacht. (18)

Demgegenüber stellt das Mittelalter, nach wissenschaftlichen und aufklärerischen Maßstäben gemessen, einen fatalen Rückschritt dar. Unter dem Eindruck der Amtskirche und ihrer augustinischen Theologie der „Erbsünde" gilt nunmehr Krankheit als Strafe für die Gefallenheit des Menschen und seine Übertretung der göttlichen Gebote: „Der Tod ist der Sünde Sold". Gesundheit wie Krankheit stellen die klerikalen Meinungsführer als eine göttliche Fügung dar, als ein Schicksal, gegen das der Mensch wenig unternehmen kann. Im Gegenteil soll die Krankheit den Menschen an seine Hinfälligkeit und Sündhaftigkeit und die Illusion des Diesseits erinnern. Das Jenseits soll die eigentliche Bestimmung unseres Lebens sein. Das irdische Hier und Heute gilt als das *Tal der Tränen*. (18)

Der Philosoph René Descartes (1596 – 1650) entwarf ein Menschenbild, das die moderne Revolution der Medizin theoretisch untermauert. Er teilt den Menschen dichotom in zwei Sphären ein, die *res cogitans, die denkende Sache,* und die *res extensa, die ausgedehnte Sache.* Der Körper ist nach dieser (unhaltbaren) Hypothese eine „ausgedehnte Sache" und daher eine bloße Maschine. Die Konsequenz dieser Maschinenanalogie ist von erschütternder Janusköpfigkeit und Zwiespältigkeit. Positiv bedeutet dieses mechanistische Verständnis des Menschen die Möglichkeit zu seiner nüchternen Erforschung, der Handhabung von Dekonstruktion und Rekonstruktion. Wenn der Mensch wie eine Maschine betrachtet wird, dann kann er fast grenzenlos in seinen Einzelteilen ausgetauscht, erneuert und repariert werden, so wie man ein altes Auto in vielen Arbeitsstunden und mit handgearbeiteten Ersatzteilen wieder fahrtüchtig machen kann.

Dieser Paradigmenwechsel, die *technische* Sicht auf den Menschen also, ermöglicht den Siegeszug der modernen Medizin von der Entdeckung der Mikroskopie im 17. Jahrhundert über die Entdeckung der Narkose, der Antisepsis und der Bakteriologie des 19. Jahrhunderts bis zur Erfindung des Penicillins im 20. Jahrhundert und der Hightech-Medizin mit Kernspintomographen, mikroinvasiver Chirurgie, Organtransplantation und der Medizin des 21. Jahrhunderts: Rationalität, Operationalität und Messbarkeit als Glanzseiten medizinischen Könnens. (18)

Das ist die eine Seite dieses mechanistischen Konzepts vom Menschen. Kein Zweifel besteht, dass die Medizin mit diesem *Projekt Moderne* mehr erreicht hat als die Menschheit in zweitausend Jahren zuvor ... Die Medizin verbannte jedoch die geisteswissenschaftlichen, ganzheitlichen Bezüge aus ihrem Weltbild. Sie definierte ihre neue Weltmacht physikochemisch durch das alleinige Kriterium der apparativen Messbarkeit und mechanischen Kausalität. Darin liegen Glanz und Elend der modernen Medizin begründet. (18)

Der physikalistische Körperbegriff trennt Leib und Seele. Es ist ein entscheidender Unterschied, ob ein Mediziner Adipositas, Herzinsuffizienz und Hypertonie diagnostiziert oder ein ganzheitlich orientierter Arzt beim gleichen Patienten zusätzlich von Depression, Eheproblemen und akuter Trennungsproblematik spricht. Apparatemedizin zieht Apparatediagnostik nach sich. Aber reicht es, die Körperfunktion des Menschen labordiagnostisch als Kurven und Zahlen zu erfassen? Mit der

Blutdruckmessung, der Analyse des kleinen und großen Blutbildes, des Urins und Stuhlgangs, sonographischen und Röntgenbildern bis hin zur „Knochendichtemessung" visualisiert sich nun einmal nicht der ganze Mensch. Der Patient ist mehr als ein Datenfeld. (18)

Krankheit erweist sich häufig als *Kränkung*, deren schmerzhafte und befreiende Verarbeitung noch aussteht. Lebensverhältnisse, schlimme Beziehungen, Demütigungen, Misshandlungen, emotionale und soziale Kälte, Isolation und Vereinsamung, Rivalität, Trennung und viele weitere trübe Imponderabilien des Lebens können uns krank machen. (18)

Krankheiten sind so gesehen immer Sedimente, Abgelagertes, in der Vergangenheit Entstandenes. So wie die kariösen Zähne durch den Konsum von Fabrikzucker über Jahre hinweg entstanden sind, so resultieren die psychosomatischen Krankheiten aus kürzer oder länger zurückliegenden lebensbedingten Verletzungen. Alle Krankheiten sind dabei letztendlich „organisch", weil sie sich immer an einem Organ manifestieren und sich niemals im luftleeren Raum zwischen den Organen abspielen. Die Unterscheidung zwischen organischen und nichtorganischen Erkrankungen führt also in die Irre. (18)

Der Schlüssel für das Verständnis der Krankheit ist in dem zu suchen, was der Kranke getan hat und was sich ereignete, ehe er krank wurde. Doch hier beginnt das Dilemma. Als Kranker bin ich mir der abgespaltenen Teile meiner Persönlichkeit nicht bewusst. Ich nehme daher die Krankheit wie eine außerirdische Invasion, einer Begegnung dritter Art wahr, als virale Infektion von außen. Wir sind es nicht gewohnt, den Blick auf unser Ich zu richten. (18)

Wir kennen das doch oft aus unserem Leben. Als wir akut krank waren, hat sich uns der Sinn der Krankheit nicht entschlüsselt. Wir waren ratlos. Wir nahmen das körperliche Leiden, je nach Gemütslage, erbittert, empört oder resignativ hin. Erst Jahre später werden uns die Ursachen jener Krankheit klar. Es ging uns zu dieser Zeit nicht gut in unserer Selbstwahrnehmung, der Beziehung oder der beruflichen Stellung. Wir konnten oder wollten es nur nicht wahrhaben.

„In meiner früheren Ehe", erklärte mir die siebzigjährige erotisch aktive Klientin Julia (Name geändert), „hatte ich ständig Unterleibsgeschichten wie Blasenentzündung, Juckreiz, Pilze, Schmerzen beim Verkehr. Deswegen konnte ich auch mit meinem damaligen Mann meist nicht schlafen. In Wahrheit hasste ich seine Arroganz, Gefühlsarmut und Grobheit und *wollte* mit ihm nicht ins Bett. Meine Seele sagte Nein. Mein Körper lieferte dienstfertig die Symptome, die den Verkehr ‚unmöglich' machten. Am Ende meiner Ehe habe ich diese ‚Aktion Widerstand' meiner Seele durchschaut und mich von meinem Gatten getrennt. Wenige Jahre später fand ich ein wahres Goldstück von Mann, und alle Unterleibsbeschwerden verschwanden, als ob sie nie dagewesen wären. Ich schlafe leidenschaftlich gern mit ihm." (18)

Unser Körper spiegelt die Pflege oder die Verwahrlosung wider, die wir ihm angedeihen lassen. Er zeigt uns in den Signaturen der lädierten Haut, des Übergewichtes, der Aufschwemmung, der erkrankten Gelenke, des schleppenden Ganges, der Kurzatmigkeit, der rheumatischen Schmerzen, die Geschichte der Kränkungen, die wir selbst ihm zugefügt haben. Das ist ein Appell, liebevoll mit unserem Körper umzugehen – uns gesund zu ernähren, uns kraftvoll zu bewegen, Arbeit und Muße, Schwimmen und Sonne zu genießen und Genussmittel wie den Alkohol für die festlichen Stunden des Lebens zu reservieren. (18)

Der Internist und Neurologe Viktor von Weizsäcker wurde berühmt durch seine Formulierung „Der Mensch bekommt seine Krankheit nicht nur, er macht sie auch. Krankheit ist Können." ... Wenn das stimmt, kann die Heilung der Krankheit und damit die Lösung einer menschlichen Krise nicht allein an die Medizintechnik delegiert werden. (18)

Krankheit ist Kränkung, Anpassung und Selbstheilung zugleich. Krankheit verliert in dem Augenblick den bloßen Charakter einer Kränkung, wenn sie begriffen und als Konfliktbewältigung benutzt wird. Der Körper ist dabei nicht mehr länger nur passives Schlachtfeld der Verletzungen, sondern ein Ort der Erneuerung. (18)

Wir Männer sollten besonders auf die liebevolle Selbstkorrespondenz mit uns achten. Denn es ist das rollenspezifische Verhalten, das Männer im Durchschnitt kürzer leben lässt. Gegenwärtig beträgt die statistische Lebenserwartung des deutschen Mannes siebenundsiebzig Jahre – Frauen werden dagegen im Durchschnitt zweiundachtzig Jahre alt. Die Männerrolle ist riskanter. Männer sterben häufiger an Arbeitsunfällen, Berufskrankheiten, Auto- und Sportunfällen, an der alkoholbedingten Leberzirrhose und dem (Raucher-)Lungenkrebs. (18)

Schlimmer noch: Nach einer Hannoveraner Studie aus dem Jahr 2004 sieht die Lage der männlichen Langzeitarbeitslosen so aus: Sie unternehmen zwanzig Mal(!) öfter Suizidversuche als ihre im Berufsleben stehenden Kollegen. Sie sind signifikant häufiger süchtig, krank, depressiv und von Herz-Kreislaufschäden und Erkrankungen des Bewegungsapparates betroffen. (18)

Frauen nehmen häufiger medizinische Leistungen in Anspruch. Sie bekennen sich auch zu „peinlichen" Diagnosen wie der Depression oder der Angstkrankheit. Männer haben traditionell Vorbehalte, ihre Defizite offenzulegen – und damit vermeintlich „Schwäche" zu zeigen – und verbergen sie deshalb eher. Die *Compliance*, die Bereitschaft des Patienten, sich auf die Therapie einzulassen und sich unbequemen seelischen Fragen zu stellen, ist bei Frauen folglich höher als bei Männern. Frauen informieren sich genauer über Krankheiten und Therapiemöglichkeiten. Frauen reden über ihre Gefühle, machen naturheilkundliche und gesundheitsorientierte Ausbildungen. Vor allem können Frauen leichter *Hilfe* annehmen. Genau *das* ist die Krux vieler Männer. Wie sagte mir einmal ein leitender Angestellter drastisch: „Ich verrecke lieber, als dass ich zur Kur gehe." (18)

Ist es nicht skandalös, dass psychosomatisch erkrankte Patienten in der Regel erst nach sieben Jahren Organbehandlung den Weg in die Psychotherapie finden? Warum ist eine so lange, mit viel Leid verbundene Krankheitsgeschichte notwendig, um endlich die Suche nach den tiefer gehenden, im lebensbedingten Bereich verborgenen Ursachen der Erkrankung zu beginnen?

Immer noch steht das medizinische Versorgungssystem einigermaßen hilflos dem fragilen Gespinst der Seele gegenüber. Die Scheu der Schulmedizin, Neuland zu betreten, überwiegt augenscheinlich immer noch. (18)

Unbequem ist sicherlich die Grundeinsicht der Psychosomatik, dass Krankheiten oft Spiegel unserer kranken Welt sind: Hektik, soziale Kälte, Bindungslosigkeit durch Massenarbeitslosigkeit, denaturierte Zivilisationskost, Stress, Suchtverhalten, Herzlosigkeit und medialer Lärm verleiblichen sich schmerzhaft in uns. Diese reaktiven Krankheitsbildungen werden wir nicht mit dem isolierten Geist einer reinen Wissenschaftsmedizin heilen können. (18)

Der *primäre Krankheitsgewinn* entsteht durch die Symptombildung, die meinem Ich einen Konflikt erspart; sie führt zu einer psychischen Spannungsminderung. Der *sekundäre Krankheitsgewinn* beschert den erfolgten Genuss der Befreiung von Verantwortung, beruflichen Verpflichtungen und die Wohltaten liebevoller Betreuung. Ein *tertiärer Krankheitsgewinn* kann im Gewinnen einer neuen Zukunftsperspektive *durch* die Krankheit entstehen. Dadurch ist jedoch die Befolgung des hippokratischen Grundgesetzes unerlässlich: „Wenn du nicht bereit bist, dein Leben zu ändern, kann dir nicht geholfen werden." (18)

Um heil zu werden, muss ich mich unter das *Prinzip Verantwortung* stellen ... Der Katalog von Fragen, denen ich mich mit rückhaltloser Ehrlichkeit stellen muss, ist umfangreich: Was hat sich, bewusst oder unbewusst, *vor* meiner Erkrankung ereignet? Was bekümmert mich gegenwärtig in der Tiefe meines Herzens? Was habe ich nicht verdaut? Warum bin ich gerade auf diese Weise erkrankt? Welchen Symbolwert hat mein bestimmtes Organdefizit? Ist meine Krankheit bereits eine Zweit- oder Drittauflage? Was will mir meine Seele damit sagen? Was will ich mit meiner Krankheit meinem Partner, meiner Familie, meinem beruflichen Umfeld sagen? Was rät mir meine Krankheit für die Zukunft? Will ich eine Lebenssituation beenden? Bin ich bereit, Verantwortung für meine Krankheit zu übernehmen, statt sie ausschließlich an den behandelnden Arzt zu delegieren? (18)

Krankheiten sind zu wichtig, als dass wir sie *nur* den Ärzten überlassen dürfen. Kümmern wir uns also um unsere Wahrheit. Damit wir die Krankheit nicht mehr brauchen. (18)

WEGWEISER

Märchen

Märchen sind so zeitlos und für unseren Seelenhaushalt wichtig, weil sie uns dabei helfen, den Schatten, die Ängste und dunklen Seiten unseres Ichs zu verstehen und damit zurechtzukommen, gleichzeitig aber auch etwas über die seelischen Unterwelten des anderen Geschlechtes zu erfahren. (29)

Märchen handeln von den Chancen und Krisen unseres Lebens, von den Niederlagen, von Siegen, von Einfallsreichtum und List, von guten und bösen Feen und Zauberern an unserem Lebenswege. Ganz direkt steuern sie die wichtigsten menschlichen Probleme an: die Notwendigkeit der Entwicklung und Selbsterkenntnis; die komplizierte Beziehung zwischen Eltern und Kindern, Liebe und Rivalität in der Geschwisterbeziehung; den aufregenden und verwirrenden Übergang vom Kind zum Erwachsenen; die sexuellen Probleme, ihre Ängste und Lösung; Beziehungsangst und Beziehungsfähigkeit; Frauwerdung und Mannwerdung; die Suche nach einem sinnvollen Platz im Leben. (29)

Das Märchen ist ein Spiegel. Wir entdecken in ihm unser verwunschenes Selbst. Wir können es, nach einer Suchwanderung durch den Märchenwald, bei den Zwergen und bei dem schönen Prinzen, erlösen. (28)

Märchen enthalten versteckte seelische Botschaften. Sie sind ein Stück konkreter Lebenshilfe. Als Kinder sind wir geradezu süchtig nach diesen Geschichten. Sie helfen uns nämlich, die schwierige Welt der erwachsenen Riesen, in die wir eintreten, besser zu verstehen. Der Kosmos der Märchen ist so schön und so grausam wie die Welt. Hier und dort gibt es Wunderdinge und Gewalt, Erfüllung und Not, Befreiung und Angst. Märchen handeln von den Beziehungen zwischen Menschen, den Kindern und den Erwachsenen, zum Beispiel in *Hänsel und Gretel*, zwischen Liebenden, etwa im *Froschkönig*, zwischen Frau und Despoten wie im *Blaubart*. Das Böse hat in Märchen sozusagen eine therapeutische Funktion, weil es den unglücklichen Heldinnen und Helden die Augen öffnet und ihre psychische Entwicklung ermöglicht. (27)

Märchen sind Laboratorien des Unbewussten. In ihnen finden sich, kunstvoll verdichtet und in Symbolen verschlüsselt, die Dramen des Lebens, die Dunkelheiten und Fährnisse der Kindheit, hilflose oder unterdrückende Eltern, Angst, Einsamkeit, Neugier, Aufbruch, Prüfungen, Bewährungen, geheimnisvolle Anrufe des Lebens, Glück und Frieden …

Nach der Philosophie des Märchens ist jeder von uns ein potenzieller Held und eine mögliche Heldin. Wir alle sind Königskinder, die um ihr Erbe betrogen wurden, und die, wie der verzauberte *Froschkönig*, im tiefen Brunnen der Depression hockend, das Königreich der seelischen Souveränität in sich entdecken müssen. Märchen rufen auf zu Selbstvertrauen und

Selbstbestimmung, zur Lebensfreude und Pfiffigkeit in einer Welt, in der hell und dunkel, gut und böse unmittelbar nebeneinander liegen. Der Weg zum Himmel führt durch die Hölle, der Aufstieg vom Aschenputtel zur Königin, von der rußigen Küche zum Ballsaal. (27)

Ohne gute Feen und ermunternde männliche Zauberer auf unserem Lebenswege wären wir wohl verloren. Es ist, als ob es Schutzengel aus Fleisch und Blut mitten in unserem Leben gäbe und als ob sie uns in einer Art Stafettenlauf in verschiedenen Lebensphasen einander übergäben. (29)

Ulrike (Name geändert), eine medizinisch-technische Assistentin, Anfang fünfzig, erzählte mir: „Mein frühes Leben erfuhr durch das Zwischentreten einer ‚Fee‘ eine Rettung. Meine Mutter war morphiumabhängig, äußerst labil und hatte mich gleichsam versehentlich, mit zugedröhntem Kopf empfangen. Da sie, wie es im Behördendeutsch lautet, ‚Vielfachverkehr‘ hatte, konnte sie nicht einmal den Namen des Erzeugers angeben. Sie liebte mich, aber sie war physisch und psychisch außerstande, ein Kind zu betreuen … Als ich mit sieben Jahren vor der Einschulung stand, starb meine Mutter innerhalb weniger Tage nach schwerem Kokainmissbrauch an einer verschleppten doppelseitigen Lungenentzündung. Da holte mich ihre Schwester Anna (Name geändert – M.J.) ohne zu zögern zu sich. Anna und ihr Mann wurden zu wundervollen Ersatzeltern für mich. Sie hatten zwei Söhne, die damals schon zwölf und dreizehn Jahre alt waren. Diese hatten keinerlei Rivalitäten mir gegenüber. Sie freuten sich im Gegenteil riesig über das plötzliche Geschenk eines niedlichen Schwesterchens. Sie nahmen mich überall zum Spielen mit. Selbst bei ihrem Fußballspiel saß ich am Rand des Platzes und schaute ihnen begeistert, meine Puppe im Arm, zu. Wenn einer von beiden ein Tor geschossen hatte, rannte er zu mir und drückte und küsste mich. Mutter Anna – so nannte ich sie – wurde die gütige Fee in meinem Leben. Sie strahlte mich an und nannte mich ‚mein Schatz'. Ich fühlte zum ersten Mal in meinem Leben, dass ich etwas Kostbares war." (29)

Wo es gute Feen, gütige Instanzen und positive Botschaften gibt, muss es auch böse Feen, negative Instanzen und destruktive Botschaften geben. Es wäre schön, wenn unsere Individuation, die lange Sinfonie unserer Ichwerdung, nur harmonisch orchestriert wäre. Aber da gibt es immer auch die Misstöne, die Kakophonie. Wer kennt nicht mindestens einen Lehrer, der ihm übel wollte und ihm das Leben mit ungerechten Zensuren sauer machte. Ich erinnere mich an einen Turnlehrer im Internat, der uns Zehn- bis Zwölfjährige so brutal ohrfeigte, dass wir auf den Boden flogen. Heute wäre er ein Fall für die Justiz. (29)

Das Märchen, seit Jahrhunderten eine großmütige Hebamme unserer geistigen Entbindung, gibt uns Hoffnung und macht uns Mut. Es ist in das Happy-End verliebt. Wenn in ihm so viel von Königinnen und Königen die Rede ist, so ist das nicht als ein Zeichen rückwärtsgewandter Epochen zu werten. Das Märchen ist viel mehr ganz radikal demokratisch. Jeder Schweinehirt kann ein König, jedes Aschenputtel kann eine Königin werden: Souverän und König ist der, welcher am Ende seiner menschlichen Ochsentour autonom über sich selbst regiert, die Dramaturgie seiner schwierigen Kindheit durchschaut und neue Lebenswege eingeschlagen hat … Fast immer gehen Märchen von schwierigen Familienverhältnissen des Helden – oder der Heldin – aus. Märchen geben uns zu verstehen, dass die Familie einen Komplex von Widersprüchen darstellt und zwangsläufig kompliziert ist. (30)

Tatsächlich waren Märchen ursprünglich Stoff für Erwachsene, nicht für Kinder. Sie waren in einer medienlosen Epoche ein wichtiger Zeitvertreib in den Spinnstuben und an langen Abenden. Sie enthielten nicht nur die Weisheiten, sondern auch den drastischen Erfahrungsschatz eines Volkes. Da war die Rede von Lug und Trug, Gewalt und Vergewaltigung, Armut und Reichtum. Erst die Instrumentalisierung des Märchens zum pädagogischen Hilfsmittel verwässerte seine scharfe Essenz. (30)

Träume

Eines ist sicher, das Gehirn schläft nicht. Es ist eine Art Fabrik, die in der Nacht einen Notbetrieb aufrechterhält. Es vermag sogar, aktuelle Sinnesreize in den Traum zu integrieren: Ich träume, dass ich in einen Brunnen falle und mir das Wasser bereits bis zum Hals steht. Tatsächlich habe ich im Schlaf ein Glas Wasser auf dem Nachttisch umgestoßen, und es rinnt mir gerade in die Pyjamajacke. Der Traum ist in diesem Sinn der „Hüter des Schlafes" (Freud), indem er Nässe, Lärm oder einen flüchtigen Schmerz und körperliche Unruhe in sich einarbeitet. (24)

Bei den Ägyptern gab es Serapis, den Gott des Traumes. Griechen und Römer kannten Traumbücher. Im zweiten nachchristlichen Jahrhundert schrieb der Grieche Artemidor von

Dalos einen fünfbändigen Klassiker zur Traumdeutung. Träume galten lange Zeit als prophetisch oder heilend. Um in den Genuss von Traum und Heilschlaf zu kommen, pilgerten die Griechen, wenn sie körperlich oder seelisch krank waren, zum Asklepiäum. Die Heilschlafstätte war dem Asklepios, dem Sohn des Apollon und Gott der Heilkunst, geweiht. Träume galten als wichtig. In den rund dreihundert Tempeln des Asklepios wuschen sich die Pilger, zogen neue Kleider an, legten sich mit einem Schlaftrunk nieder und warteten, bis ihnen Asklepios im Traum erscheine und ihnen einen neuen Lebensraum eröffne. Die Griechen waren begnadete Traumfänger. (24)

Die deutschen Romantiker kreierten drei Jahrtausende später eine nächtliche Traumwelt als der Wahrheit tiefsten Seelengrund und gegen die Entzauberung der Welt durch die Wissenschaft. Novalis ließ seinen Heinrich von Ofterdingen von der „Blauen Blume" träumen … In poetischen Bildern beschworen die Romantiker die Sprache der Träume als die Werkstatt der Seele. Sie erhofften sich davon die Heilung einer kommerzialisierten, lieblos gewordenen Welt. (24)

Frauen erinnern sich im Durchschnitt häufiger an Träume als Männer, weil sie grundsätzlich an seelischen Problemen interessierter sind als diese. Sie halten Träume für wichtiger. Frauen repräsentieren stärker, mit C. G. Jung zu sprechen, den *intuitiven* Charaktertypus. Männer stellen überwiegend den *rationalen* Typus dar: Er steht dem Reich des prärationalen Unbewussten eher abwertend gegenüber. (24)

Viele Träume sind *Entwicklungsträume.* Sie kartografieren zwar nicht exakt, aber sie deuten die Pfade in die Zukunft an. (24)

Symbole im Traum kann man nicht nach Art simpler Ratgeber lexikalisch erfassen und auf eine unveränderliche Bedeutung hin festlegen. Eine Schlange kann Gefahr oder wegen ihrer männlich-phallischen Figuration Sexualität bedeuten, sie kann biblisch das Böse markieren, aber auch das Wissen oder im Sinne der Äskulap-Natter Heilung symbolisieren. Es kommt immer auf den jeweiligen Kontext an. Der Keller steht häufig für das Unbewusste oder auch Unaufgeräumte unserer Persönlichkeit. (24)

Ich bin als Therapeut immer wieder erstaunt, hinter welcher Vielfalt von Symbolen sich Sexualität verbirgt. Da träumt sich eine Frau als Dornröschen und hat eine haushohe Stachelhecke um sich errichtet, die weder sie noch ein ritterlicher Mann zu durchdringen vermag – sie war als Zwölfjährige ein Opfer des sexuellen Missbrauchs. Da träumt ein wohlgenährter, keineswegs ausgehungerter Mann obsessiv davon, wie er kiloweise Würste verschlingt – es geht in Wahrheit um seine „fleischlichen" Gelüste. Da träumt ein anderer Mann immer wieder, dass ihn seine Frau betrügt. Er sieht sie nackt unter einem Liebhaber liegen. Dabei ist seine Realfrau treu wie Gold und eher von schläfriger Natur. Tatsächlich lässt ihn der Gedanke an einen eigenen Seitensprung nicht los. Was er unbewusst im Traum produziert, ist das, was Freud die *projektive Eifersucht* nennt: die Konversion, die „Umdrehung" der eigenen Schuldgefühle und Begierden zur Schuld des Partners. (24)

In vielen Träumen spielt der Tod eine Rolle. Er kann sehr Unterschiedliches bedeuten. Bernd (Name geändert), neunundfünfzig, frühverrentet und verwitwet, lebte mit seiner ebenfalls verwitweten zweiundachtzigjährigen Mutter im gleichen Haus. Er liebte und pflegte sie hingebungsvoll. Die Mutter litt an zwei Gehirntumoren. Als sie im Krankenhaus lag, hatte Bernd, wie er mir später berichtete, einen Traum, der ihn erschreckte. Bernd: „Im Traum betrat ich mit einem riesigen Strauß roter Rosen das Krankenhaus, um meine Mutter zu besuchen. Der Aufzug in ihrer Station fuhr nicht. Ein großes schwarzes Plakat mit der Aufschrift ‚Betriebsstörung' klebte an ihm. Ich ging das Treppenhaus hinauf. Die Stufen schienen mir unendlich. Ich stieg und stieg. Endlich gelangte ich auf die Station. Vor Mutters Zimmer standen in mehreren Vasen ihre Blumen. Als ich die Tür öffnete, war das Zimmer leer. Ich begab mich auf den Heimweg." Vier Tage später starb seine Mutter in der Nacht im Krankenhaus. Bernd hatte ihren Tod intuitiv erahnt. Dieser Traum ist klar *objektstufig* zu verstehen. Er bewahrheitete sich in der Wirklichkeit. (24)

Wir können natürlich auch einen Intimfeind, einen widerwärtigen Chef oder einen schlimmen Kollegen, durch einen Todestraum imaginativ zur Strecke bringen. Träume sind in diesem Sinn schamlos, rücksichtslos und wahrhaftig. Vor träumerischen familiären Mordimpulsen sind auch Erwachsene nicht gefeit. Paul (Name geändert), achtundvierzig, träumte in einer Phase, als wir seine Vater-Wunde bearbeiteten, dass er in einem wiederkehrenden Traum stets aufs Neue seinen – überstrengen – Vater von einer hohen Brücke in einen reißenden Fluss hinunterstürzte. (24)

Nicht selten drückt der Traum auch eine Ahnung vom eigenen Tod aus. Elisabeth (Name geändert) berichtete mir bewegt von den Todesumständen ihrer sechsundsiebzigjährigen Mutter Ursula. Diese hatte Herz-Kreislauf-Beschwerden und Bluthochdruck. Eine exakte Diagnose stand aus. Die Mutter Ursula schob den klärenden Besuch beim Kardiologen vor sich her und wollte wohl nichts Genaues wissen. Nach dem Tod ihres Mannes ein Jahr zuvor hatte sie ihre Lebensfreude verloren. Zum Entsetzen ihrer Tochter äußerte sie öfters, dass sie sterben und „zu meinem Mann" wolle. Eines Tages eröffnete Ursula der Tochter Elisabeth mit bestimmten Worten: „Ich weiß jetzt, dass ich bald sterben werde." Ursula berief sich auf einen Traum der vergangenen Nacht: „Ich saß im Wohnzimmer vor dem Fernseher. Da öffnete sich die Tür und ein kleiner Bär kam mit schleppendem Gang herein. In der Mitte des Teppichs brach er zusammen. Ich hob ihn auf und bettete ihn in meinen Schoß. Er atmete schwach. Offensichtlich hatte er seine Mama verloren. Ich versuchte, ihm einen Teelöffel Honig in sein Mäulchen zu flößen. Er wehrte ab. Dann senkte er sein Köpfchen, verdrehte die Augen und starb friedlich in meinen Armen."

Zwei Wochen später starb die Mutter im Schlaf an einem Aneurysma im Bauchraum. In der Familie wurde die Mutter allgemein „Bärle" gerufen. „Ursula" ist ja auch die Verkleinerungsform von lat. *Urs, der Bär*. In dem kleinen Bären hatte die große Bärin Ursula sich selbst und ihren nahenden Tod erkannt. (24)

Der Tod im Traum ist, *subjektstufig* gesehen, der Träumende selbst. Er erfährt im Traum, dass er sich von negativen Persönlichkeitsanteilen lösen, sein Leben ändern, das alte Ego „sterben" lassen muss. (24)

Der Todestraum als Abschied von dem nicht mehr Lebbaren erscheint oft in paradoxer Gestalt. Klara (Name geändert), Berufsschullehrerin, empfing eine Woche vor ihrem fünfzigsten Geburtstag einen Traum, der sie ebenso verwirrte wie beschäftigte. Klara: „Ich saß im Lehrerkollegium und korrigierte in einer Freistunde Arbeiten. Da erschien der Rektor und teilte uns mit, wir sollten alle sofort in die Aula kommen. Da stand vorne auf der Bühne ein offener Sarg. Wir Lehrerinnen und Lehrer defilierten schweigend daran vorbei. Als ich vor dem Sarg stand, sah ich darin ein kleines, verhutzeltes Wesen. Es handelte sich wohl um eine Frau, aber ich kannte sie nicht. Sie war kein Mitglied des Lehrkörpers. Ich blieb versunken stehen und rätselte. Plötzlich war ich allein mit der Leiche in der Aula. Da krampfte sich mein Herz vor Schmerz zusammen. Das war ja ich, aber als Greisin. Ich rannte schreiend aus dem Saal, durch die Schulpforte nach draußen."

Wir stellten uns viele Fragen in der Therapie: Warum ereignete sich der Traum gerade zu diesem Zeitpunkt? Welche innere Situation der Träumerin spiegelte er wider? Was symbolisierte die Tote? Was bedeutete die Flucht aus der Schulaula ins Freie? Die Antwort war: Klara war seit längerem den Schulberuf leid. Er war noch nie ihr Wunschziel gewesen. Nun stand der bedeutsame Einschnitt des fünfzigsten Geburtstages an. Er markierte sozusagen die letzte Möglichkeit, ihr Leben noch einmal zu wenden. Klara fühlte sich eingeschrumpft, um die Lebendigkeit ihrer reichen Persönlichkeit beraubt, eingezwängt in einen Sarg der Leblosigkeit. Die verhutzelte Tote war sie selbst. Es galt, den neuen Weg nach draußen zu suchen, statt in der Zwangsjacke des ungeliebten Lehrerberufes zu sterben. Klara hatte die Möglichkeit dazu. Ihr Mann verdiente gut, die einzige Tochter stand kurz vor dem Abschluss ihres Studiums. Klara hatte immer mit leichter Hand geschrieben. Eine befreundete Verlegerin bot ihr an, als freie Journalistin für ihre Frauenzeitschrift zu arbeiten. Klara wagte den Sprung. (24)

Ich bin erst spät darauf gekommen, in der Paartherapie die Bedeutung von Träumen zu erkennen. Dabei sind sie gerade dort, sowohl in ihrer Unterschiedlichkeit als auch in ihrer Kongruenz, bedeutsam, weil erhellend. (24)

Irene (Name geändert), achtundfünfzig, Krankengymnastin, mit dem sieben Jahre älteren Richard verheiratet, hatte einen klassischen Einbrechertraum. Irene: „Ich lag allein im Ehebett im ersten Stock unseres Hauses. Mein Mann war weg. Er war, wie er gesagt hatte, auf einer Tageswanderung mit zwei früheren Arbeitskollegen. Es könne, so hatte er undeutlich gemurmelt, mit seiner Heimkehr etwas später werden. Plötzlich hörte ich Geräusche und eine Tür gehen. Ich hatte große Angst. Da war ein Einbrecher. Er rumorte im unteren Stock herum. Dann hörte ich seine Schritte auf der Treppe in den ersten Stock. Im Traum versteckte ich mich in einen Einbauschrank im Schlafzimmer. Mein Herz klopfte. Würde der Einbrecher mich finden und töten, fragte ich mich. Es dauerte eine Ewigkeit, bis seine Schritte verhallten. Dann traute ich mich wieder aus dem Schrank heraus. Meine Bestürzung war unbeschreiblich, alle Möbel im Haus waren verschwunden, sogar das Ehebett. Dass dies absurd und von einem einzigen Einbrecher in dieser kurzen Zeit technisch überhaupt nicht zu bewerkstelligen war, fiel mir nicht auf. Ich stand nur da in der Leere des Hauses und dachte: ‚Alles ist aus'. Es war ein Albtraum, über den ich mich nach dem Erwachen tagelang nicht beruhigen konnte."

Ein Einbruch kann bedeuten, dass fremde Kräfte in das Haus der Träumenden eindringen, die dort nicht hingehören und ihn seiner Lebenswirklichkeit berauben. So war es auch hier. Was Irene zu diesem Zeitpunkt nicht wusste, war, dass Richard, ein Rentner mit viel Zeit, sich eine Geliebte zugelegt hatte. Während Irenes beruflicher Abwesenheit hielt diese sich sogar öfters tagsüber im Haus des Ehepaares auf. Sie brach im Wortsinn in das Leben und Haus des Ehepaares ein. Die Ehe zerbrach an diesem Einbruch. Das Haus musste verkauft, die Möbel ausgeräumt werden. Irene verkroch sich allerdings nicht mehr im Wandschrank, sondern baute sich zielstrebig ein neues Haus der Freundschaften und Beziehungen auf. Aber der „Einbruch" lähmte sie zunächst über Monate hinweg. (24)

Immer wieder berichten mir Frauen und Männer von Träumen, in denen sie fliegen können. In der Psychologie Freuds symbolisiert das Fliegen Sexualität und erotische Ekstase. Mir scheint das zu einseitig. Fliegen ist eine uralte Menschheitssehnsucht, die wir uns im Traum erfüllen. Drückt es nicht auch unsere Fähigkeit aus, die gegenwärtige Situation zu transzendieren, Weite und Übersicht zu gewinnen und eine nie gekannte Freiheit zu spüren? Fliegen kann natürlich auch eine narzisstische Kompensation bedeuten, wenn die Realverhältnisse selbst armselig sind. Als Internatsschüler und Underdog träumte ich oft davon, nach Art eines Batman die engen Klostermauern zu überqueren und als heimlicher Herrscher über die Kontinente zu segeln und bewundert zu werden.

Fliegen kann auch ein Antidot, ein Gegengift gegen den Albtraum darstellen. Clarissa (Name geändert), elf, berichtete mir, im Traum griffen sie öfters gewaltige furchterregende Dinosaurier an. Natürlich haben wir in der Beratungsstunde zusammen mit den Eltern erforscht, welche realen Gegner sich hinter den geträumten Dinosauriern versteckten: Es waren zwei Schuljungen, die sie auf ihrem Heimweg regelmäßig belästigten. Aber Clarissa hatte auch etwas Schnurriges, das uns alle zum Lachen brachte: „Wenn die Dinosaurer wiederkommen, fliege ich im nächsten Traum einfach über sie hinweg." (24)

In der therapeutischen Schule des Traumes können wir fliegen, indem wir das Geträumte malen, tonen, im Tanz ausdrü-

cken, psychodramatisch inszenieren, assoziieren, weiter ima-
ginieren, im Sandspiel komponieren, in einem „Traumbuch"
protokollieren und ausdeuten. Träume haben eine kathartische, reinigende Kraft. Wir können sie als Hilfe zur Neuorientierung nutzen. Wir dürfen den Traum wie in einem Verhör befragen: Welche Überschrift würde ich dir geben? Bist du
vollständig, oder möchte ich dich zu Ende träumen? Was spiegelst du Traum mir wider? Drückt er Erinnerungen an meine
Kindheit aus? Welches Grundgefühl hatte ich im Traum? Wovor hatte ich Angst? Was war mir angenehm? Was bedeuten die
Symbole des Traumes? Habe ich ein reiches oder schmales
Traumleben? Warum hat sich dieser Traum mir so besonders
eingeprägt? Deckt sich das Traumerlebnis in irgendeiner Weise mit einem Erlebnis in meiner Realität? Gibt es Brücken zwischen der Realwelt und der Traumwelt? Will der Traum etwas
richtigstellen? Fordert er eine Veränderung von mir? Ermutigt
er mich zu einem neuen Schritt in meinem Leben? Macht mich
der Traum ängstlich, traurig oder glücklich und mutig? (24)

Der Philosoph Ernst Bloch reiht in seinem Hauptwerk *Prinzip
Hoffnung* die Träume unter die Zukunftskategorie des *Noch
nicht* ein. Er sieht sie als einen „Teil auf dem riesigen Feld des
utopischen Bewusstseins".

In diesem Sinn könnten Träume bei unserem Abenteuer der
Individuation Stufen zum Nächsthöheren sein. Steigen wir sie
hinauf. Unsere Träume können wir allerdings erst dann verwirklichen, wenn wir uns entschließen, aus ihnen zu erwachen. (24)

Therapie

Sowohl bei einer schweren Beziehungskrise, in der sich am Horizont die Trennung andeutet, als auch bei vollzogener Trennung sollte man gütig und klug mit sich umgehen und Hilfe suchen. Es muss übrigens nicht immer eine umfangreiche, elaborierte (durchgearbeitete) Therapie sein. Ich erlebe immer wieder, dass eine einzige zweistündige Paarsitzung beiden hilft, die Weichen neu zu stellen. Das ist dann das, was wir im „Dr.-Bruker-Haus" altmodisch „Lebensberatung" nennen. Dr. Bruker selbst hat auf dieser Praxis und diesem Begriff bestanden. Er sagte mir bei Beginn meiner Arbeit in Lahnstein: „Die Menschen brauchen nicht in jedem Fall langwierige Therapien. Oft genügt eine einzige Beratungsstunde. Das weiß ich aus tausenden Sprechstunden. Gut die Hälfte meiner Praxis bestand aus solcher Lebensberatung. Ich finde den Begriff auch gut, weil er das heikle Wort ‚Psychotherapie' meidet. Dies ist immer noch belastet und für viele Menschen ein Tabu. Psychoanalyse, das verbindet sich bei ihnen mit der Assoziation von geisteskrank und Psychiatrie. Aber eine Lebensberatung, das kann jeder mal brauchen." (6)

Schon eine einzige Sitzung kann oft einem Paar klarmachen, wo das Problem liegt. Der gemeinsame Gang zur Beratung – nicht unbedingt die Beratung selbst – erlaubt es ihnen, aus dem gegenseitigen Grabenkrieg auszusteigen, das Gesicht zu wahren und vertrauensbildende Maßnahmen einzuleiten. Auch nach der Trennung kann, wie ich es immer wieder erlebe, eine einzige gründliche Beratungssitzung entscheidenden Aufschwung geben. Die wohlwollenden Fragen des Therapeuten tun gut. Wenn er/sie kluge Fragen stellt, dann ist das ein kleiner Schatz für die Zukunft. Oft reicht es schon, dass ich als Trennungsgeschädigter mir nur Bestärkung hole für das, was ich erkannt habe. Dass da ein Mensch sitzt, der sagt, „du machst es gut". Dass da ein Mensch ist, der mich bedauert und mich am Ende vielleicht lachend in die Arme nimmt. Oder dass er/sie mich von Racheakten, Verzweiflungsschritten oder meiner Jammerei abhält. (6)

In der Paartherapie ist es immer wieder spannend und bewegend mitzuhelfen, dass Frau und Mann die Folgen des elterlichen Verhaltens in sich erkennen, beweinen, bewüten und letztendlich beenden. Da folgt die Tochter einer vom Ehemann enttäuschten Mutter dem Auftrag, allen Männern und besonders dem eigenen Partner zu misstrauen und ihn schlecht zu behandeln.

Da fungiert der Mann gegenüber seiner ahnungslosen Frau ungewollt genau wie der abwesende Vater, den er als Junge so sehr gehasst hat.

Da hat die Frau, als sie ein kleines Mädchen war, gespürt, dass sie nur dann geliebt wurde, wenn sie „brav" und „herzig" war – prompt ist sie als Ehefrau konfliktscheu und überangepasst, weil sie sich nur so liebenswert fühlt. Damit schiebt sie den Partner zugleich in die Position des disziplinierenden Eltern-Ichs. (7)

Die Antwort kann nur lauten: Diese untauglichen Botschaften an die Absender zurückzuschicken. Das verlangt, dass man sie überhaupt erst einmal begreift und aus dem Dauerclinch mit dem Ehepartner aussteigt. Dann kann man der Mutter, dem Vater einen imaginären Brief schreiben. Imaginär heißt, dass man ihn zwar schreibt, aber ihn dem noch lebenden Elternteil nicht aushändigt, weil er gar nicht in der Lage wäre, angemessen zu antworten. Für die Frau mit dem Männerhass wäre es etwa wichtig zu schreiben: „Liebe Mutter, es stimmt nicht, dass die Männer alle nichts taugen und nur das Eine wollen. Ich gebe dir deine bittere Botschaft, die aus deiner Lebensgeschichte resultiert, zurück. Ich will von nun an die Männer im Allgemeinen und meinen Mann im Besonderen liebevoll wahrnehmen."

Ein Mann, der Angst hat, seine Gefühle zu zeigen, könnte seinem Vater schreiben: „Lieber Vater, du meintest immer, wenn man sein Inneres preisgäbe, dann nützten die Frauen dies aus und brächten einen in ihre Abhängigkeit. Ich mache jetzt mit meiner Frau ganz andere Erfahrungen. Sie freut sich über meine Offenheit. Sie steht mir bei, wenn mir die Tränen kommen. Deine negative Botschaft gebe ich dir hiermit zurück. Ich will von nun an offen in die Liebe gehen." (7)

Zum Aufbruch gehört oft der Tiefpunkt des Lebens, die innere *Kapitulation* und die *Akzeptanz von Hilfe*, wie es die Anonymen Alkoholiker in ihrem Zwölf-Schritte-Programm formulieren. Das fällt vor allem uns Männern schwer. Mein wichtigster Schritt in meiner seelischen Biografie war es, mir Therapie zu *gönnen*. Meine Schwester Maria Theresia, eine erfahrene Therapeutin, schenkte mir dieses lösende Wort: „Du unterziehst dich nicht einer professionellen Seelenarbeit, du *gönnst* sie dir!" Beim Aufbruch geht es um unsere Identität. Es geht um unser Menschsein, das wir ständig suchen. Es ist ein Muss. Das lässt uns nie los, auch wenn wir uns mit Geschäftigkeit, Süchten und den Zeitdieben Fernsehen, Computer, Handy betäuben wollen. (17)

Grundgedanke der therapeutischen Arbeit ist, dass der Mensch ein strukturelles Mängelwesen ist. Auch unsere Eltern sind es.

Wir sind es. So gesehen ist es auf Dauer auch ein Missbrauch an uns selbst, wenn wir noch als Erwachsene die Eltern unablässig für die Schattenseiten unserer Biografie haftbar machen. (17)

Die philosophische Maxime *Erkenne dich selbst* erweist sich als der Vorläufer zur Grundsatzformel aller Psychotherapie *Werde, der du bist.* Der Charakter des Patienten ist die Summe seiner Abwehrmechanismen, Irrationalitäten und Widerstände, seiner Schwächen und seiner Stärken. An dieser Stelle der seelischen und philosophischen Reflexionen und neuer Lebensschritte muss er die Arbeit am Charakter, die Umgestaltung seiner Persönlichkeit leisten, wenn er nicht länger in seinen neurotischen Verhaltensstörungen verharren will. (42)

In der Seelenarbeit pflegen wir Therapeuten einem Menschen, der sich hinter der lähmenden Formel *Ich kann nicht* versteckt, vorzuschlagen, die ehrliche Formulierung *Ich will nicht* zu verwenden. Damit gewinnt er wieder die moralische Lufthoheit im Lebenskampf. Zugleich wird der Klient damit aber auch gewahr, dass er in der Vergangenheit sich durchaus im freien Willen für das Böse, etwa die Verletzung seines Partners, entschieden hat. (43)

GLAUBE, LIEBE,
HOFFNUNG

Mut

Es ist weniger das Leben, das uns bedrückt. Viel öfter ist es das
ungelebte Leben, das uns depressiv oder schreiend vor Sehnsucht macht. Wir haben es nicht gewagt. Der Schatten des Ungelebten fällt lastend über uns und erschlägt uns beinahe. (10)

Ängstlichkeit oder Mut zum Ich spielen sich nicht im luftleeren Raum ab. Meine Persönlichkeitsbildung wächst auf dem
Humus des Sozialen. Ob wir es bejahen oder beklagen, der Ver-
lauf des 20. Jahrhunderts hat einen Modernitätsschub provoziert, der das Ende fast aller Gewissheiten bedeutet und uns
Hören und Sehen vergehen lässt. Wer noch seine Hoffnung auf
irgendeine soziale, philosophische oder religiöse Einheit der
Menschen setzte, der musste sich vom weltweiten Zusammenbruch ideologisch geschlossener Systeme wie Faschismus,
Kommunismus oder Klerikalismus – ohne diese drei Phäno-
mene gleichzuwerten – eines anderen belehren lassen: Die Gegenwart oder das „Projekt Moderne", wie die Philosophen und

Soziologen es nennen, ist pluralistisch, relativistisch und kon-
kurrenzorientiert. (10)

Andererseits liegt hierin auch das grandiose Moment der Befreiung, der Reichtum zahlloser, je zu erobernder virtueller
Welten in der Biografie des modernen Individuums ... Mein
Leben könnte immer auch ein anderes sein. Ich lebe im existenziellen Konjunktiv. Was immer ich bin, ich bin es eher zufällig. Das Sein ist, wie moderne Denker es definieren, kontin-
gent, letztlich unzusammenhängend. (10)

Das ist schwer und schön zugleich, das löst und macht Furcht
in einem Atemzug. Wo wir schutzlos und nackt in die Aufklärung gehen, da verlieren wir gleichsam unseren Kinderglau-
ben an das Christkind und den Osterhasen. Das tut weh. Es
macht uns aber zugleich zum „homo faber", zum Architekten
des eigenen Lebensentwurfs. Es ist die Basis für Scheitern und
Erfolg, für Unruhe und Überraschung, für Leid und Glück, kurz
für den dramatischen Lebensduktus unserer Zeit. (10)

Wir sind zur Freiheit verurteilt (Sartre) im Lichte ganz banaler
und massenhafter Alltagserfahrungen. Wo wir ständig vor
Wahl- und Entscheidungssituationen stehen, wo uns andere
Menschen mit ihren Lebensentwürfen konfrontieren, wo Sinn-
gebung zu einer privaten Angelegenheit jedes Einzelnen geworden ist, wo Kirchen, Gurus und esoterische Sinnlieferanten
zur Gesellschaft mit beschränkter Haftung degenerieren, wo
die zersprungene Einheit der Welt harte Tatsache ist und wo
schließlich aus dem früher standardisierten Lebenslauf eine
Patchworkexistenz wird, da ist Mut zum Ich wie nie zuvor gefragt. (10)

Das Leben ist eine Baustelle. Wir sind die Architekten. Der Plan entsteht beim Bauen. Wir ändern ihn fortdauernd. Ist das nicht der Sinn des Lebens? (10)

Mut zum Ich bedeutet Wachstum. Wachstum aber bedeutet Veränderung. Das sagt sich so selbstverständlich. In Wahrheit ist Wachstum das Dynamit unseres Lebens. Es donnert, reißt Löcher in die Textur des Gewohnten. Es macht ratlos, macht Angst, moussiert oft aber auch wie Champagner. Jeder von uns macht diese Erfahrung letztlich allein und ist darauf nicht vorbereitet. Es gibt keinen Trockenkursus des Lebens. (10)

Das Geheimnis des wahrhaft gelebten Lebens wäre es demnach, sich immer wieder erneut auf die anstehenden neuen Konfigurationen der eigenen Lebensbühne einzulassen, in veränderte Rollen zu schlüpfen, die alte Haut abzulegen, sich zu häuten und in die Haut bisher ungelebter Persönlichkeitsanteile zu schlüpfen. (10)

Mut zur Angst heißt, zu leben wagen. Das kann in einem Fall die Entscheidung sein, sich freiberuflich zu machen, im anderen Fall, endlich die Kinder ihren Weg ziehen zu lassen und sich auf die eigenen Beine zu stellen. Oder zu einer Liebesbeziehung zu stehen, selbstbewusst aufzutreten, den Beruf zu wechseln, vor allem das Neue zu lernen und ins Leben zu integrieren. Im Dr.-Max-Otto-Bruker-Haus in Lahnstein zum Beispiel beginnen viele Frauen mit der Ausbildung zur Gesundheitsberaterin GGB den ersten Schritt in die Außentätigkeit und eigene Kompetenz und damit in jenes Selbstbewusstsein, das als verborgene Potenz schon lange in ihnen schlummerte. In jedem von uns steckt doch, positiv gesprochen, eine „multiple Persönlichkeit". Mit vielen Facetten, Vorlieben, ungenütz-

ten Potenzen, Reserven und brachliegenden geistigen Acker-
landschaften. Warum nicht mit fünfzig Jahren noch Klavierspielen lernen, Jazztanz, medizinische Massage oder Telefonseelsorge? (10)

Wo wir unsere eigene Angst zulassen, vermeiden wir auch die
Gefahr, aus verdrängter Angst heraus destruktiv zu werden
oder uns selbst oder andere Menschen durch die Züchtung von
Angst zu manipulieren. Was ist denn zum Beispiel die Auslän-
derhetze der Rechtsradikalen anderes, als aus der Angst vor
Verlust der Arbeitsplätze, Wohnungen und Sozialleistungen
einen Sündenbock zu finden? (10)

Jeder Fundamentalismus ist im letzten Kern der Zweifel an
der eigenen Doktrin, der mit Aggression, Rechthaberei und
Hass auf Abweichler kompensiert wird ... Die amtskirchli-
chen Ordnungskräfte haben „Ketzer" wie Galileo Galilei oder
Giordano Bruno, Ludwig Feuerbach, Hans Küng, Eugen Dre-
wermann, den früheren französischen Armenbischof Gaillot
oder den Befreiungstheologen Leonardo Boff verfolgt, um
ihre eigene Angst vor den neuen Wahrheiten zu verdrängen. (10)

Freundschaft

Männer gestehen mir meist im Gespräch, sie *hofften,* dass sie
eines Tages wieder einen Freund fänden. Das klingt nach kos-
mischer *Begegnung dritter Art,* nach der Konfrontation mit ei-

ner Sternschnuppe oder dem jünglinghaften Hineinstürzen in eine romantische Liebe: Zwei Herzen im Dreivierteltakt, schwupp, die Verzauberung ist da! In Wahrheit muss, nicht anders als in der Liebe, der Freund gesucht, umworben und die Freundschaft, um es pathetisch zu formulieren, über Höhen und Tiefen hinweg gepflegt werden. (1)

Freundschaft braucht das Medium der Zeit und der gemeinsamen Aktivität. Eine Freundschaft ist, nicht anders als die Liebe, ein Kunstwerk der Beziehungsarbeit. Sie verlangt Offenheit, Intimität, Hingabe, das Ausleben von Spannungen, Widersprüchen, Nähe und Distanz, Zulassen des Fremdartigen. Im anderen Mann spiegele ich mich als Mann. In der Spiegelung durch den anderen Mann entwickele ich meine eigene Persönlichkeit. Im Leitbild des Freundes entfalte ich meine eigene Männlichkeit. Das kann mir keine Frau geben. (1)

Freundschaft fällt nicht vom Himmel. Freundschaft ist Liebe mit Verstand und Zähigkeit. Eine männliche Freundschaft zu pflegen heißt, wie Saint Exupérys Füchslein zum kleinen Prinzen sagt, einen Freund zu zähmen, ihn mir mit *viel Zeit* vertraut zu machen. *Wer einen Freund sucht ohne Fehler,* sagt das türkische Sprichwort, *bleibt ohne Freund.* Mit einem Freund brechen wir aus unserer männlichen Einsamkeit auf. (1)

Eine Umfrage über die Quantität von Frauenfreundschaften und Männerfreundschaften ergab folgendes Bild: Von zehn deutschen Frauen über vierzig Jahren haben neun eine beste Freundin. Von zehn Männern über vierzig haben neun keinen Freund. Das scheint ein weltweites Phänomen zu sein. (36)

Dieses „Ozonloch Männerfreundschaft" wirft eine Fülle von Fragen und Problemen auf, nicht zuletzt für die Beziehung zwischen Mann und Frau. Warum pflegen erwachsene Männer so wenig Freundschaften untereinander? Warum unterdrücken viele Männer ihr Bedürfnis nach männlicher Zuneigung? Da ist einmal die Geißel des maskulinen Konkurrenzdenkens. Viele Männer sehen im anderen Mann nur Bedrohung und Rivalität. Gleichzeitig fühlen sie sich in ihrer eigenen Männlichkeit nicht sicher. (36)

Ich selbst war als Junge unsportlich und im Jungeninternat deswegen ein Underdog. Ich habe meine Minderwertigkeitskomplexe mit exzessivem Lesen kompensiert. Von früh an war ich der Belesenste. Wenn ich als erwachsener Mann einem Geschlechtsgenossen gegenübertrat, immer noch mit der Selbstabwertung im Herzen, kein richtiger Mann zu sein, neigte ich dazu, ihm mit einigen blitzschnellen intellektuellen Volten, auf die er nicht gefasst war, das Fürchten beizubringen, um wenigstens auf einem Gebiet meine Überlegenheit zu demonstrieren. Auf die Idee, in einem anderen Mann einen gleichfalls bedürftigen „Bruder" zu sehen und mich mit ihm in Schwäche und Stärke zu verbünden, kam ich gar nicht. (36)

Zu meinem gestörten Verhalten als Mann in der Männerwelt kam ein weiteres schmerzlich verborgenes Motiv hinzu, das mir erst Jahre später in meiner eigenen Therapie und in meiner gestalttherapeutischen Ausbildungsgruppe bewusst wurde: Ich sehnte mich nach der körperlichen und geistigen Berührung eines Mannes und hatte doch zugleich Angst vor dieser Sehnsucht. Durch die Scheidung meiner Eltern gleichsam vaterlos aufgewachsen, fehlte mir die männliche Liebe und die Zuneigung. Das war so schmerzhaft, dass ich es nicht zugeben konnte. Also „entschloss" ich mich schon als siebenjähriger Junge, meinen Vater zu hassen. Ich entwertete so das unerreichbare Objekt meiner Liebe, um nicht vor Schmerz schreien zu müssen. (36)

Wie viele Männer blockierte mich als Erwachsener die Homophobie, also die Furcht, schwul zu erscheinen. Ich verwechselte das Bedürfnis, auch einen Mann zu umarmen, liebevoll zu streicheln und ihn zu küssen, mit Homosexualität. Der Gedanke, einen Mann als Freund zu lieben und ihn auch in seiner Körperlichkeit als lustvoll zu empfinden, wie dies zwischen Frauen als Freundinnen selbstverständlich ist, schien mir abwegig und gefährlich. Dabei ist Freundschaft immer auch körperlich, weil sie Liebe ist. (36)

Warum sind Männerfreundschaften so wichtig? Antwort: Sie helfen uns, Mann zu werden. Das ist ohnehin schwer genug. Als einem Scheidungskind ohne die Präsenz eines Vaters, der mich in die Männlichkeit initiiert hätte, tat mir mein Freund Michael, den ich in der ersten Volksschulklasse kennen und lieben lernte, unendlich wohl.

Wir waren zwei zarte, körperlich schmächtige Jungen. Aber gemeinsam waren wir frech. Wir fuhren im Faltboot auf den Bodensee hinaus und den Rhein hinunter, wir übernachteten in einer Scheune im Stroh, wir gruben (vergeblich) eine Höhle, unternahmen Radtouren, und wir räsonierten tiefsinnig über Gott und die Welt, die „blöden Mädchen" und unsere verwegenen Zukunftspläne. Wir entdeckten gegenseitig unsere Ängste und hatten keine Geheimnisse voreinander. Wir liehen uns gegenseitig unsere Abenteuerbücher aus, versetzten uns in die Rollen von Heldenspielen. Ja, wir spielten sogar Hochzeit, bei der Michael mit einem alten Tüllvorhang die errötende Braut mimte – wir lachten uns schlapp dabei.

Der Dritte im Bunde war mein großer Neufundländer Gentleman, mit dem wir auch größeren Jungen trotzten und uns für unbesiegbar hielten. Natürlich gab es auch in unserer quicklebendigen Beziehung, wie in fast allen Jungenfreundschaften, einen verborgenen homoerotischen Unterton; schließlich führte mich Michael beherzt in die Wonnen der Selbstbefriedigung ein; ich habe ihn dafür von der Hundefurcht befreit. Wir wuchsen aneinander und miteinander und genossen es, kleine Männer zu sein. (36)

In der männlichen Freundschaft vollziehe ich als Junge die Deidentifikation und Ablösung von den Eltern, gehe den Weg zur Autonomie und eigenen Identität und absolviere zu zweit die Schrecken und Freuden der Pubertät. Als erwachsener Mann erlebe ich die Freundschaft mit einem anderen Mann eher arbeitsbezogen in gemeinsamen Projekten und Interessen und weniger im unendlich wogenden Fluss der Gespräche, wie es Frauen als Freundinnen untereinander praktizieren. In einer harten Männerwelt, die durch Leistung und Konkurrenz und hohe Aggressionen geprägt ist, erlebe ich doch so etwas wie ein Urvertrauen in die Kraft menschlicher Bindungen, auch außerhalb der sexuell imprägnierten Partnerschaft zwischen Mann und Frau. (36)

Als Therapeut erstaunt es mich immer wieder, wie erwachsene Männer in dem Moment eine Freundschaft aufgeben und wie eine heiße Kartoffel fallen lassen, in dem Konflikte entstehen. Sie spielen dann die gekränkte Leberwurst, ziehen sich zurück und praktizieren Funkstille. (36)

Solange ein Mann keinen Freund hat, besitzt er keine emotionale Tankstelle außerhalb der Frau. Er wird damit naturgemäß *frauensüchtig*. Er hängt an der „Droge Frau" wie ein Junkie an der Nadel. Seine Partnerin muss ihm alle Emotionalität und Liebe dieser Welt bieten. Er ist fixiert auf sie. Er macht sie zur emotionalen Lebensretterin und zur Zentralheizung seines ausgekühlten Körper- und Seelengebäudes. Er fordert damit etwas von der Frau, was sie überhaupt nicht leisten kann: vierundzwanzig Stunden, rund um die Uhr, wie der ADAC auf den deutschen Autobahnen, zur Verfügung zu stehen. Keine Frau kann diese Samariterdienste in Permanenz leisten. Sie ist auch nur ein Mensch. (36)

Die Frau ist nicht der Servicepoint des Mannes. Sie ist auch einmal introvertiert, traurig, wütend, auf eigene Interessen orientiert, seelisch abwesend und von gänzlich anderen Gedanken erfüllt als denen des Mannes. Sie will nicht alles mit dem Mann besprechen, sondern braucht das Gespräch zwischen Frauen, ihrer besten Freundin, braucht weibliche Berührung, Komplizenschaft, Gelächter, Pläne und weibliche Verbundenheiten. (36)

Der Mann lebt, wenn er das Glück hat, sogar mehrere Freunde zu besitzen, mit jedem Freund eine eigene Form des Lebens, eine spezielle Facette seiner Persönlichkeit. Er bekräftigt und veredelt durch den anderen Mann seine Männlichkeit. Das macht ihn für die Frau interessant und ebenbürtig. Ihm verschafft es einen Freiraum, ein Stück Autonomie, Andersartigkeit und Unabhängigkeit.

In der modernen, posttraditionalen Gesellschaft, die nicht mehr über haltende Konventionen und Normen verfügt, gewinnt der Mann im Freund überdies einen Weggefährten auf

der stürmischen Odyssee des Lebens. Solange Männer untereinander auf Distanz gehen, indem sie sich nur formell die
Hände schütteln und sich dabei verpanzern, lernen sie, so
scheint mir, auch nicht, zur Freundschaft mit unserem bedrohten zarten blauen Planeten zu finden und schon gar nicht zu
der Idee der Völkerfreundschaft, von der schon Kant träumte. (36)

Glück

Mein Glück zu finden und zu realisieren heißt zunächst einmal, meinen Platz in dieser Welt als *homo faber*, als arbeiten-
der, gestaltender Mensch zu finden, zu akzeptieren. Durch das
Schöpferische meiner Arbeit erhebe ich mich über die bloße
Natur, ich trete mit ihr in einen schöpferischen Dialog. Indem
ich gestalte, helfe ich, eine ursprünglich unwirtliche Welt be-
wohnbar zu machen. Ich begreife und vermenschliche die Natur. In meiner schöpferischen Arbeit mache ich mich zugleich
für andere sichtbar und wertvoll. Ich gehe im Arbeitsprozess
Beziehungen zu anderen Menschen ein. Ich forme und ich werde geformt. Dabei ist mein Leben kein starres Programm, sondern es fließt. Es ist immer wieder offen, aufregend, anstrengend, herausfordernd. (16)

Das Leben wird uns gegeben wie eine *tabula rasa*, wie eine leere Tafel. Wir müssen diese Tafel beschreiben. Das kann kein anderer für uns tun. Dabei fallen wir immer wieder auf die großen Glücksversprecher herein. Gurus, Sektenführer, politische

Ideologen, religiöse Propagandisten, Rattenfänger. Aber auch der Partner kann die Tafel meines Lebens nicht beschreiben. Mein Glück zu suchen heißt, mein Leben zu einem Experiment zu machen, zu einem Laboratorium der Wagnisse. (16)

Aufmüpfigkeit statt Anpassung, Energie statt Apathie, Mut statt Ängstlichkeit – das sind die Antriebskräfte eines glücklichen, weil gelebten Lebens. Ich bin das, was ich werden kann. Ich bin das, was ich aus mir heraushole. Ich bin das, was ich wage. Unglücklichsein heißt, sich in der tristen Gegenwart einzuzementieren. Nach meinem Glück zu streben heißt, Verantwortung für mich anzunehmen. Glück ist die Fähigkeit zum Wachstum und zur Verbindung mit vielen Menschen. (16)

Glücklich leben heißt, mich in mir selbst zentrieren, nicht länger auf die Stimmen der Eltern, Lehrer, Chefs, der Bekannten, der Religion und der Werbung zu hören. All diese Ratschläge übertönen mit ihrem Lärm das, was in mir selbst flüstert. Das Glück zu wagen bedeutet, nicht länger taub zu sein, bedeutet, meinem sokratischen *daimonion*, meiner göttlichen eigenen Stimme zu folgen. Welches Glück, mein Leben, meinen Sinn des Lebens zu entdecken: Die eine pflegt eine alte Mutter; der andere liebt seinen Garten; der Dritte betreibt Heimatgeschichte; die Vierte strickt, wie eine Klientin von mir, dreihundert Strümpfe im Jahr für einen Wohltätigkeitsbasar; der Fünfte erweckt ein altes Haus zu neuem Leben; die Sechste schenkt einem adoptierten Kind die Liebe; der Siebte engagiert sich in einer Bürgerinitiative gegen die Autobahnführung durch das Naturschutzgebiet; die Achte lernt eine neue Sprache; der neunte arbeitet ehrenamtlich im Blindenverein ... (16)

Glücklich zu sein heißt, den Eros der Freiheit zu wagen. Es gibt keine abstrakte Freiheit. Es gibt einzig und allein die Freiheit, die ich selber bin. Philosophie des Glücks – was will uns das anderes sagen, als nicht länger auf die Segnungen von außen zu warten und auf den morgigen Tag hoffen, sondern jeden Tag neu die Lebendigkeit wagen. Der Weg ist das Ziel. Er muss von mir wie eine Schneise in den Dschungel des Lebens geschlagen werden. (16)

Wunderbar bin ich, solange ich wahrhaftig lebe und den Willen der Natur zur *Selbstbestimmung* und *Glückhaftigkeit* erfülle. Diesen Weg kann ich auch verfehlen. Kein Mensch ist das, was alles in ihm an Entwicklungschancen angelegt ist. Vieles ist durch die Härte der Lebensumstände auch verformt, ja zerstört worden. Aber ich kann mein Abkommen vom richtigen Weg auch korrigieren. Ich tue dies im – oft auch schmerzhaften – Abschied vom Alten im Leben und dem Aufbruch ins Neue. (17)

Moral

Keine Religion, kein Staat und keine Gemeinschaft kann mir letztlich das Denken und die moralische Entscheidung abnehmen. Das macht natürlich Angst. Das lässt die Menschen aus jahrtausendealten Bindungen fallen. Das ist Aufklärung. Das ist der Neubeginn im Denken der Menschheit, eine Epochenzäsur, ähnlich wie der erste Schritt amerikanischer Astronauten auf dem Mond. Der Mensch erobert sich mit all der Ängstlichkeit seines Herzens und den ungelösten Fragen seinen eigenen moralischen Kosmos. Kein Priester, kein Seher, keine tradierte Moral stehen ihm bei. Der Mensch wird *autonom*, das heißt selbst Gesetze setzend. (21)

Das sagt sich so leicht. Tatsächlich tut sich fast jeder Mensch schwer, die Fragezeichen des Lebens auszuhalten. Ist der Fundamentalismus nur ein Problem von wild gewordenen Ayatollahs, von Evangelikalen oder Scientology-Church-Anhängern? Ich kenne meinen eigenen Fundamentalismus. Ich habe ihm in mehrfacher Weise gefrönt. Als Schüler eines elitären Jesuitenkollegs warf ich mich jahrelang der allein selig machenden Römischen Kirche in die Arme. Ich blickte auf die andersdenkenden „Ketzer" mit Hochmut hinab. Das Philosophiestudium hat mich von dieser Droge eines allein selig machenden Glaubens erlöst. Es war ein harter innerer Kampf, bis ich die römische „Firma" verließ.

In meinem philosophischen Studium wiederum suchte ich, ganz der autoritäre Katholik, der ich im Grund meiner Seele noch war, nach dem einen verbindlichen Denksystem, das mir erklären sollte, *was die Welt im Innersten zusammenhält* (Faust). Mal verschrieb ich mich dem Denksystem von Aristoteles, bald dem von Kant, von Hegel oder Sartre. Immer wieder wachte ich nach einem wahren Rausch der geistigen Identifikation mit einem Kater ernüchtert auf. Ich war beschämt, dass ich schon wieder einen meiner „Götter" verließ.

Natürlich stellte ich, wie viele meiner 68er Zeitgenossen, *Hegel auf die Füße* und landete bei Marx. Ihm bin ich in der kindlichen Form eines *Studentenmarxismus* über Jahre hinweg *bedingungslos* treu geblieben, wenn man im Zeichen einer solchen intellektuellen Hörigkeit überhaupt von Treue sprechen kann. Ich ließ keine Kritik an den Denkern des Marxismus zu. Ich bog mir alles zurecht und engagierte mich, unter Ausschaltung aufkommender Bedenken, sogar unter der roten Fahne einer sektiererischen Kleinpartei. (41)

Immer mehr Menschen lehnen den Alleinvertretungsanspruch einer Religion ab. Die Gläubigen sind um Lichtjahre weiter als die Kirchen mit ihren konfessionellen Abgrenzungen und Kleinkariertheiten. Bei einer Befragung stellte sich heraus, dass zweiundsechzig Prozent der Bundesbürger die Spaltung der christlichen Kirche in katholisch und evangelisch für abwegig halten und vom jahrzehntelangen ökumenischen Gezänk befremdet sind. (45)

Der bebende Planet hat uns daran erinnert, dass der Boden unter unseren Füßen unsicher ist. Die Erde ist ein Himmelskörper, der in seinem Innern einen Glutkörper aus flüssigem Gestein enthält und in lächerlichen hundert Kilometern Höhe, sozusagen eine Autostunde von uns entfernt, von der eisigen *Leichengruft des Alls,* wie der Dichter Jean Paul es nennt, umgeben ist. Alle dreißig Sekunden, rund dreitausend Mal pro Tag, zittert irgendwo der Untergrund von einem Beben. Das Leben, von der Amöbe über den Elefanten bis zum Menschen, spielt sich auf einer hauchdünnen Erdkruste ab. (45)

Die neue Perspektive der Astronautik bescherte uns eine erneute *Kopernikanische Wende*: Bisher schaute die Menschheit zu den Sternen, wo sie Gott und seine himmlischen Heerscharen vermutete. Durch die Augen und die Kameraobjektive der Astronauten sahen wir zum ersten Mal in der Geschichte des menschlichen Geschlechtes uns selbst von außen, gleichsam aus der Perspektive eines Gottes. Gleichzeitig erfassten wir mit nie dagewesener gefühlshafter Intensität die schreckliche Kälte und Leere des Alls. Hier mussten wir die kosmische Ausgesetztheit und ameisenhafte Kleinheit des Menschen wahrnehmen. (45)

Die Natur führt den Grandiositätswahn des denkenden Tieres Mensch auf der dünnen Erdkruste eines winzigen Winkelsternchens immer wieder ad absurdum: Die jüngste Springflut Tsunami hatte ihre furchtbaren Vorgänger. 1556 kamen beim wohl schlimmsten Erdbeben aller Zeiten in der chinesischen Provinz Shanxi achthundertdreißigtausend Menschen ums Leben. Santorin (ca. 1700 v. Chr.) und Pompeji (79 n. Chr.) versanken im Vulkanschutt. Das Erdbeben von Lissabon legte 1755 die portugiesische Metropole in Schutt und Asche. Die Türme der Stadt wogten, wie ein Augenzeuge berichtete, *wie ein Getreidefeld im Winde*. Als die Einwohner an die Ufer des Flusses Tejo flohen, wurden sechzigtausend von ihnen von den haushohen Wogen eines Tsunamis hinweggespült. (45)

Die Plattentektonik des Planeten Erde mit ihren Verschiebungen und der Vulkanismus des ewigen Kreislaufes von glutheißem Material im Erdinnern gemahnen uns immer im Katastrophenfall daran, dass die Natur nicht für Gärtner gemacht ist, sondern eine eigene gewaltige Dynamik hat. Die driftenden Kontinente schwimmen auf einer zähen Masse von glutflüssigem Gestein, stoßen aneinander, verkeilen sich und bringen dem Menschen Tod und Verderben.

Jahrtausendelang stand der Mensch der zerstörerischen Dynamik des Planeten macht- und ratlos gegenüber. Machtlos ist er noch heute in einem gewissen Sinn – er kann die Naturgesetzlichkeit nicht außer Kraft setzen. Manche Leute glauben, dass ein paar Messbojen im indischen Ozean schon ausreichen würden, um die Gefahr in Zukunft zu bannen. Aber das ist Unsinn: Tsunamis sind die Massenvernichtungsmassen der Natur, wir können sie nicht verhindern, wir können uns nur auf sie einstellen. (45)

Mit dem Philosophen Spinoza (1632–1677) gewinnt der auf seine Vernunft pochende neuzeitliche Mensch Mündigkeit und Selbstkompetenz. Er wird zum Architekten seines Schicksals. Während der mittelalterliche Mensch seinen vorbestimmten Ort im Rahmen der göttlichen Vorsehung und in einem geschlossenen religiösen Weltbild erdrückender geistiger Zwänge hatte, tritt der Mensch mit Spinoza aus der heilsgeschichtlichen Ordnung heraus. Er unternimmt es, seinem Dasein selbst Sinn und Richtung zu geben. Es beginnt der Siegeslauf des Individuums. Er kann sich wie nie zuvor in der Geschichte der Menschheit selbst entwerfen, Eigenart und Eigensinn entfalten, sich selbst definieren und erschaffen. Seine Freiheit schließt allerdings auch ein, an dieser Selbsterschaffung zu scheitern und seinen Lebensentwurf zu verfehlen. (45)

Heute können wir neurophysiologisch und linguistisch konstatieren: Unsere Sprache stellt das artikulierte Substantiv *Seele* zur Verfügung. Das ist unzweifelhaft eine Verdinglichung: Die Seele wird damit zum Einzelwesen gemacht, sie ist als etwas Selbstständiges dem selbstständigen Körper gegenübergestellt. Wäre es nicht vorsichtiger, statt den verdinglichenden Begriff „die Seele", die Prozessbeschreibung „das Seelische" zu verwenden? ... Das Seelische stirbt nach dieser Auffassung mit dem Körper. (46)

Der Intellekt ist zunächst ein *Instrument* im Überlebenskampf biologischer Natur. Er hat sich im Laufe einer langen Entstehungsgeschichte vom Einzeller bis zum Menschen entwickelt.

Insofern ist der Intellekt genauso vergänglich wie das Gehirn, dessen Produkt und prozessuales Vermögen er ist.

Das neuzeitliche Denken und Handeln ist eine Befreiung von den Drohbotschaften, mit denen Priester und Päpste, die „Funktionäre des Todes" (Nietzsche), uns jahrhundertelang vor dem Jüngsten Gericht und der Hölle geschreckt haben. Es lässt sich ohne die furchtbaren Träume besser leben. (46)

Vergessen wir keinen Augenblick: Menschenrechte, Presse- und Geistesfreiheit sind *nicht* Errungenschaften des Christentums, wie manche Theologen es uns heute weiszumachen versuchen, sondern sie sind in härtesten Auseinandersetzungen *gegen* die Kirche erkämpft und durchgesetzt worden. In mindestens zwei verbindlichen Lehräußerungen und einem weltweiten Dressurakt des Klerus hat der Vatikan die Freiheit des Glaubens, die Geistesfreiheit, die Pressefreiheit, die Demokratie und den modernen Liberalismus verurteilt – durch die Enzyklika *Libertas praestantissimum*, dem *Syllabus Lamentabili* (1907) und dem *Antimodernisteneid* (1910). Den letzteren hatte jeder Priester von Rom bis Neuseeland bei Androhung seiner Suspension zu leisten. (47)

Noch bei dem katholischen Dogmatiker H. Denzinger ist 1991 in 37.(!) Auflage des Handbuches über die Symbole und Definitionen des Glaubens, dem *Enchiridion symbolorum definitionum et declarationum de rebus fidei et morum,* die Drohung gegen das freie Denken zu lesen: „Aber diese rechtmäßige Freiheit der Philosophie muss ihre Grenzen erkennen und erfahren. Denn nicht nur dem Philosophen, sondern auch der Philosophie wird es niemals erlaubt sein, entweder etwas zu sagen, was dem entgegengesetzt ist, was die göttliche Offenbarung und die Kirche lehrt, oder etwas in Zweifel zu ziehen, weil sie es nicht einsieht, oder ein Urteil nicht anzunehmen, das die Autorität der Kirche über irgendeinen Schluss der Philosophie, der bisher noch frei war, zu fällen beschlossen hat." Das ist, mit der Hartnäckigkeit eines Bakteriums, die mittelalterliche Sklaventhese von der *philosophia ancilla theologiae*, der Philosophie als *Magd der Theologie*. (47)

Staunen, Fragen, Erkennen und Verändern – das macht das Abenteuer des Denkens aus. Die Lust am Denken fasziniert Anfänger ebenso wie erfahrene Gehirnakrobaten. Dennoch verschrecken die klassische Philosophie und ihre akademischen Gralshüter den „uneingeweihten" Leser oft mit einer schwierigen codierten Sprache. Sie gilt es zu entschlüsseln, und es lohnt sich. (48)

Gibt es eine Ethik ohne Gott? Antwort: Es gibt sie. Seit langem. Die Geburt des *Gesellschaftsvertrags*, wie wir sie bei Rousseau, aber auch in zahlreichen Variationen bei fast allen Philosophen und Wissenschaftlern der Neuzeit, von Hobbes über Locke, Hume, Montesquieu, Morelly, Grotius, Pufendorf, Kant, Fichte *(Der geschlossene Handelsstaat)* und Hegel kennen, ist sozusagen das demokratische Gütezeichen der Moderne. Die Menschenrechte im Europa der Französischen Revolution von 1789 wurden gegen Altar und Thron erkämpft. Der Vatikanstaat hat bis heute die Menschenrechtscharta nicht unterzeichnet. Ebenso übernahm der Vatikan nicht die in Italien gültige – und damit für ihn durch den Lateranvertrag verbindliche – UN-Resolution über die Straffreiheit der Homosexualität. (48)

Als Therapeut habe ich in zahlreichen Therapien mit – männlichen heterosexuellen oder schwulen – Klerikern immer wieder das gleiche seelische Elend erlebt: Die Entpersönlichung durch die nicht gelebte Sexualität und emotionale Liebeserfüllung oder die demütigende Scham, nur in der Heimlichkeit sich lieben und leben zu dürfen. Viele dieser – geistig und beruflich vorbildlichen – Männer bezahlen dieses Liebesverbot der Amtskirche mit chronischen Bindungsängsten, schweren Persönlichkeitsstörungen, psychosomatischen Erkrankungen, Flucht in die Arbeitssucht oder Alkoholmissbrauch. (48)

Welchen Beitrag können der weltliche und der religiöse Humanismus als korrespondierende Kräfte leisten? ... Die Vertreter des weltlichen Humanismus müssen Tendenzen eines aggressiven Atheismus und der blinden „Pfaffenfeindschaft" ablegen und trotz aller Verletzungen durch die religiöse Übergriffigkeit Dialogfähigkeit unter Beweis stellen. Umgekehrt kommen die Amtskirchen an einem politischen und geistigen Kassensturz nicht vorbei. (48)

Die entscheidende Frage ist heute nicht, „Bist du Gläubiger oder Atheist?". Die Frage ist vielmehr, „Setzt du dich ein für Menschenrechte, sozialen Frieden und gleiche Entwicklungschancen aller Menschen aller Schichten und Hautfarben?" (48)

Tiere wie wir

In Saint-Exupérys philosophischer Parabel *Der kleine Prinz* spielen Tiere eine bedeutsame Rolle. Da ist das kleine Elefantenbaby. Es wird von der mächtigen Boa verschluckt. Da gibt es aber auch den Fuchs und die Schlange. Der Fuchs verrät dem kleinen Prinzen das Geheimnis der Freundschaft ... Die Schlange gewährt dem kleinen Prinzen Erlösung von der Schwere des Lebens. Uns Lesern nimmt sie die Angst vor dem Tod. Von der Amtskirche jahrtausendelang als Inkarnation des Bösen verschrien, erscheint die Schlange hier nicht als der maskierte Teufel, sondern als ein Geschöpf voller Güte und Weisheit. (39)

Die Tiere sind des Menschen ältere Brüder und Schwestern. Aber was machen wir mit ihnen? Wir verstopfen unsere Ohren vor den Schreien jener Qual, die wir ihnen durch Massentierhaltung oder auf den Todestransporten quer durch Europa zufügen. Allein über dreihundert Millionen(!) Tiere töten wir weltweit jährlich zum Zweck der „Forschung" in Laboratorien. Wir lassen sie Nikotin inhalieren. Wir zertrümmern ihnen die Knochen. Wir fügen ihnen offene Wunden zu und infizieren sie. Wir tauchen sie in Eisbäder und sperren sie in Hitzekammern. Wir erproben die Wirkung neuer Waffen an ihnen. Wir injizieren ihnen künstlich Krebs. Wir lassen auf dem Rücken einer Maus ein Ohr wachsen. Wir implantieren ihnen Drähte mit elektrischer Ladung ins Gehirn. Wir schneiden den Testhunden die Stimmbänder durch, um ihr markerschütterndes Jammern nicht hören zu müssen. (39)

Der Mensch ist, wie die antiken Philosophen bereits bekundeten, ein *animal rationale*. Das ist eine Aussage voller Ambivalenz. Die Zweiwertigkeit besteht darin, dass er einmal ein vernunftbegabtes *Tier* ist, dass er einen integralen Bestandteil der Natur darstellt, dass er den Tieren wesensverwandt und aus ihnen evolutionär entstanden ist als eine Weiterentwicklung. Umgekehrt ist aber der Mensch auch ein *vernunftbegabtes* Tier, und das zeichnet ihn in einmaliger Weise aus. Er wird zum

Demiurgen, zum Prometheus, der das Feuer vom Himmel auf die Erde bringt und zum Gestalter der Welt und Architekten seines Schicksals mutiert. (39)

Der Mensch als Krone der Schöpfung und Träger der Vernunft, das ist ein Faszinosum. Es macht uns stolz, aber auch hochmütig. Wir fühlen uns der Welt der Pflanzen und der Tiere nicht nur grenzenlos überlegen, sondern betrachten uns auch als ihre Herren und schrankenlosen Nutznießer. Das ist ein anthropozentrischer Größenwahn, mit dem wir die Vernichtung der Tiere und die Schändung der Natur seit Jahrtausenden rechtfertigen. Dabei hat es seit Urzeiten religiöse, philosophische und psychologische Diskussionen um das Verhältnis zwischen Mensch und Tier, Mensch und Natur gegeben. Denken wir an die Indianer, die das Tier um Verzeihung baten, wenn sie es getötet hatten, um selbst zu überleben. Erinnern wir uns an die Ägypter, die die Tiere in den Rang der Götter versetzten und den Nil in seiner Fruchtbarkeit heiligten, oder den Hinduismus, der Kühen und Affen einen heiligen Status zubilligt. (39)

Zeit

Ich stehe unter Strom. Ich muss alles wissen. Stunden verbringe ich hinter meinen Tages- und Wochenzeitungen, Politmagazinen und Periodika. Noch spät am Abend verfolge ich die politischen Dokumentationen im Fernsehen. Manchmal dröhnt mir der Kopf von diesem täglichen Informations-Tsunami.

Vergeblich stelle ich in meiner geräumigen Praxis die Bronzestatue eines anmutigen jungen Buddha auf. Er soll mich zu Gelassenheit und Ruhe ermahnen. Ich habe mich medial überfressen. Damit stehe ich nicht allein. Ich sehe als Therapeut, dass wir mit diesem Unmaß an – meist belanglosen – Informationen etwas kompensieren wollen. (40)

Zur Ruhe kommen? Dafür ist für Jugendliche wie für Erwachsene in der Digitalgesellschaft kaum Zeit ... Das allgegenwärtige *Multitasking* überfordert das Gehirn. Es ist gestresst. In der Leistungs- und Selbstausbeutungsgesellschaft breitet sich Burnout epidemisch aus. (40)

Früher hieß es „Eine Stunde Schlaf vor Mitternacht ist besser als zwei danach". Dagegen steht die moderne Wirklichkeit: Ladenöffnungszeiten in Großkaufhäusern wie *Globus* bis 22.00 Uhr. Nächtliche Schichtarbeit für Millionen Industriearbeiter, Techniker, Krankenschwestern, Gastronomiebeschäftigte, Polizisten, Mitarbeiter von Verkehrsbetrieben. Viele von uns sind während der Woche chronisch unausgeschlafen. Wir finden erst um Mitternacht den Weg vom Fernseher zum Bett. Wir wundern uns dann, wenn wir, wie Millionen Menschen in Deutschland, unter *Insomnie* leiden, der chronischen Schlaflosigkeit.

An Schichtarbeitern können wir die Gefährlichkeit dieses Schlafmangelsyndroms in vivo, das heißt am lebenden Objekt, studieren. Jeder Arbeitsmediziner oder Hausarzt weiß, dass Schichtarbeiter signifikant häufiger als Tagesarbeiter unter Bluthochdruck, Herzkrankheiten, Magenbeschwerden und innerer Unruhe leiden, öfters krank sind und verstärkt zu Burnout und Depressionen neigen. Nicht wenige Beziehungsstörungen resultieren, wie jeder Therapeut weiß, aus chronischer

Unausgeschlafenheit und Überforderung eines oder beider Partner. Der Schlaf ist eine Quelle der Gesundheit, Schlafstörungen ein Infektionsherd für Krankheiten. (40)

Im Schlaf verarbeiten wir oft Spannungen und deprimierende Eindrücke. Der Schlaf nährt. Schlafen ist die unersetzlichste und erfrischendste Atempause. Stattdessen greifen wir genervt zu Barbituraten, um einen unnatürlichen, narkoseähnlichen „Todesschlaf" herbeizuzwingen: Unter den rund zwei Millionen tablettenabhängigen Deutschen rangieren die Schlaftabletten bei den Süchtigen an der Spitze. Der Schlaf ist genauso wichtig wie eine gesunde vitalstoffreiche Ernährung. Das gilt besonders für Kinder. Heute bestimmt die Uhr nicht nur die Arbeitszeit, also unsere Arbeitskraft als Ware, sondern wir versuchen, die Angst vor dem Tod im Herzen, die Lebenszeit zu beschleunigen. Die Freizeit- und Unterhaltungsindustrie unterstützt uns bei dem wahnwitzigen Vorhaben, unseren Lebenskonsum gleich doppelt und dreifach in die immer knapper werdende Zeit zu stopfen. Um Zeit zu gewinnen, kaufen wir PS-starke Autos und nutzen die fossilen Brennstoffe des Erdballs bis zu seiner absoluten Erschöpfung. Beschleunigung ist unser Gott und pulstreibender Götze. (44)

SCHÖPFERISCHE ENDLICHKEIT, FINALE UND VORHANG

Alter

Sicher, man kann die leise Melancholie des Alterns, das Abschiednehmen auf Raten, das Nachlassen körperlicher Geschmeidigkeit nicht verdrängen. Ob man es wahrhaben will oder nicht, auch das gemeinsame Altern steht unter dem Sternzeichen des Sterbenmüssens und des Todes. Aber gerade das alternde Paar macht Erfahrungen wie noch nie in seinem Leben. Es funktioniert als ein gutes Team. Es erlebt Gemeinsamkeit. Es nährt sich aus langen Gesprächen. Es besitzt einen intimen Innenraum der Vertrautheit, eine Schatzkammer gemeinsamer Erlebnisse. Es ist Erntezeit im Leben des alten Paares. Es blickt mit Dankbarkeit auf die Leistungen seines langen Lebens zurück. Es hat sich entwickelt. Es hat Krisen gemeistert. Es entdeckt jetzt im Nachhinein den Sinn der Paarbeziehung, nämlich das Leben in seiner Unbegreiflichkeit und Kontingenz, also seiner schicksalshaften Zufälligkeit. (7)

Liebe hat kein Alter. Je mehr wir von ihr verschwenden, desto mehr wächst sie. In einer Studie wurden im Jahr 2002, wie *psy-*

chologie heute (12/2002) berichtet, Männer gefragt: „Fühlen Sie sich von ihrer Frau geliebt?" Wer mit Ja antwortete, litt deutlich seltener an Angina pectoris, einer Mangeldurchblutung des Herzmuskels. (7)

Ich weiß noch genau, wie mein Alter mich kalt erwischte. Es ist eine banale Geschichte, aber für mich war sie wichtig und schmerzlich. Das erste Mal geschah es um meinen fünfzigsten Geburtstag herum. Ich traute meinen Augen nicht. Innerhalb eines halben Jahres wurden meine Haare grau. Jetzt konnte ich nicht mehr wie früher über Schillers berühmten Satz schmunzeln „Auch ich war einst ein Jüngling im lockigen Haar". Das Lachen war mir vergangen. Schlimmer noch: Ich tat etwas, was man einem früheren Bundeskanzler unter Gerichtsandrohung nicht nachsagen durfte – ich tönte meine Haare. In Richtung schmutzig-braun. Ich sah aus wie eine Klobürste. Schrecklich. Dann schämte ich mich. „Du willst Therapeut sein", sagte ich mir, „und akzeptierst den grauen Esel in dir nicht!" Also ließ ich das schwachsinnige Haarfärben. Ein Stück von diesem nagenden Schmerz ist bis heute geblieben.

Das zweite Mal geschah mir der Winterüberfall des Alters um den sechzigsten Geburtstag herum. Ich musste zum Zahnarzt. Er extrahierte mir einen bis in die Wurzeln verrotteten Backenzahn. „Was machen Sie jetzt?", fragte ich ängstlich, „Setzen Sie ein Implantat ein?" Der geschätzte Mediziner meinte lakonisch: „Das lohnt sich nicht mehr." Ich war fassungslos. Meine Instandhaltung lohnte sich nicht mehr! Dann soll man mir doch, dachte ich, gleich eine Abwrackprämie wie für ein altes Auto geben! „Vielleicht", so empfahl ich dem verdutzten Zahnarzt mit zynischer Erbitterung, „geben Sie mir jetzt aktive Sterbehilfe". (40)

Alter kann befreien. Ich selbst empfinde es als Gnade, nicht mehr arbeiten zu *müssen*, sondern arbeiten zu *dürfen*. Ich habe meine Arbeitszeiten reduziert und pflege Raum- und Zeitinseln während des beruflichen Alltags. Ich liebe die Menschen, die zu mir Rat suchend, manchmal weinend, manchmal optimistisch, in die Sprechstunde kommen. Ich genieße ihre Menschlichkeit und lerne unendlich viel von ihnen. (40)

Bedeutet Altern zwangsläufig Krankheit und Hinfälligkeit? Das ist eine Frage, die uns Ältere alle bewegt. Ich habe dazu 1995 den damals 86-jährigen früheren Chefarzt und Immer-noch-Aktivisten Dr. Max Otto Bruker gefragt. Der Ganzheitsarzt und lebenslange Verfechter gesunder Ernährung antwortete: „Bei gründlicher Betrachtung zeigt sich, dass die Ursache der Erkrankungen nicht im Alter liegt, sondern in den Fehlern der Lebensführung. Je älter der Mensch wird, um so länger bestand für ihn auch die Möglichkeit, Fehler zu machen. Ist er ein Freund von Süßigkeiten, so wird er im Alter von fünfzig Jahren doppelt so viel Fabrikzucker verzehrt haben wie mit fünfundzwanzig. Jedes Kind weiß schon, dass der Fabrikzucker Löcher in die Zähne frisst. Von Jahrzehnt zu Jahrzehnt werden also mehr Zähne betroffen sein, so dass viele Menschen bereits im Alter von fünfzig Jahren Zahnprothesen tragen müssen. Das hängt aber nicht mit dem Alter zusammen."

Tatsächlich werden jedoch, auch von Ärzten, zum Beispiel Erkrankungen des Bewegungsapparates wie Arthrose, Arthritis, Rheuma, Ischias und Bandscheibenschäden als „Verschleißkrankheiten" und damit als nicht vermeidbar bezeichnet. Ob das stimmt, wollte ich von Dr. Bruker wissen. Er antwortete: „Es handelt sich dabei ausnahmslos um ernährungsbedingte Zivilisationskrankheiten, bei denen der Verzehr von tierischem Eiweiß eine ausschlaggebende Rolle spielt. Dazu kommt der Verzehr von minderwertigen Fabrikzuckerarten, Auszugsmehlen und Produkten daraus. Es gibt keine Verschleißkrankheiten, wenn man darunter Abnutzung durch Gebrauch versteht. Dadurch, dass ein Mensch häufig ins Konzert geht, entsteht keine Abnutzung des Gehörs. Dadurch, dass er oft spazierengeht, werden die Füße nicht abgenutzt, so dass der Begriff an sich schon falsch ist. Bereits bei Kindern und Jugendlichen wird die Fehldiagnose ‚Verschleiß' gestellt. Da stimmt doch was nicht. Es handelt sich immer um die bereits erwähnten Erkrankungen im Bewegungsapparat, die in der Ursache, der Fehlernährung, zu suchen ist." (40)

Zärtlichkeit

„Wann habt ihr euch das letzte Mal geküsst?" Das pflege ich in der Paartherapie zu fragen. Oder: „Streichelt ihr euch noch?" Fast immer schaut mich das Paar erstaunt an – ich habe es aus der Fassung gebracht. Ich komme mir vor, als ob ich eine obszöne Frage gestellt hätte. Eigentlich wollte ich nur wissen, ob die beiden sich noch küssen und miteinander schmusen. Ich bin immer wieder verblüfft – viele Paare können sich an die letzte Zärtlichkeit nicht mehr erinnern. Dabei liegt der Fall klar: Man kann ohne Sexualität leben, aber nicht ohne Zärtlichkeit. Ohne Zuwendung versteinern wir. Wir ruhen in einem Panzer wie eine Kastanie in ihrem stacheligen Mantel. Nichts ist schlimmer als Berührungsarmut. (22)

Wie anders waren wir als Kinder! Da haben wir uns ununterbrochen, bei Mensch und Tier, körperlichen Kontakt geholt. Wir
haben alles, was uns lieb war, *be-griffen, be-handelt*. Wir zeigten
uns *be-rührt*. Wenn es Monate oder gar Jahre her ist, dass ich
den Körper und die Wärme eines anderen Menschen gespürt
habe, dann werde ich zum Eiszapfen. Ich funktioniere nur noch,
sachlich und nüchtern. Innerlich verhungere ich jedoch. Nicht
selten falle ich aus diesem existenziellen Berührungshunger
hinaus in die Sucht: Essen, Trinken, Rauchen, Fernsehen, Kaufrausch. Ich hole mir Pseudoberührungen, Ersatzzärtlichkeiten,
Kontaktsurrogate. In Wahrheit sehne ich mich nach *echtem* Ge-
haltenwerden, Streicheln und Umarmungen, den archetypi-
schen Gesten der Sympathie. (22)

Doch was ist Zärtlichkeit? Lässt sie sich lernen? Welche Zärtlichkeiten habe ich von meiner Mutter bekommen, welche gab mir
mein Vater? Gibt es typisch weibliche und typisch männliche
Zärtlichkeiten? Gab es Zärtlichkeiten zwischen uns Geschwistern? Sind Oma und Opa, die Tante oder ein Onkel liebevoll mit
mir umgegangen? Habe ich Zärtlichkeiten mit Tieren erlebt?
Wie ist meine Erinnerung an die Zärtlichkeit in der ersten Liebe? Gibt es ganz besondere, innige oder schnurrige, Zärtlichkeiten in meiner gegenwärtigen Beziehung? Von welchen noch
nicht erlebten Zärtlichkeiten träume ich? Kann ich über Zärtlichkeit sprechen? Traue ich mich, Zärtlichkeiten zu geben? Wie
hängen für mich Zärtlichkeit und Sexualität zusammen? Wenn
ich Single bin, von wem hole ich mir Zärtlichkeit? Wie empfinde ich *Zärtlichkeiten für mich selbst?* Bin ich in Sachen Zuwendung mehr ein Nehmender oder ein Gebender? (22)

Zartheit ist, auch zu Tieren und Pflanzen, immer auch Mitleid
mit der transitorischen, vorübergehenden Existenz alles Le-

benden. Im Streicheln eines älter gewordenen, von den Signaturen der Zeitlichkeit geprägten Körpers spüre ich bangend die Vergänglichkeit des anderen und versöhne ihn und mich zugleich mit dem Leben und dem Tod. (22)

Überall, wo Menschen, auch in der gleichgeschlechtlichen Liebe, Zeit für Zärtlichkeit finden, werden sie stärker dazu fähig sein, die Verletzlichkeit des Menschen und unseres schönen blauen Planeten zu respektieren. (22)

Zärtlichkeit bedeutet, die Welt mit liebenden Augen zu sehen. Zärtlichkeit ist eine Form der Wahrnehmung und des Handelns. Aber wie oft erlebe ich Frauen und Männer in meiner Praxis, die für Zärtlichkeit keinen Sinn haben, weil sie diese als Kinder und oft noch im Erwachsenenleben nicht genug spüren durften. Manchmal resignieren solche zärtlichkeitsentwöhnten Menschen über Jahre. In dem Augenblick, in dem sie jedoch die Lebensberatung oder Therapie aufsuchen, stehen sie bereits am Anfang der Heilung: Sie wollen nicht länger ein Leben ohne Liebe und Zärtlichkeit führen. Sie wissen nur noch nicht den Weg. (22)

Meine vier Geschwister und ich, damals vier Jahre alt, bekamen von unseren Eltern einen zwei Monate alten Neufundländer geschenkt. Gentleman liebte uns, wir liebten ihn. Seine Zärtlichkeit ist mir unvergesslich: Er fuhr mir liebevoll mit der Zunge durchs Gesicht, er schlief am Fußende meines Bettes, er sprang bei der Heimkehr von der Schule an mir hoch und wedelte raumgreifend mit seinem Schwanz. Heute, über ein halbes Jahrhundert später, ist es Gentlemans „Reinkarnation", die zärtliche Neufundländerin Bella, die fröhlich Schabernack mit mir treibt, die mit ihrer kalten Nase

meinen Fuß stupst und mit ihrem warmen Atem darüber-
bläst. (22)

Erhard (Name geändert), gelernter Altphilologe, zweiundsieb-
zig Jahre alt, und seine Frau schliefen schon seit langer Zeit
nicht mehr miteinander und tauschten auch sonst so gut wie
keine Zärtlichkeiten miteinander aus. Eines Tages, im Urlaub
in Südtirol, standen sie gemeinsam vor einem alten Bauern-
haus, an dessen Südseite eine Sonnenuhr angebracht war. Erhard las darunter den in gotischer Fraktur gemalten Sinn-
spruch *sicut umbra fugit tempus*. Das heißt, etwas frei übersetzt: *So wie der Schatten wandert, entflieht uns die Zeit.* Erhard:
„Ich las und spürte plötzlich, wie mir die Tränen die Wangen
herunterliefen. Meine Frau reagierte bestürzt: ‚Was ist los mit
dir?' fragte sie. Ich übersetzte ihr den Spruch und sagte: ‚Liebes,
wenn die Sonnenuhr unseres Lebens erlischt, steigen wir beide
lieblos ins Grab. Ist das nicht furchtbar?' Da begann sie auch zu
weinen. Wir nahmen uns seit Jahren erstmals wieder tief in die
Arme. Am gleichen Abend hatten wir ein langes Gespräch. Ich
erzählte ihr mein Leid, und ich erfuhr, dass sie an meiner
Sprachlosigkeit und meinen Rückzügen in mein Arbeitszim-
mer innerlich fast gestorben war. Wir haben uns noch vor Mitternacht an diesem denkwürdigen Tag ausgesöhnt und in diesem Urlaub begonnen, wieder miteinander zu schlafen. Vor
allem aber waren wir zärtlich, von morgens bis abends, uner-
sättlich. Es war, als ob ein Damm gebrochen wäre und alle Zärtlichkeit dieser Welt zu fließen begonnen hätten. Meine Frau
sagte etwas Schönes damals: ‚Deine Tränen haben dich und
mich erlöst.'" (22)

Zärtlichkeit ist Hingabe an die Welt … Gegen die von der dunklen Existenzphilosophie beschworene Angst als Grundbefind-

lichkeit setzt diese optimistische Weltsicht auf die schöne Zartheit und Zerbrechlichkeit des Menschen. Wer in der Zärtlichkeit lebt, der beherrscht die Kunst des Liebens. Er lebt im Zustand des reichen Seins, statt des ängstlichen Habens. Der zärtliche Mensch darf sich, durch die Angst hindurch, fallen lassen in die Liebe, die überall dort ist, wo Menschen sich füreinander öffnen und damit dem Tod den Stachel ziehen. (22)

Tod

Die Sache mit der Krankheit und mit dem Tod können wir nicht so einfach wegstecken. Wir müssen uns ihr stellen. Es ist dabei, so scheint mir, nicht entscheidend, welche individuelle Antwort wir finden   darüber werden wir nie Einigkeit unter uns Menschen herstellen –, sondern dass wir den vernichtenden Aspekt des Todes, seine ungeheuerliche Provokation, überhaupt in unser Leben hineinnehmen! (16)

Anstatt sich gnadenlos zu bekämpfen und auf einer unfruchtbaren Rechthaberei zu beharren, können der religiöse Mensch und der freisinnige Humanist voneinander lernen, der Pessimist und der Optimist etwas von der Wahrheit des anderen ahnen. Müssen wir Menschen uns alle auf eine Weltanschauung einigen? Ist es nicht viel schöner, den Reichtum unserer Meinungen, Lebenserfahrungen und Gesinnungen zu akzeptieren und als schöpferische Leistung der Menschheit zu genießen? (16)

Der Mensch ist das einzige Lebewesen, das sich bewusst ist, dass es sterben muss. Gleichzeitig weiß keiner von uns, was nach dem Tod sich ereignet. Keiner von uns ist „drüben" gewesen. Auch die so genannten „nahtodlichen" Erfahrungen sind nicht die Erlebnisse von Toten, sondern von Sterbenden, also von Lebenden. (16)

Wer den Tod verdrängt, der bleibt Sklave seiner Geschäftigkeit und Verdrängung. Ein gutes Leben, das hoffe ich mir, ist wie ein langer, aufregender und anstrengender Tag. Der Tag hat mich müde gemacht, nun lege ich mich zum Schlafen nieder. Den Tod annehmen, heißt uns frei machen … Auch um mich macht der Tod keinen Bogen. Auch ich unterliege den Gesetzen des Kosmos. Jede Katze, jeder Baum, jeder Planet, jeder Stern entsteht und stirbt. Auch unser schöner blauer Planet wird nach kosmischen Gesetzen eines Tages erkalten. (16)

Der Mensch ist das Wesen, das an seinem Dasein selbst leidet. Er ist verletzbar und verletzend. Mit seiner Zerbrechlichkeit muss er die Unvollkommenheit des Daseins ertragen: sein Ungeborgensein, sein Vereinsamtsein, seine Unzufriedenheit mit der Unvollkommenheit und der Endlichkeit alles Bestehenden. Das In-der-Welt-Sein als unvollkommenes Sein endet folgerichtig mit dem Skandal des Todes. Meine Gegenwart in der Welt ist eine anekdotische und episodenhafte. In dieser ontologischen Ängstigung liegen unsere Ohnmacht und unsere Macht. Gegen die Tragödien des Daseins sind wir grundsätzlich nicht gefeit. Wir sind suchende Kreaturen in einer Welt, der von sich aus kein Sinn innewohnt. (18)

Der Mensch, ein *animal rationale,* also ein *vernunftbegabtes Tier,* ist die einzige Kreatur, die um ihren Tod weiß. Das ist Tragik und ein Geschenk zugleich. Ein Geschenk, weil es dem Menschen die Chance eröffnet, aus dieser Anekdote des Lebens ein Wunderwerk zu schaffen. (25)

Am Ende eines Lebens stellt sich heraus, wer wir wirklich sind. Denn allein der Lebenslauf bringt unsere Wesenszüge ans Licht. Handelnd, wertend, entscheidend werden wir von uns selbst überrascht. Mein Leben bin ich. Ich bin die Summe meiner Taten. (26)

Heute dominiert in der Medizin, bei Ärzten wie bei Laien, der fast kindliche Glaube an die vollkommene technische Machbarkeit von Gesundheit und an ein tendenziell unbegrenzt verlängerbares Leben. Einem Weltkrieg vergleichbar führt die Medizin den Kampf zur Beseitigung jeglicher Krankheit. Mit Medikamenten und Implantaten, aufwändigsten Operationen und immens teuren operativen Einsätzen soll die Krankheit beseitigt und letztlich dem Sterben Einhalt geboten werden. Ob Mikrochirurgie, Transplantationstechnik oder Genmanipulation, ob Chemotherapie, Laser- oder Kobaltbombe – die Medizin nährt unsere Illusion, alle Krankheiten als eine Art lästigen „Defekt" wie verrußte Zündkerzen beseitigen zu können. (39)

Es gehört zu den Paradoxien des bewussten Lebens, dass es, kaum ist es, wie ein guter Wein, zur herbstlichen Fülle gelangt, schon wieder dem Ende entgegensteuert. Kosmisch gesehen, ist das winzige Leben eines menschlichen, tierischen oder pflanzlichen Geschöpfes ohnehin nur eine Anekdote, ein Wimpernschlag im Kontinuum der Unendlichkeit. Vielen Menschen ist es nicht vergönnt, wie – dem biblischen Mythos nach – dem steinalten Moses, die Welt restlos erfüllt und *lebenssatt* zu verlassen. (42)

Der Tod gliedert sich in die Weltordnung ein, er ist ein Stück Leben dieser Welt. Wir sollten ihn, nach Montaigne, mit der Ruhe des Tieres erfahren. Wir dürfen aber, anders als die Kreatur, um den Tod „wissen" und zugleich doch zu ihm fähig sein. Es liegt an uns, den Tod wie eine von selber reifende Frucht in unseren Schoß fallen zu lassen. Vor allem aber: Es gibt ein lebenswertes Leben *vor* dem Tod. (44)

Der Intellekt (der „Geist") ist zunächst ein *Instrument* im Überlebenskampf. Er ist biologischer Natur. Er hat sich im Laufe einer langen Entstehungsgeschichte vom Einzeller bis zum Menschen entwickelt. Insofern ist der Intellekt ebenso vergänglich wie das Gehirn, dessen Produkt und prozessuales Vermögen er ist. (49)

Dankbarkeit

Das alte und alternde Paar fährt nicht nur die Ernte seines Lebens ein, sondern es genießt auch seine eigene Dankbarkeit. Es ist gut gegangen. Die Scheunen und Silos sind bis zum Platzen gefüllt. Der eine sagt zum anderen: „Ich bin dankbar, dass ich dich als Gefährten auf der Odyssee des Lebens hatte." In dieser Haltung der Dankbarkeit fühlt sich das alte Paar körperlich und seelisch wohl. So besitzt auch jeder von uns sein Leben, das er, wenn es nun einmal gelebt ist, grundsätzlich bejahen und in dem Facettenreichtum seiner Persönlichkeit integrieren muss. Sonst droht Verzweiflung und Zynismus. Auch das, was ich falsch gemacht habe, und das, was ich nicht erreicht habe, gehört zu meinem Leben. Bin ich kinderlos geblieben, habe ich vielleicht meine Väterlichkeit oder Mütterlichkeit an junge Menschen oder an ein geistiges Werk, an meine Fürsorge für die Welt oder mein politisches Engagement verschwendet. War mir der große berufliche Durchbruch versagt, so habe ich möglicherweise meine schöpferische Kraft und Liebe der Familie oder der musischen Entfaltung meiner Persönlichkeit gewidmet. Habe ich mich menschlich oder beruflich verzettelt, bin ich falsche Bindungen eingegangen, so habe ich doch die Chance realisiert, aus den Irrungen und Wirrungen meines Lebens zu lernen und eine reife Persönlichkeit zu werden. „Für nichts bin ich dankbarer", sagte einmal ein erfolgreicher Architekt bei der Anamnese seines hürdenreichen Lebenslaufes zu mir, „als für meine Dummheiten". (25)

Es gibt Helfer. Wenn ich in der therapeutischen Arbeit mit einem Menschen dessen bittere Kindheits- und Jugenderlebnisse durchgearbeitet habe, die daraus resultierenden Deformationen, Wahrnehmungs- und Handlungsverzerrungen (Neurosen), und der Klient neue Einstellungen und Lebensschritte ausprobiert, dann frage ich grundsätzlich nach dem Helfer in großer Not. Fast immer sind es eine stattliche Anzahl, die geholfen haben. Man könnte sie auch Schutzengel, Zauberer oder Feen am Lebensweg nennen.

Opa und Oma rangieren gewöhnlich an erster Stelle. Sie hatten das kleine Menschlein lieb und fragten nicht nach seinen Schulleistungen und schimpften nicht, wenn es ein Bettnässer war. Da gibt es Tanten und Onkel, aber auch, wie in meinem persönlichen Fall, hilfreiche Geschwister. Oft waren auch eine Lehrerin, ein Lehrer die gütige Instanz. Oder die Nachbarin, der Bäcker, eine Hausgehilfin. Ja, selbst Hunde, Katzen, ein Hamster, ein Wellensittich, das Übergangsobjekt einer geliebten

Puppe erwiesen sich als hilfreich. Wenn ich im Rahmen einer Meditation die entspannt daliegenden Teilnehmer ermutige, all diese Helfer im Geiste neben sich zu platzieren, dann habe ich jedes Mal das Gefühl, dass sich der Seminarraum bis zum Platzen mit lieben Menschen und geliebten Tieren füllt. (31)

Welche Fülle von Hilfestellungen haben wir, selbst wenn unser Leben streckenweise böse überschattet war, erhalten! Da ist viel Reichtum in jedem Leben. Das dürfen wir mit Dankbarkeit registrieren. In meinem eigenen Leben gab es so viele liebe Engel – das Kindermädchen Ida, deren Weggang ich heftig betrauerte. Die beiden Lehrerinnen an der Volksschule, Frau Dreher und Frau Schäfer, in die ich mich nacheinander und unsterblich verliebte. Mein – inzwischen verstorbener – großer Jugendfreund Michael. Im Internat der sanfte Pater Lorenz, der den damals üblichen Beichtterror und die jesuitische Qualneurose nicht mitmachte, sondern aus der Tiefe des Beichtstuhls mit der Frohbotschaft statt der Drohbotschaft wärmte. Im Studium war es mein geliebter philosophischer Doktorvater, Prof. Friedrich Schneider, der, herzkrank und zerbrechlich, mich wie einen Sohn an seine geistige Brust drückte und aus allen Kräften förderte. (31)

Wer wüsste es nicht: In dem Augenblick, in dem ich mich in der Dritte-Welt-Hilfe oder in einer Bürgerinitiative, dem gemeinnützigen Verein oder der Hospizbewegung ehrenamtlich engagiere, relativiert sich auch das Herzeleid um die eigenen Defizite und Verletzungen. Ich starre nicht länger auf das, was mir fehlt. Ich werde dankbar für das, was ich habe. Ich steige aus Rivalität und Neid heraus. Ich finde zu mir selbst. Meine wichtigsten Helfer sind daher die Hoffnung und die Zukunft. (31)

Ich pflege meine Klientinnen und Klienten immer nach den Ressourcen, den unsichtbaren Quellen des familiären Milieus, zu fragen. Sie sind dann oft erstaunt. Nach einigem Nachdenken geben sie Antworten wie die: „Ja, von meinem Vater habe ich die berufliche Zähigkeit und das handwerkliche Geschick, seine sportlichen Neigungen und seine Zuverlässigkeit." Oder. „Je älter ich werde, desto mehr werde ich meiner Mutter ähnlich. Sie war fleißig, spirituell, liebte die Musik, packte Probleme an und lachte gern." Vitale Eltern sind, auch und gerade in ihren Schwächen und in ihrer Sperrigkeit, ein unermessliches Bankkapital. (37)

Womit bezaubere ich die Menschen? Was ist mein Zauberstab? Ist es meine Fröhlichkeit, meine Lebenslust, meine Stehaufqualität, meine Spiritualität, meine Belesenheit, meine Sportlichkeit, mein Scharfsinn, meine technische Kompetenz, meine Hilfsbereitschaft, meine Warmherzigkeit? Kenne ich überhaupt meine zauberischen Fähigkeiten? Nutze ich sie? Bin ich dankbar für sie? (37)

Bei der Kunst des Lebens ist der Mensch sowohl Künstler als auch der Gegenstand seiner Kunst. Er ist der Bildhauer und der Stein, der Arzt und der Patient.

Erich Fromm (1900–1980),
Psychoanalyse und Ethik

Quellenverzeichnis

(1) M. Jung, Reine Männersache. Krisen und Chancen – das starke Ge-schlecht im Umbruch, emu-Verlag, Lahnstein 1993

(2) M. Jung, Das sprachlose Paar. Wege aus der Krise, emu-Verlag, Lahn-stein 1996

(3) M. Jung, Die erschöpfte Seele. Depression: Wege aus der Dunkelheit, emu-Verlag, Lahnstein 2007

(4) M. Jung, Aussichtslos. Selbsttötung. Vorbeugung und Hilfe für Gefähr-dete und Angehörige, emu-Verlag, Lahnstein 2003

(5) M. Jung, Das Geheimnis der Partnerwahl. Wie wir uns suchen und fin-den. Vom Glück und Scheitern in der Liebe, emu-Verlag, Lahnstein 2008

(6) M. Jung, Trennung als Aufbruch, emu-Verlag, Lahnstein 1998

(7) M. Jung, Liebesarbeit. Das Paar – Jugend, Lebensmitte, Alter, emu-Ver-lag, Lahnstein 2003

(8) M. Jung, Wie redest du eigentlich mit mir? Was unsere Art zu sprechen über uns aussagt, emu-Verlag, Lahnstein 2008

(9) M. Jung, Der Weg zum Ich. Wie ich wurde, der ich bin. Sinnsuche und biografische Entwicklung, emu-Verlag, Lahnstein 2009

(10) M. Jung, Mut zum Ich. Auf der Suche nach dem Eigensinn, emu-Verlag, Lahnstein 1997

(11) M. Jung, Geschwister. Liebe, Hass, Annäherung, emu-Verlag, Lahnstein 2001

(12) M. Jung, Versöhnung. Töchter, Söhne, Eltern, emu-Verlag, Lahnstein 2000

(13) M. Jung, Mein Charakter – mein Schicksal? Die Kunst, sich zu erkennen und sich zu entwickeln, emu-Verlag, Lahnstein 2004

(14) M. Jung, Seele, Sucht, Sehnsucht. Wege zur Klarheit, emu-Verlag, Lahn-stein 1999

(15) M. Jung, ÜberGewicht. Der Kampf mit dem eigenen Körper, emu-Ver-lag, Lahnstein 2005

(16) M. Jung, Lebensnachmittag. Die zweite Lebenshälfte. Krise und Auf-bruch, emu-Verlag, Lahnstein 1995

(17) M. Jung, Mein Wendepunkt. Lebenskrisen und wie wir ihnen begeg-nen, emu-Verlag, Lahnstein 2010

(18) M. Jung, KrankSein und GesundWerden. Das Rätsel psychosomati-scher Krankheiten, emu-Verlag, Lahnstein 2006

(19) M. Jung, BindungsAngst. Die Strategie des Selbstboykotts, emu-Verlag, Lahnstein 2004

(20) M. Jung, AußenBeziehung. Ende oder Neubeginn der Liebe? Über „Treue" und „Untreue" in der Partnerschaft, emu-Verlag, Lahnstein 2002

(21) M. Jung, EiferSucht ein Schicksalsschlag? Von Liebe, Freiheit und Besitzgier, emu-Verlag, Lahnstein 2000

(22) M. Jung, Zeit für Zärtlichkeit. Vom Abenteuer der Zuneigung, emu-Verlag, Lahnstein 2002

(23) M. Jung, Liebesrausch und Liebeskater. Lust und Last der Sexualität, emu-Verlag, Lahnstein 2006

(24) M. Jung, Träume. Botschaften des Unbewussten, emu-Verlag, Lahnstein 2008

25) M. Jung, Lebensfluss. Hermann Hesses *Siddartha*. Eine tiefenpsychologische Interpretation, emu-Verlag, Lahnstein 2002

(26) M. Jung, Das Kalte Herz. Wie ein Mann die Liebe findet. Eine tiefenpsychologische Interpretation nach dem Märchen von Wilhelm Hauff, emu-Verlag, Lahnstein 2006

(27) M. Jung, Blaubart. Die Befreiung der Weiblichkeit, emu-Verlag, Lahnstein 2002

(28) M. Jung, Schneewittchen. Der Mutter-Tochter-Konflikt. Eine tiefenpsychologische Interpretation, emu-Verlag, Lahnstein 2005

(29) M. Jung, Dornröschen. Vom Schlaf des Mädchens und dem Erwachen als Frau. Eine tiefenpsychologische Interpretation, emu-Verlag, Lahnstein 2005

(30) M. Jung, Rapunzel. Der Prozess der Ablösung. Eine tiefenpsychologische Interpretation, emu-Verlag, Lahnstein 2007

(31) M. Jung, Das hässliche Entlein. Die Erlösung vom Minderwertigkeitskomplex, emu-Verlag, Lahnstein 2001

(32) M. Jung, Wie der Himmel sich öffnet. Die blutflüssige Frau. Die Tochter des Jairus. Eine Bibelinterpretation nach Walther H. Lechler, emu-Verlag, Lahnstein 2002

(33) M. Jung (Herausgeber) in: Männer lassen Federn. Unbelehrbar oder im Aufbruch? Rowohlt Verlag, Reinbeck bei Hamburg 1992

(34) Michael Cöllen/Mathias Jung, Liebe in Zeiten der Unverbindlichkeit. Eros und Ethos, Kreuz Verlag, Stuttgart 2002

(35) M. Jung, Ich liebe dich. Nur nicht grad jetzt, Herder Verlag, Freiburg i. Br. 2003

(36) Julia Onken/Mathias Jung, Liebes-Pingpong. Das Beziehungsspiel von Mann und Frau, Kösel Verlag, München 2007

(37) M. Jung, Der Zauber der Wandlung. Harry Potter oder das Abenteuer der Ichwerdung, emu-Verlag, Lahnstein 2004

(38) M. Jung, FreiRaum. Ein Zimmer für mich allein. Selbstbestimmung und Freiheit in der Partnerschaft, emu-Verlag, Lahnstein 2004

(39) M. Jung, Der kleine Prinz in uns. Auf Entdeckungsreise mit Saint-Exupéry, Karl Rauch Verlag, Düsseldorf 2010

(40) M. Jung, Keine Zeit! Atempausen im Zeitalter der Beschleunigung, emu-Verlag, Lahnstein 2011

(41) M. Jung, Sokrates. Tod, wo ist dein Stachel? Perspektiven der Menschlichkeit, emu-Verlag, Lahnstein 2001

(42) M. Jung, Seneca. Wege der inneren Freiheit. Perspektiven der Menschlichkeit, emu-Verlag, Lahnstein 2002

(43) M. Jung, Augustinus. Das Drama von Glauben und Vernunft. Perspektiven der Menschlichkeit, emu-Verlag, Lahnstein 2003

(44) M. Jung, Montaigne. Das Leben als Meisterstück. Perspektiven der Menschlichkeit, emu-Verlag, Lahnstein 2004

(45) M. Jung, Spinoza. Gott ist Natur – Natur ist Gott, Perspektiven der Menschlichkeit, emu-Verlag, Lahnstein 2005

(46) M. Jung, Hume. Die englische Aufklärung. Erwachen aus dem dogmatischen Schlummer. Perspektiven der Menschlichkeit, emu-Verlag, Lahnstein 2006

(47) M. Jung, Voltaire. Die Waffe des Geistes. Perspektiven der Menschlichkeit, emu-Verlag, Lahnstein 2007

(48) M. Jung, Kant. Die Revolution der Vernunft. Perspektiven der Menschlichkeit, emu-Verlag, Lahnstein 2008

(49) M. Jung, Schopenhauer. Leben im Absurden. Perspektiven der Menschlichkeit, emu-Verlag, Lahnstein 2010

(50) M. Jung, Feuerbach. Wie Gott gemacht wurde. Perspektiven der Menschlichkeit, emu-Verlag, Lahnstein 2009

Ein Verlag, ein Haus, eine Philosophie.

Millionen Bundesbürger kennen den kämpferischen Ganzheitsarzt Dr. Max Otto Bruker (1909–2001) aus dem Fernsehen, aus Vorträgen, durch den „Mundfunk" überzeugter Patienten. Vor allem lesen sie aber die rund 30 Bücher des schwäbischen Humanisten und Seelenarztes. Mit einer Gesamtauflage von mehreren Millionen Exemplaren ist Max Otto Bruker der wohl bedeutendste medizinische Erfolgsautor im deutschsprachigen Raum. Der – in der Nachfolge des Schweizer Reformarztes Bircher-Benner scherzhaft „Deutschlands Vollwertpapst" genannte – Massenaufklärer, langjährige Klinikchef und Ernährungsspezialist lehrt zwei fundamentale Erkenntnisse Patienten wie Gesunden: Der Mensch wird krank, weil er sich falsch ernährt. Der Mensch wird krank, weil er falsch lebt.

Hinter den Erfolgstiteln des emu-Verlages steht ein bedeutender Forscher und Arzt, eine Bewegung, ein Haus und tausende Schülerinnen und Schüler. 1994 wurde das „Dr.-Max-Otto-Bruker-Haus", das Zentrum für Gesundheit und ganzheitliche Lebensweise, auf der Lahnhöhe in Lahnstein bei Koblenz bezogen. Es stellt die äußere Krönung des Brukerschen Lebenswerkes dar: Der lichte Bau mit seinem Grasdach, den Sonnenkollektoren, seinen Seminarräumen, dem Foyer mit der Glaskuppel, dem wunderschönen Brukergarten mit Kneippanlage, Raum der Stille, Naturwald und Lehrpfad sind als Treffpunkt für all jene konzipiert, denen körperliche und seelische Gesundheit, ökologische und spirituelle Harmonie Herzensbedürfnis und Sehnsucht sind.

Hinter dem eleganten Halbmondkorpus mit dem markanten Grasdach verbirgt sich eine Begegnungsstätte für Gesundheitsbewusste, Seminarteilnehmer, Trost-, Ruhe- und Anregungsbedürftige.

Feste Termine:

Jeden Montag, 19.00 Uhr: Gesprächskreis Lebenskrisen mit Hassan El Khomri, Psychologischer Psychotherapeut
Jeden Dienstag, 18.30 Uhr: Vortrag Dr. phil. Mathias Jung (Lebenshilfe und Philosophie)
Jeden Mittwoch, 10.30 Uhr: Fragestunde mit Dr. med. Jürgen Birmanns (Ärztlicher Rat aus ganzheitlicher Sicht)

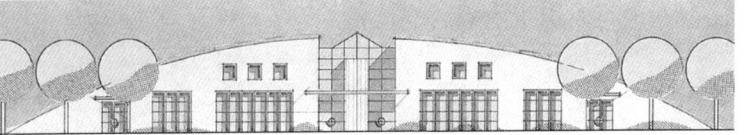

Das Dr.-Max-Otto-Bruker-Haus

Ausbildung Gesundheitsberater/in GGB
Lebensberatung/Frauen-, Männer- und Paargruppen

Die vitalstoffreiche Vollwertkost hat ihre Verbreitung, auch im klinischen Bereich, durch die unermüdliche Information und praktische Durchführung von Dr. M. O. Bruker gefunden. Um die Erkenntnisse gesunder Lebensführung und die durch falsche Ernährung provozierte Krankheitslawine ins öffentliche Bewusstsein zu rücken, bildet die von ihm 1978 gegründete „Gesellschaft für Gesundheitsberatung GGB e. V." ärztlich geprüfte Gesundheitsberaterinnen und Gesundheitsberater GGB aus. Über 5000 Frauen und Männer haben bislang die berufsbegleitende Ausbildung bestanden und wirken in Volkshochschulen, Bioläden, Lehrküchen, Krankenhäusern, ärztlichen Praxen, Krankenversicherungen und ähnlichen Bereichen.

Auf der Lahnhöhe erhalten Sie durch das GGB-Expertenteam nicht nur eine sorgfältige Grundlagenausbildung über die vitalstoffreiche Vollwerternährung und den Krankmacher der „entnatürlichten" (denaturierten) Zivilisationsernährung (raffinierter Fabrikzucker, Auszugsmehle, fabrikatorische Öle und Fette, tierisches Eiweiß usw.), sondern gewinnen auch Einblick in die leibseelischen Zusammenhänge der Krankheiten.

Praxisseminare/Kochkurse

Das Dr.-Max-Otto-Bruker-Haus verfügt über eine Lehrküche sowie einen großen Kräutergarten. Es werden zahlreiche vegetarische Koch- und Backkurse für eine moderne vitalstoffreiche Vollwertkost angeboten. Der Schwerpunkt liegt auf einer „alltagstauglichen", aber dennoch fantasievollen, gesunden Ernährung ohne Tiereiweiß.

Das Programm umfasst Einführungskurse in die vitalstoffreiche Vollwertkost, Brotbackkurse, Männerkochkurse, Weihnachtsbäckerei, einen Kurs „Kaltes Büfett" und seit 2011 auch Wildkräuterseminare (incl. Zubereitung von Wildkräutergerichten).

Anfragen zur Gesundheitsberater-Ausbildung wie zu den Selbsterfahrungsgruppen, Lebensberatung, Paartherapie und Psychotherapie bei Dr. Mathias Jung und Psychologischer Psychotherapeut Hassan El Khomri, zu weiteren Tages- und Wochenendseminaren sowie Einzelberatung sind zu richten an die

Gesellschaft für Gesundheitsberatung GGB e.V.,
Dr.-Max-Otto-Bruker-Str. 3,
56112 Lahnstein
(Tel.: 0 26 21/91 70 14, 91 70 10, 91 70 17, 91 70 18, Fax: 0 26 21/91 70 33).
E-Mail: seminare@ggb-lahnstein.de
Internet: www.ggb-lahnstein.de

Fordern Sie ebenfalls ein kostenloses Probe-Exemplar der Zeitschrift „Der Gesundheitsberater" an.

Von Dr. Jung sind im emu-Verlag bisher in der
„blauen reihe" erschienen:

Von Dr. Jung sind im emu-Verlag bisher in der
„roten reihe" erschienen:

Von Dr. Jung sind im emu-Verlag bisher in der
„gelben reihe" erschienen:

   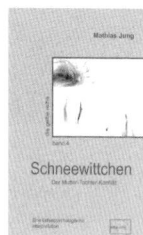

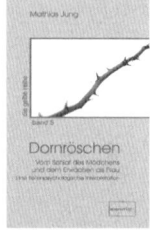 

Von Dr. Jung sind im emu-Verlag bisher in der Sprechstunden-Reihe erschienen:

Von Dr. Jung sind im emu-Verlag bisher in der Sprechstunden-Reihe erschienen:

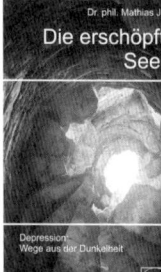

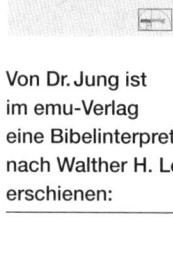

Von Dr. Jung ist
im emu-Verlag
eine Bibelinterpretation
nach Walther H. Lechler
erschienen:

Von Dr. Jung sind in Zusammenarbeit mit
der Grafikerin Andrea Montermann (Illustrationen)
folgende Titel erschienen:

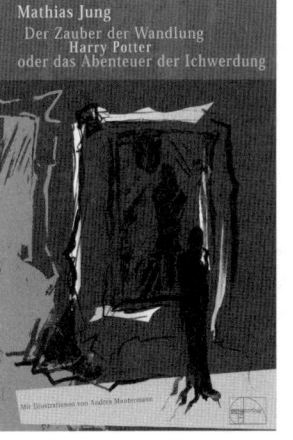

Von Dr. Jung sind im emu-Verlag folgende Vorträge als Audiokassetten bzw. CDs erschienen:

Lebensberatung

○ Mein Charakter –
  mein Schicksal?*
○ Die erschöpfte Seele –
  Depression*
○ Das Verdrängte in unserer Seele
○ Die Wunde der Ungeliebten
○ Das Nein in der Liebe
○ Was ist der Sinn des Lebens?
○ Meine Sprache – meine Seele
○ Söhne brauchen Väter
○ Krankheit als Kränkung und
  Anpassung
○ Eifersucht – ein Schicksals-
  schlag?*
○ Der Mann – ein emotionales
  Sparschwein*
○ Geschwisterliebe – Geschwister-
  rivalität*
○ Verlassen und verlassen werden
○ Neurodermitis – Fehlernährter
  Körper – Aufgekratzte Seele
○ Das sprachlose Paar*
○ Zweite Lebenshälfte – Endlichkeit
  und Aufbruch
○ Das Drama der Trennung*
○ Ein Zimmer für mich
○ Mut zur Angst
○ Sexualität – Lust und Last
○ Außenbeziehung – Krise oder
  Chance
○ Liebesverträge in der Beziehung
○ Lob der Einsamkeit
○ Aggressionen unter Liebenden
○ Mehr Zeit für mich
○ Alkoholkrank: Der Betroffene
  und seine Familie
○ Lebensbedingte Krankheiten
  nach Dr. M. O. Bruker
○ Meditation: Freude Angst –
  Hoffnung

○ Alter und Tod. Rätsel der Natur
○ Verzeihen und Versöhnen*
○ Frieden mit den Eltern
○ Das Paar im Wandel: Jugend,
  Mitte, Alter
○ Sexueller Missbrauch
○ Seele – Sucht – Sehnsucht*
○ Organtransplantation – Sterben
  auf Bestellung?
○ Humor und Zärtlichkeit
○ Suizid – der Betroffene und die
  Angehörigen
○ Übergewicht – der Kampf mit
  dem eigenen Körper
○ Das Rätsel psychosomatischer
  Krankheiten*
○ Arbeit – Fluch oder Lebenselixier

Märchen

○ Der kleine Prinz – mein
  verschüttetes Ich*
○ Froschkönig – Glück und
  Zähneklappern der Liebe
○ Das verletzte Kind in mir
  oder Hans mein Igel*
○ Sein und Schein oder Des Kaisers
  neue Kleider
○ Schneewittchen oder Das Drama
  des Neides
○ Siddharta: das Rätsel des Lebens*
○ Eisenhans oder Wie ein Mann ein
  Mann wird
○ Das tapfere Schneiderlein oder
  Mut zum Leben
○ Eigensinn oder
  Die Möwe Jonathan
○ Elternablösung – Hänsel
  und Gretel*
○ Außenseiter – Das hässliche
  Entlein*

* auch als CD erhältlich

- Befreiung der Weiblichkeit –
  Das Märchen Blaubart*
- Tödliches Schweigen –
  Der Fischer und seine Frau
- Schneewittchen – Der
  Mutter-Tochter-Konflikt
- Dornröschen – Das Erwachen zur
  Frau*
- Das kalte Herz – Ein Männer-
  märchen*
- Rapunzel – Der Prozess
  der Ablösung

Philosophie

- Sokrates oder Die Norm
  meines Gewissens
- Seneca oder Die Freude
  des Augenblicks
- Augustinus oder
  Der Zwiespalt
- Giordano Bruno oder
  Die neue Welt
- Montaigne oder Das Leben
  als Meisterstück
- Descartes oder Der Januskopf der
  Wissenschaft
- Spinoza oder Das Abenteuer
  der Diesseitigkeit
- Hobbes oder Die Zähmung
  der Bestie Mensch
- Leibniz oder Die Beste aller
  Welten
- Hume oder Das Ende des
  dogmatischen Schlummers
- Voltaire oder Die Waffe des
  Geistes
- Kant oder Die Mündigkeit
- Hegel oder Der Fortschritt
- Feuerbach oder Die Sache mit
  Gott
- Marx oder Die Entfremdung
  des Menschen

- Schopenhauer oder Die Qual
  des Seins
- Nietzsche oder Die Hymne auf
  das Leben
- Heidegger oder Die Angst
- Jaspers oder Die Weltphilosophie
- Hannah Arendt
  oder Vom tätigen Leben
- Bloch oder Das Prinzip
  Hoffnung
- Popper oder Die offene
  Gesellschaft
- Sartre oder Die Freiheit

Literatur

- Lessing – Die Toleranz
- Wieland – Die Aufklärung
- Goethe – Dichtung und Wahrheit
- Schiller – Der Atem der Freiheit
- Jean Paul – Humor und
  Menschenliebe
- Hölderlin – Griechenland mit der
  Seele suchen
- Kleist – Die Zerrissenheit des
  Menschen
- Novalis – Die blaue Blume der
  Romantik
- Eichendorff – Posthorn und
  Waldesrauschen
- Hauff – Die Magie der Märchen
- E. T. A. Hoffmann – Die Elixiere
  des Teufels
- Storm – Ohne Hoffnung
  künftigen Seins
- Raabe – Chronist des
  Kleinbürgertums
- Gottfried Keller – Romeo und
  Julia auf dem Dorf
- Annette von Droste Hülshoff –
  „Fesseln will man uns am
  eigenen Herde"
- Stifter – das Sanfte Gesetz